编委会

温爱民◎主编

三洲岩摩崖石刻研究文集

暨南大學出版社
JINAN UNIVERSITY PRESS

中国·广州

图书在版编目（CIP）数据

三洲岩摩崖石刻研究文集/温爱民主编．—广州：暨南大学出版社，2022.8

ISBN 978－7－5668－3051－7

Ⅰ.①三…　Ⅱ.①温…　Ⅲ.①摩崖石刻—研究—广东　Ⅳ.①K877.494

中国版本图书馆CIP数据核字（2020）第223822号

三洲岩摩崖石刻研究文集

SANZHOUYAN MOYA SHIKE YANJIU WENJI

主　编：温爱民

出 版 人：张晋升
责任编辑：潘江曼
责任校对：林　琼　黄晓佳
责任印制：周一丹　郑玉婷

出版发行：暨南大学出版社（511443）
电　　话：总编室（8620）37332601
　　　　　营销部（8620）37332680　37332681　37332682　37332683
传　　真：（8620）37332660（办公室）　37332684（营销部）
网　　址：http：//www.jnupress.com
排　　版：广州良弓广告有限公司
印　　刷：佛山市浩文彩色印刷有限公司
开　　本：787mm×1092mm　1/16
印　　张：14.5
彩　　插：10
字　　数：231千
版　　次：2022年8月第1版
印　　次：2022年8月第1次
定　　价：58.00元

参加三洲岩摩崖石刻研讨会部分专家合影留念（组委会　供图）

德庆县三洲岩摩崖石刻文化研讨会（组委会　供图）

三洲岩摩崖石刻文化学术沙龙（组委会　供图）

三洲岩观音庙（温爱民　供图）

三洲古渡（温爱民摄于 1992 年）

三洲岩南洞口（温爱民摄于 1992 年）

三洲岩全景图（温爱民摄于 1992 年）

三洲岩北洞口（温爱民摄于 1992 年）

三洲岩航拍图（温爱民摄于 2019 年）

三洲岩摩崖石刻受到严重侵蚀，亟须保护（温爱民摄于 2017 年）

三洲岩摩崖石刻 1（温爱民摄于 2005 年）

三洲岩摩崖石刻 2（温爱民摄于 2005 年）

三洲岩摩崖石刻 3（温爱民摄于 2005 年）

序

摩崖石刻作为集书法、造型、雕刻等艺术为一体的文物类型，在我国不可移动文物中占有举足轻重的位置；与此同时，摩崖石刻作为我国近代考古学前身金石学的主要研究内容，在学术界也占有重要地位。

广义上讲，我们可以将人们在天然石壁上雕刻的内容，包括文字、造像统称为“摩崖石刻”；狭义上讲，我们通常将其中的文字类石刻称为“摩崖石刻”或“摩崖题刻”。

从目前的文物普查和研究现状来看，无论从广义还是狭义，我国摩崖石刻发展脉络总体上可概括为迄于汉，盛于唐宋，延续至当代。发展过程大体可分为三个阶段：

肇始期。就目前三次文物普查资料和前人研究成果分析，汉代应是我国摩崖石刻的产生和形成阶段。这一时期，在今江苏省连云港市出现了孔望山摩崖造像，它应该是我国目前发现最早的摩崖造像；在今河北省邯郸市永宁县发现了汉文帝后元六年（前158）凿刻的朱山石刻；在今陕西省汉中市褒斜栈道南口石门附近发现的以汉魏时期为主的摩崖石刻也是该时期的代表，它被书法界称为“石门十三品”，因其重要的历史价值、艺术价值和科学价值，与褒斜栈道和石门一并被列为“第一批全国重点文物保护单位”，后因石门水库修建而搬迁，此摩崖石刻现藏于汉中博物馆。

发展期。南北朝初期，随着北魏皇室大兴礼佛之风气，石窟寺开凿蔚然成风，北方以云冈石窟、龙门石窟为代表，在山西、河南、河北、山东、陕西、甘肃等地，与石窟寺伴生的摩崖造像随处可见，而南方的四川广元、江苏南京也可见到该时期的摩崖造像，同时，在山东泰山、河北涉县还保存有该时期的摩崖刻经。所以，南北朝时期可视为我国摩崖石刻的发展期。

鼎盛期。唐宋时期，随着政治文化中心的南移，我国摩崖石刻的分布区域进一步扩大：第一，由于佛教艺术的本土化发展，以川渝地区为代表的摩崖造像逐渐取代了石窟寺成为后期礼佛的主要表现形式，所以在我国各地发现的摩崖造像多始建于此时。第二，唐宋时期是我国古代文学发展的鼎盛时期，涌现出一批优秀的文学家。随着社会经济进一步发展，此时期的文人墨客更喜欢游历，这促进了文学与山水的融合。李白、王维、柳宗元等大都与山水结下了不解之缘，王维、孟浩然、韦应物、柳宗元更是唐代山水文学创作的代表诗人，他们或意气风发，或失意伤感，各地的山水是他们创作的源泉，而其中许多作品被凿刻在了岩壁上，成为后人的瞻仰之物。因而，在我国各地均可见到此时期的摩崖题刻。

综上所述，我国摩崖石刻内容极其丰富，涵盖了中国古代先民生活的方方面面。大到政治军事，小到生活方式，这是对我国古代历史文化的全方位记录，可视为镌刻在岩石上的“古代百科全书”。

广东省是我国现存摩崖石刻较多的省份之一。以肇庆七星岩摩崖石刻、罗定龙龛岩摩崖石刻为代表的摩崖石刻大多始刻于唐宋时期，延续并留存至今，其内容涵盖了各时期广东各地的经济、政治、军事、文化、宗教、民俗等诸多方面。因此，研究这些弥足珍贵的文化遗产，是我们了解古代广东地区社会经济发展的重要途径。

位于德庆的三洲岩摩崖石刻，至今还保留有自宋皇祐四年（1052）至清代的100多幅题刻，涉及诗、词、记、题字等多种体裁，有楷、行、草、隶等多种书体，其内容既有历史事件，也有名人官宦的仕途经历，均具有较高的历史价值和艺术价值。2002年，三洲岩摩崖石刻被列为广东省文物保护单位，是广东省摩崖石刻中的代表。2018年，为了促进三洲岩摩崖石刻的研究和保护工作，由德庆县人民政府主办、县文化广电旅游体育局和县社科联承办的三洲岩摩崖石刻文化研讨会如期举行，该会旨在通过研讨，进一步挖掘三洲岩摩崖石刻的历史价值，探讨保护利用的合理途径。本书收录的23篇论文集中反映了本次会议的成果，其内容涵盖了题刻历史背景研究、题刻释文研究、题刻价值研究及保护利用研究各个方面。

目前，虽然三洲岩摩崖石刻还不是全国重点文物保护单位，但是文物研究和保护没有级别之分，对于三洲岩摩崖石刻的研究和保护是一项可持续的工作。

最后，希望德庆县文化广电旅游体育局能以此次研讨会为契机，进一步做好三洲岩摩崖石刻的保护工作，以全国重点文物保护单位的管理要求为目标，做好三洲岩摩崖石刻的“四有”工作和研究工作，使文物保护工作更上一个台阶。

中国文化遗产研究院

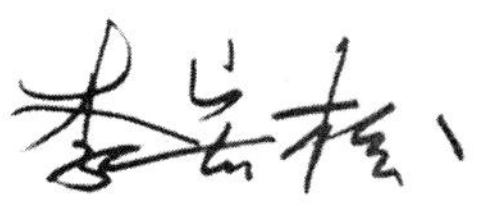

2022 年 1 月

目　录

摩崖石刻研究

规划保护与开发利用研究

摩崖石刻研究

德庆三洲岩古代石刻说略

姚　英①

摘　要：三洲岩摩崖石刻始于宋代，均为古代石刻。明清以来有诸多方志文献著录，其中以光绪《德庆州志》最为详备。因自然与历史原因，三洲岩山体损毁严重，三洲岩现存石刻的数量、分布情况及其所记录的历史、文化信息有待进行更为深入的研究。

关键词：三洲岩；古代石刻；石刻著录；石刻分布

人类很早就把石头作为表达和记录自己生活和思想的载体，究其原因，在于“勒石”的方式能够使其所记长久流传。石刻主要分为摩崖石刻、碑刻、匾额楹柱等建筑构件，三者虽同属不可移动文物，但就数量而言，应以碑刻为最，其次为摩崖石刻，属于寺庙、祠堂、住宅的匾额和楹联等建筑构件的石刻较少。但是，碑刻与匾额楹柱等建筑构件所选石料石质及保存环境相对较好，而摩崖石刻，特别是镌刻于喀斯特地貌形成的溶岩溶洞里的石刻，则更多地受日照、气温变化、雨水冲刷、人为破坏、地质灾害等因素的影响，现存状况极不乐观。本文主要讨论德庆三洲岩摩崖石刻。

一、三洲岩摩崖石刻之著录

从我们了解到的情况来看，著录三洲岩石刻的文献众多，属于方志的文献如历代《广东通志》《肇庆府志》《德庆州志》等，属于专著的如

① 姚英，内蒙古商都人，广东工商职业技术大学文化与传播学院副教授，主要从事汉语言语法、修辞研究与广东省地方文化研究。

《粤东金石录》《菉竹堂碑目》等。由于年代的不同或编著者的原因，不同的文献对三洲岩石刻所记数量的多少、记述的详略也各不相同，但大体是从作者、年代、体裁、书体等方面略加说明。下面各举几种加以说明。

1. 阮元《广东通志》

该志初刊于道光二年（1822），分舆地、职官、选举、经政等诸多名目。其中，“金石”一目收录宋代马寻、祖无择、陆起、南琴、濂溪（周敦颐）、金君卿、王彭年、苏轼、滕祐、傅泰光、朱令孙、朱嗣宗、萧渊言、赵庆裔、詹仪之、谢敬垒、赵善琚等人的题名、诗刻18则。

2. 光绪《肇庆府志》

该志是道光十三年（1833）《肇庆府志》的重镌本。全书分舆地、古迹、经政、职官、人物、艺文等十五个名目。其中，“金石”一目收录高要石室岩、狮头岩（石硐）、德庆三洲岩、阳春铜石岩、崆峒岩等处诸多石刻。其中，三洲岩石刻计有宋代马寻、祖无择、陆起、南琴、濂溪（周敦颐）、金君卿、王彭年、苏轼、滕祐、傅泰光、朱令孙、朱嗣宗、萧渊言、赵庆裔、詹仪之、谢敬垒、赵善琚等人的题名、题诗18则。

3. 光绪《德庆州志》

该志成书于光绪元年（1875），分地理、营建、食货、经政、职官、人物、艺文、旧闻等名目。其中，艺文目“金石”条中对三洲岩石刻的收录非常详备。关于德庆摩崖石刻，我们根据《德庆州志》做了统计，书中共收录三洲岩由宋至明石刻188则。

4. 翁方纲《粤东金石略》

该书成于乾隆三十六年（1771），收录当时广州、肇庆、韶州、惠州、潮州诸地金石文字560余种。其中，收录三洲岩中祖无择、金君卿、傅泰光、赵庆裔、詹仪之、萧渊言等宋人题记，明代王清、韩雍、余志、吕洪、施儒、魏良贵、王鼎、诸人题诗，佚名之“云窝”题字等14则，并记录了不知何时何因而消失的苏轼题记、周敦颐题记、李纲“玉乳岩”题字及佚名之“东坡遗迹”题字刻。

上述文献均成书于清代，代表了不同类别的相关文献。但比较而言，其中光绪《德庆州志》共收录三洲岩石刻近200则，在现有文献中收录三洲岩石刻数量最多。此外，其对题刻者身份、题刻时间的考证，石刻文字的正误、书法的优劣，对石刻所涉及的人物、时间的记述也最为详备。为此，我们将其作为下面问题讨论的主要依据。

二、三洲岩摩崖石刻之数量

从历史的角度来看，尽管摩崖石刻属不可移动文物，但其存世数量则是变化的。一方面，由于三洲岩位于当时广东境内水路交通要道西江之畔，东距明清时期两广总督府驻地肇庆仅数十公里，往来官员商旅众多，尤其是得名于“蓬莱第三洲”的三洲岩“古树长藤，山翠如城”，吸引着众多的骚人墨客驻足流连，吟赏题刻，使得三洲岩在过去的数百年中石刻作品不断产生；另一方面，由于自然或社会的诸多原因如风化剥泐及人为损毁，三洲岩石刻的数量似乎在逐步减少。如三洲岩著名的“苏轼题记”早已不知“何年劈去”，“濂溪题名”在光绪《德庆州志》中，尚有五六字依稀可辨，然而时至今日也已荡然无存了①。

1. 题刻数量

据光绪《德庆县志》记载的统计数据，德庆三洲岩共有宋明两朝石刻190则，其中宋刻38则，明刻152则②。我们统计的结果是宋刻38刻，明刻125则，无明确年代记载的24则，总计187则。这里应该指出是，这个数据的得出应该已经考虑并包括了如下几种情况：

明嘉靖二十五年（1546）张煊的题刻有二，一是其字大五尺的“云窝”题字，一是其“五绝”题诗。二者字体不同，体裁不同，理当分为两刻；明嘉靖二十六年（1547）龚辉的“华瑶洞天”题字与百余字的题记也当分为各自独立的两刻。

此外，尚有关系到三洲岩石刻数量的如下问题应引起学界的注意：

第一，光绪《德庆州志》载：“玉乳岩”题字条下有“右大字正书，无姓名年月。在三洲岩内谢敬斋题名下掘土二尺许始露”③。我们据此检阅

---

① 翁方纲著，欧广勇、伍庆禄补注：《粤东金石略补注》，广州：广东人民出版社，2012年。

② 德庆县地方志编纂委员会：《德庆县志》，广州：广东人民出版社，1996年。

③ 杨文骏修，朱一新纂：《德庆州志》，光绪二十五年刊本，台北：成文出版社。

光绪《德庆州志》，发现并无谢静斋题名著录。

第二，光绪《德庆州志》载：明正统四年（1439）“李伯震题诗”条记“在三洲岩董应奎诗刻左”①。经检阅，《德庆州志》中并未著录董应奎题名。

第三，光绪《德庆州志》载：正统十四年（1449）王謐诗刻下记，“在三洲岩汝清草刻下”②。经检阅，《德庆州志》中亦未著录汝清题名。

所以，尽管我们已无法考证“谢静斋、董应奎、汝清”三人所刻的内容及年代，但这三则题名或题诗应各作一则著录。如果这一分析能够得到专家学者及同行的认同，那么，三洲岩由宋至清石刻的总量就应当为190则。

最后必须说明的是，我们还未能了解到三洲岩清代石刻的具体情况，不过已经注意到相关信息。有学者提出三洲岩清代石刻数量为12则③，对此，有待审慎地核实。

2. 现有数量

据专家考证，三洲岩古代石刻现仅存86则④，这其中有许多已有不同程度风化剥泐，继而可能损毁的石刻。从学术的角度看，三洲岩石刻的存世数量是石刻研究的一个重要方面。对此，有必要明确如下两点：一是三洲岩自有宋以来究竟有多少石刻作品产生；二是目前到底有多少石刻作品得以保存。就前者而言，三洲岩古代石刻的数量已是一个静止状态的概念，我们只能根据可靠的历史文献审慎、详尽地加以厘清；而就后者而言，弄清楚这批不可再生的珍稀文物的确切数量，进而认识到对其进行抢救和保护的必要性，并使之能够作为优秀的文化遗产永远地留给后人后世，才是我们研究的最终目的。

---

① 杨文骏修，朱一新纂：《德庆州志》，光绪二十五年刊本，台北：成文出版社。

② 杨文骏修，朱一新纂：《德庆州志》，光绪二十五年刊本，台北：成文出版社。

③ 阮元修，陈昌齐等纂：《广东通志》，道光二年刊本。

④ 翁方纲著，欧广勇、伍庆禄补注：《粤东金石略补注》，广州：广东人民出版社，2012年。

三、三洲岩石刻之分布

已知最早的德庆三洲岩石刻是北宋庆历三年（1043）转运使马寻的题名刻，最晚的当是南明隆武二年（1646）一名罗姓参将所题的“第一洞天”。此后，在近千年的时间里有 200 则左右各种体裁的石刻相继题写在三洲岩的内外崖壁上。

1. 时间分布

三洲岩古代石刻发端于赵宋，从光绪《德庆州志》的记载来看，现在已知最早的石刻是庆历三年马寻的题名刻。此后，留刻主要集中于宋明两朝。其中，宋代共计 38 则，明代共计 125 则，具体分布如表 1 所示。

表 1　三洲岩石刻的年代分布

宋 35 则	庆历	皇祐	至和	治平	熙宁	元祐	元符	崇宁	大观	政和
	1	6	1	1	4	1	1	3	1	4
	宣和	建炎	绍兴	淳熙	庆元	景定				
	1	1	5	3	1	1				
明 125 则	洪武	正统	景泰	成化	弘治	正德	嘉靖	万历	崇祯	隆武
	1	13	6	17	7	11	54	6	7	3

应该说明的是，归入宋刻的石刻中有 3 则的具体年代不确定，而阮氏《广东通志》考定其为宋代题刻，我们赞同这种处理方式。此外，在分析三洲岩石刻的年代分布时可以发现，国祚延续达 160 余年的元朝，在三洲岩竟无一则石刻。这一现象似乎应该引起学术界的关注。

2. 空间分布

三洲岩石刻的空间分布如表 2 所示。

表2　三洲岩石刻的空间分布

地点	刘三房	南山庵	北岩口	北口内	腹东	腹西	腹南	南岩	西岩	二岩	岩顶
数量	7	7	13	3	16	5	2	9	6	2	12

应该说明的是，表2列出具体地点的题刻计82则。其余，光绪《德庆州志》或称“在三洲岩”而无具体地点，或说明某刻在某刻上下左右的位置，因其中有剥泐、压刻甚而磨灭者而无法确定具体位置。例如，宋熙宁元年（1068）周敦颐题名，光绪《德庆州志》称“在三洲岩。元字以下为明李文凤题名压刻”，而对李文凤题名刻则称“此刻压宋周茂叔题名”。又如宋元祐朝时王彭年题名，《德庆府志》称为明徐璿题名磨去，而对徐璿题名又称“在三洲岩王彭年题名左”。如此等等，不一而同。

四、三洲岩石刻之体裁

三洲岩石刻的体裁主要有题名、记/铭、题诗、题字。具体情况如表3所示。

表3　三洲岩石刻的体裁

年代	体裁			
	题名	记/铭	题诗	题字
宋	31	2	3	2
明	24	1	83	17
不详	11		5	8

从表3可以看出，就三洲岩石刻的体裁而言，自古以诗词繁盛著称的有宋一朝，在三洲岩留下的题名数量远远多于题诗，题名的比例约为81.6%，题诗仅为7.9%；反观明朝，题诗的比例达66.4%，远远高于题名的19.2%。这一现象也应该引起文史学界的关注。

五、三洲岩石刻的研究与保护

从普遍的情况来看，石刻的研究应该始自各地方志的记载著录，而后衍生不同研究方面的著述。前者的情况已略有介绍，而关于三洲岩石刻研究的著述却乏善可陈。就现有文献来看，目前能够检索到的论述只有徐伟坚《德庆三洲岩摩崖石刻的价值探讨》一文。为推动学界关于德庆三洲岩古代石刻的深入研究，也为了助力德庆地方文化的全面发展，现就德庆县乃至肇庆市的石刻研究谈四点建议。

第一，地方政府应结合地域经济发展需要，本着保护与开发并重的原则，在《中华人民共和国文物保护法》的规范下全面科学地规划三洲岩的经济开发工作，以免再次发生人为的“毁岩”事件。

第二，对研究对象本身的有效保护是对其深入研究的基础，因此，相关部门应尽快组织专业人员对三洲岩进行全面普查，根据三洲岩的实际情况制订切实可行、行之有效的保护方案。

第三，地方文化部门应组织人力，参照《肇庆星湖石刻全录》的体例编写一部全面介绍三洲岩石刻的科普性读物。

第四，联合地方高校全面开展三洲岩石刻的学术研究。研究工作应解放思想，开阔思路，既要有对三洲岩石刻本体的文学、历史的研究，也应有对保护三洲岩石刻的科学技术的研究。

上述所谓研究，因文献资料的不足和学识水平有限，难免存在各种问题，所谓建议，或许会因缺乏调查研究而失之主观，敬请方家批评指教。

刑部尚书李质生平事迹考

刘利平[①]

摘　要：明初刑部尚书李质祖籍河南开封府祥符县，其五世祖因科举为官入粤，其中一支定居德庆。李质生活于元末明初，自幼聪颖好学，成年后文武双全，遭逢元末乱世，兴兵保境安民，成为乡邦领袖、粤西英豪。明朝建立后，李质能顺应统一大势，主动归附，使粤西避免兵血之灾，因而成为明代开国元勋，官至刑部尚书、王府右相。为官期间，李质政绩卓著，声名显赫，却因受靖江王之牵连而被处死，甚为可惜。李质诗文成就很高，著有《樵云集》，其弟李穆、其子李伯震均工诗文，都有诗文集传世，合称“三李”。李质及其后人对德庆三洲岩摩崖石刻，甚或对德庆的整个文化发展都产生了重要影响。

关键词：元末明初；李质；生平事迹；考证

三洲岩位于今德庆县九市镇西江北岸，西距德庆县城约30公里，东距肇庆市区约50公里，因其神奇、独特的地貌景观而自古闻名于世。最迟至北宋以来，无数的达官贵人、文人骚客慕名而来，在三洲岩游玩吟咏，并留下了为数众多的精彩诗文。其中，被镌刻在三洲岩石壁之上成为摩崖石刻的诗文就有近200幅。这近两百幅石刻诗文的作者中有不少是文化名人和朝廷高官，如北宋文豪苏东坡、理学鼻祖周敦颐、抗金宰相李纲，明代大儒陈白沙、刑部尚书李质、两广总督韩雍等。可以说，每一篇诗文、每一幅石刻的背后，都有一个或几个活生生的人物，都有一段真切的、或长或短的历史故事，有的甚至是一个时代的缩影。这些诗文、石刻以及相关

① 刘利平，历史学博士，肇庆学院旅游与历史文化学院教授。

人物与史事，使得三洲岩成为一座弥足珍贵的历史文化宝库，蕴藏着难以估量的历史文化信息。因其文化价值巨大，广东省人民政府已于2002年将三洲岩列为省级文物保护单位。

作为融自然与人文景观于一体的名胜古迹，三洲岩早在一千多年前就引起了人们的关注。北宋以降，三洲岩的名称及其奇秀风景被历代文人写入了众多的诗文之中，而明清以来的广东地方志，如各种版本的《德庆州志》《肇庆府志》《广东通志》等，无不把三洲岩作为名胜古迹著录其中。有关三洲岩的诗文和石刻被部分广东方志和《广东金石图志》《广东金石录》等专志收录。地方文化学者欧清煜和林瑞球依据地方文献和实地考察的资料，对三洲岩的诗文进行了较为全面的整理和注释，出版了《三洲岩诗文全录》[①] 一书，为后人研究三洲岩诗文及石刻提供了方便。先贤们的这些扎实工作，为我们今天深入研究三洲岩文化提供了丰富的资料和极大的便利。

然而，迄今为止有关三洲岩严格意义上的学术研究成果还非常少。检索中国知网、百度学术等学术网站，笔者发现至今仅有一篇专论三洲岩的学术论文，而且发表时间是在今年8月[②]。可见，有关三洲岩的学术研究现在才刚刚起步，还有广阔的天地有待学者们去开拓和耕耘。三洲岩可供研究的课题非常多，其中一些与三洲岩有密切关系的重要人物，就是一类很有价值的研究课题。笔者在翻阅广东方志古籍时，发现明初德庆州人、曾任刑部尚书的李质及其后裔，对于三洲岩的发展和研究影响非常大。据《三洲岩诗文全录》统计，三洲岩石刻中，有李质诗1首，李质直系后裔李伯震、李公瑾、李公瓛、李应泌、李茂、李逢升等人的诗9首，题字1幅，《三洲岩记》1篇[③]。他们对三洲岩的修葺、管理也有不少功劳。因此，有必要详考李质及其后人与三洲岩的关系。笔者拟先对李质的情况作初步研究。

李质，字文彬，号樵云，德庆金定人，生于元延祐三年（1316），卒

---

① 欧清煜、林瑞球：《三洲岩诗文全录》，北京：中国文联出版社，2000年。

② 徐伟坚：《德庆三洲岩摩崖石刻的价值探讨》，《遗产与保护研究》2018年第8期，第127－130页。

③ 欧清煜、林瑞球：《三洲岩诗文全录》，北京：中国文联出版社，2000年。

于明洪武十三年（1380），官至刑部尚书，卒后入德庆乡贤祠。李质作为著名的政治人物，在元明交替之际更是广东政坛上地位和影响仅次于何真的风云人物，但因长期以来鲜有学者研究其生平事迹，未将其学问、品德和功业表彰于世[①]，遂使其湮没无闻，在广东省、在肇庆市，甚至在德庆县的知名度都并不高。这与李质应该享有的历史地位是不相称的。因此，笔者多方搜集史料，拟对李质的生平事迹进行考证。不足之处，敬请批评指正。

一、记载李质的相关史料

因为史料是人物研究的基础，在正式论述李质相关问题之前，有必要先对记载李质的各种史料进行梳理。由于李质是元末明初著名的历史人物，记载李质的史料甚多。仅就李质的传记而言，《八十九种明代传记综合引得》收录的就多达十三种[②]。此外，《新元史》也为李质立传[③]，明清以来各种版本的《德庆州志》《肇庆府志》《广东通志》，以及明万历年间郭棐编撰的《粤大记》[④]，都为李质立传。正统年间内阁首辅李贤主持修撰的《大明一统志》中，肇庆府仅有两人入传，其中之一便是李质[⑤]。这些

① 有关李质的研究，仅见李信元写过《德庆金定李氏和李质的情况》（见《德庆文史》第10辑，亦收入《肇庆文史》第3辑），此文根据《金定李氏族谱》和《德庆州志》等资料，对李质作了简单介绍。

② 见洪业等编：《八十九种明代传记综合引得》第1册，北京：中华书局，1959年，第237页。李质的十三种传记分别是：张廷玉等《明史》卷一三八、万斯同《明史》卷一七三、王鸿绪《明史稿》卷一二六、焦竑《国朝献征录》卷四四和卷一〇五、徐紘《名臣琬琰录》卷十、雷礼《国朝列卿记》卷五五《国初刑部尚书》、黄金《皇明开国功臣录》卷三二、曹溶《明人小传》卷一、王琼《掾曹名臣录》、朱彝尊《明诗宗》卷四、陈田《明诗纪事》甲12、钱谦益《列朝诗集小传》甲、朱国祯《皇明开国功臣传》卷十。

③ 柯劭忞：《新元史》卷二五七《李质传》。

④ 如（嘉靖）《德庆州志》卷一五《人物传·国朝·李质》（《广东历代方志集成》，第116页）、（康熙）《德庆州志》卷八《人物·明》：有“李质传”（第268－269页）、（嘉靖）《广东通志初稿》卷一三《宦迹下·肇庆府·国朝·李质》（第269页）、（嘉靖）《广东通志》卷五九《列传人物六·国朝·李质》（第1522－1523页）、（光绪）《广东通志》卷二九六《列传二十九》“李质传”（第4741页）、（崇祯）《肇庆府志》卷二二《人物传·国朝·李质》很详细（第585－586页）、郭棐《粤大记》卷二六《献征类·岭海武功·明》“李质”。

⑤ 李贤等：《大明一统志》卷八一《肇庆府·人物·本朝》，第5000页。

关于李质的传记，因史籍体裁的不同而详略有别，内容亦有所不同。至于全国性的史籍，如官修《明史》及其前身万斯同撰《明史》、王鸿绪《明史稿》，以及李贤《大明一统志》、柯劭忞《新元史》等，所记内容较为简单。

李质的这些传记，大体源自两个系列，一个为李质的墓志铭，另一个为《德庆州志》。李质的墓志铭当写于李质逝世后不久的明洪武年间，在各种版本的《德庆州志》《肇庆府志》和《广东通志》中都有收录，名为“靖江右相刑部尚书李公墓志铭”，且所标作者都是被明太祖朱元璋誉为明代“开国文臣之首”的宋濂①。李质和宋濂同在朝廷做官，的确和宋濂有交往。洪武五年（1372）李质升任浙江等处行中书省参知政事时，宋濂就为李质写过一篇《送刑部尚书李公新除浙江行省参知政事序》② 以示祝贺。而且宋濂卒于洪武十四年（1381）六月，比李质晚走一年，在时间上存在给李质写墓志铭的可能性。但笔者查遍宋濂的《宋学士文集》，只见到宋濂为李质写的那篇序文，李质的墓志铭却不见踪影。而明代有名的文集《皇明文衡》③，以及明代传记资料《国朝献征录》④《皇明名臣琬琰录》⑤，都收录有《故资政大夫靖江相府右相李公墓志铭》的文献，且作者都标为“陈琏”或“陈侍郎琏”。据都察院副都御史罗亨信撰写的《陈琏行状》可知，陈琏是东莞人，字廷器，别号琴轩，洪武二十三年（1390）中举，会试落第后出任桂林府儒学教授，官至礼部侍郎。陈琏“学博行淳，为乡邦之仰慕，远近来求碑记志序赞颂者，户屦恒满，公藻思泉涌，略无凝滞，制作传之四方，连篇累牍，诚一代之儒硕也”⑥。且陈琏所撰的《琴轩

---

① （康熙）《德庆州志》卷一一《艺文三》（第 341 – 342 页）则标为“靖江府右相李质墓志”，其下注明作者信息“明宋濂”。

② 见宋濂：《宋学士文集》卷一七，四部丛刊初编版。另该序文亦收入（康熙）《德庆州志》卷十《艺文二》（第 327 – 328 页）、（乾隆）《德庆州志》卷一七《艺文上》（第 234 页）。

③ 程敏政：《皇明文衡》卷八九。

④ 焦竑：《国朝献征录》卷一〇五。

⑤ 徐紘：《皇明名臣琬琰录》卷十，台北：明文书局，第 317 – 321 页。

⑥ 陈琏：《琴轩集》卷首《陈琏行状》，见《丛书集成续编》第 139 册《文学类 · 诗文别集》，上海：上海书店，1994 年，第 72 – 73 页。

集》卷九中收录了《故资政大夫靖江相府右相李公墓志铭》① 一文。对比这些文献，除《国朝献征录》所收录的文献不完整外，其他文献之间仅有个别文字相异。可见，各种版本的方志将李质墓志铭的作者写为宋濂，是错误的，真正的作者应是陈琏无疑。陈琏之所以给李质写墓志铭，是因为陈琏与李质次子李震有很深的交情。其实陈琏不仅应李震之请为李质写了墓志铭②，而且在李震逝世后，还应李震之子公瓛、公玖兄弟的请求，为李震写了《故光禄寺丞李君伯震墓碣铭》。在该文中，陈琏写道："予投分于君（笔者按，指李震）颇久，相知最深。始闻讣，尝为辞哀之。今复有公瓛兄弟之请，念君不可再得，因抆泪序其事而系以铭。"③

方志误载李质墓志铭作者的原因难以详考，有可能是由于宋濂的名气比陈琏更大，方志编撰者为抬高李质而有意将墓志铭的作者张冠李戴；也有可能是因宋濂与李质有过交往，且曾为李质写过序，方志编撰者在收录时没有详考，无意间想当然地把墓志铭的作者归为宋濂。陈琏为李质写的这篇墓志铭长达 1 400 余字，是所有李质传记中记载最详、篇幅最长的。但该墓志对李质归附前的事迹写得较简略。

李质传记的第二个史料来源，当是嘉靖朝以前修的《德庆州志》（今已不存）中的资料。黄佐在其修撰的嘉靖《广东通志》卷五九《列传人物六・国朝》"李质传"后，注有"据肇庆《志》、德庆《志》、《琴轩集》参修"④ 之语。嘉靖以前的《德庆州志》及《肇庆府志》等，在人物传记或记事部分，可能有对李质相关事迹的记载。尽管这些方志均已不存，但后志抄前志通常是修志的一个惯例，相关记载必然大部分被现存的嘉靖年间及以后修撰的《德庆州志》《肇庆府志》所保存。方志记载李质归附前

---

① 陈琏：《琴轩集》卷九，见《丛书集成续编》第 139 册《文学类・诗文别集》，上海：上海书店，1994 年，第 235 – 236 页。

② 陈琏在李质墓志铭中说："次第公之行实来速铭者，即震也。"见《故资政大夫靖江相府右相李公墓志铭》，《琴轩集》卷九，《丛书集成续编》第 139 册《文学类・诗文别集》，上海：上海书店，1994 年，第 236 页。

③ 陈琏：《故光禄寺丞李君伯震墓碣铭》，见《琴轩集》卷九，《丛书集成续编》第 139 册《文学类・诗文别集》，上海：上海书店，1994 年，第 233 页。

④ 黄佐：（嘉靖）《广东通志・列传人物六・国朝・李质》，见广东省地方史志办公室：《广东历代方志集成》，广州：岭南美术出版社，2006 年，第 1523 页。

的事迹较详，刚好可补墓志铭记载的不足。

除了这些传记外，有关李质的重要史料还有前面提到的宋濂为李质写的序，以及礼部尚书陶凯所写《送樵云知浙江行省序》[①]、赵埙《樵云归东省墓序》[②]。此外，检索明代权威官方史料《明太祖实录》，也发现了几条相关记载。这些都是距离李质生活年代最近的一手史料。下文笔者对李质其人的研究，即是以上述史料为基础展开的。

二、李质的身世及后裔

李质是德庆金定人，为金定李氏第五代孙。据金定《李氏族谱》记载："德庆之李氏，肇自宋世，盖其先有讳常宁者，世居河南开封府祥符县之百亩庄，举咸淳进士及第，入翰林，时以四方有事，朝廷选材略之臣以守边隅，于德祐元年出镇苍梧，是为李氏入粤之始。"[③] 可见，李质可考的先祖是李常宁，河南开封府祥符县人，进士出身，曾任翰林学士，在南宋末年被朝廷派往苍梧镇守边隅。这是金定李氏来到两广的开始。李常宁生有三子，长子李庆、次子李昂、三子李升。后来，次子李昂随李常宁回河南老家，三子李升入籍苍梧，长子李庆则被德庆的秀美山水所吸引，入籍德庆，落户在州治东五十里的晋康乡官禄里之辣头村。李庆成为德庆金定李氏的始祖。李庆四传至李广孙，李广孙生李熙春，李熙春生李质、李穆。

李质生于元朝中期的延祐丙辰年三月十一日，成年后凡三娶，先娶梁氏，次娶石氏，再娶汪氏。生有四子三女，长子李恒、次子李震、三子李复、四子李颐。孙男四人：公瑾、公瑜、公瓛、公玖，孙女二人。其后人为方志所记载者，还有李质的二世孙李应泌（李公瑾之子）、四世孙李茂、崇祯年间的李逢升及其子李见立、李见方。至清代，尚有后代李元英、十

---

① （康熙）《德庆州志·艺文二》，第 328 – 329 页；（乾隆）《德庆州志·艺文上》，第 235 页。

② （康熙）《德庆州志·艺文二》，第 329 – 330 页；（乾隆）《德庆州志·艺文上》，第 236 页。

③ 李信元：《德庆金定李氏和李质》，见《德庆文史》第 10 辑。

三世孙李经邦[1]显于德庆州。

李质后代中，有功名并被录入《德庆州志》“人物志”的至少有三人，即李震、李元英、李经邦。李震，字伯震，李质次子，官至光禄寺丞。李震生而警敏，及长好学，于经史诸子及阴阳、地理、风鉴、星命、医卜之书，无不研究，学识渊博。李震善写诗，尤工于书法。“江右十才子”之一的周湞到广东，见到李震，即交相称誉，于是才名赫然闻于四方。洪武末年，李震被肇庆知府以“怀才抱德”科荐于朝，试《大祀庆成赋》及策论，都中高等，初授广西容县知县。永乐二年（1404），改任顺天府大兴知县，在明太宗朱棣营建北京过程中立下功劳，九年考满，升任沧州同知。不久，朱棣念及其父李质的功勋，将李震召回京城，改任光禄寺丞。永乐二十一年（1423）因肺病卒于官舍，享年六十一岁，有诗集《巢翠集》传世，后佚。诗文与其父李质、叔李穆齐名，有《三李集》传世，后佚[2]。李震死后，其子李公瓛请“三杨”之一的“东杨”、少傅、工部尚书兼谨身殿大学士杨荣为其写墓志铭[3]。这在当时是非常荣耀的事情。

李元英，字拔干，岁贡生，植品纯正，学尤渊博，与广文谢国光，文学戴廷玙、延璪同学于青云书院，时称“康州四杰”。青云书院迁至城东后，李元英的儿子李珊与谢国光、陈文焰相继为院长，一本元英之学。李元英善诗文，有《丛窗诗文集》行世[4]。康熙年间，他还整理过其祖辈的《三李集》[5]。

李经邦，字昌平，李质第十三世孙，好善乐施，以岁贡生出任广西龙英州同知。龙英州瑶汉杂处，土官多桀骜玩法，风俗犷悍鄙陋，鲜知廉耻。李经邦善于治理，导之以礼教，瑶民向化，百姓安乐。秩满，擢云南直隶琅盐井提举，不久卒于官。广西巡抚吴虎炳为其撰写墓志铭[6]。李经

① 《修复樵云古迹记》，见（乾隆）《德庆州志·古迹》，第149页。

② 陈琏：《故光禄寺丞李君伯震墓碣铭》，见《琴轩集》卷九，《丛书集成续编》第139册《文学类·诗文别集》，上海：上海书店，1994年，第232－233页；（康熙）《德庆州志》卷八《人物·李伯震》，第269页。

③ 陈琏：《故光禄寺丞李君伯震墓碣铭》，见《琴轩集》卷九，《丛书集成续编》第139册《文学类·诗文别集》，上海：上海书店，1994年，第232页。

④ （光绪）《德庆州志·人物志一·李元英》，第486页。

⑤ （光绪）《德庆州志·艺文志第一·序目》，第516页。

⑥ （光绪）《德庆州志·人物志一·李元英》，第488页。

邦生前还曾捐出数百两白银，用于修复其祖先李质创设的樵云五景①。

可见，李质之后，李姓子孙广为繁衍，散布于德庆城乡，后裔延绵明清两代以迄于今②，且代有名人传世，诚为德庆一大望族。

三、李质之事功

1. 遭乱世，保全乡里

李质生而颖悟，从小酷爱读书，经史子集无所不读，记性又好，能过目成诵，史称其“通诗经，有大志，以儒发身”③。李质饱读经史，志向远大，很想有一番作为，但身逢元季之世，朝政黑暗，百姓困苦，海内骚动。李质遂家居不出，每天与昆弟李穆放情于山水之间，以诗酒自娱④。但这样的太平日子很快被迫近的战乱打破。至正十三年（1353），湖南寇贼来到德庆，因官兵无能，李质亲率乡民奋起抗击⑤，并很可能从此组建了一支乡兵队伍。

元顺帝至元中，东莞人何真起兵平乱，因功被授广东分省参政，进江西行省左丞相。何真知元运将衰，欲扩大实力以成一方诸侯，遂到处访求贤能以为己用。李质“知元鼎将移，志欲振起世运，应辟而起”，成为何真丞相府中的一名府掾，可“参廉访机务”⑥。李质做过府掾，后来成为一

---

① 杭世骏：《修复樵云古迹记》，见（乾隆）《德庆州志·古迹》，广东省地方史志办公室：《广东历代方志集成》，广州：岭南美术出版社，2006年，第149页。

② 据李信元《德庆金定李氏和李质情况》（《德庆文史》第10辑）一文称，李氏在德庆已是李质的第26、27世孙了。

③ 黄金：《皇明开国功臣录·续编·李质传》，见《明代传记丛刊》第24册，第807页。

④ 陈琏：《故资政大夫靖江相府右相李公墓志铭》，见《琴轩集》卷九，《丛书集成续编》第139册《文学类·诗文别集》，上海：上海书店，1994年，第236页。

⑤ （嘉靖）《德庆州志·纪事》，第7页。

⑥ （嘉靖）《德庆州志·纪事》，第7页；朱国祯《皇明开国功臣传·何真传》，见《明代传记丛刊》“名人类”第26册，第412页。另，（嘉靖）《德庆州志》卷二《纪事》将李质应何真之辟系于至元六年（1340），显然有误。据张廷玉等修《明史》卷一三〇《何真传》，元至正初（作者按，至正元年为1341年），何真只是河源县务副使，转淡水盐场管勾，后弃官。至正十四年（1354）以后，何真因平惠州寇乱才升任惠阳路同知。而任行省左丞，更是何真任同知之后的事。

代名臣，故得以列入王琼撰写的《掾曹名臣录》[1]。不久，悦城乡民何国宾、金林乡民张宗达聚众，自称头目，乘势倡乱，一举攻陷德庆路，官舍民居荡为烟埃，德庆的守令将帅弃城而逃。士民遑遑无所依，欲戴推李质守卫。李质闻讯赶回德庆，挺身为民，承担起捍卫乡里的使命。他招募乡兵两万余人，立堡栅龙冈之上，和总管陈文仲一举收复德庆城，然后日夜浚城隍，缮甲兵，扼险要，设策防守。他派其侄李伯豫和总管陈文仲相继平定了何国宾、张宗达的叛乱，进而控制了粤西的德庆、封川二郡全境之地，“波及新兴、阳春、四会之民，上而苍梧、桂林、象郡，蛮寇无复侵凌，下而三山、九江、龙潭诸帅，不敢骚扰”[2]。至正二十六年（1366）春，朝廷升李质为奉训大夫、江西等处行中书省左右司员外郎，仍掌广东行枢密院事，但李质辞而不受。

粤西地区因李质的守护，在元末战乱中得以获宁，李质也因此成为元末群雄中的一方诸侯。李质能由乡间儒士成为声名显赫的粤西诸侯，就在于他勇于任事、严于驭下、神武不杀、急公好义。据史载，当时割据一地者多刻剥残忍，而李质时常告诫属下，“非遇敌毋妄杀，或执敌人来献，率给衣粮纵之。家虽富饶，急于赈施，三族与乡里流寓之贫者，咸有所仰。以故一时名士，如建安张智，茶陵刘三吾，江右伯颜子中，羊城孙仲衍、王彦举，皆闻风来归”[3]。可见，李质在粤西地区是颇得人心的。

2. 识时势，归附新朝

明洪武元年（1368）二月，明太祖派征南将军平章廖永忠、副将军参政朱亮祖下岭南，何真和李质俱知天命所归，主动顺应时势发展。何真以广州归附；四月廖永忠部将、赣州卫指挥使陆仲亨略地至德庆，李质封府库，诣辕门，以德庆、封川二郡归附[4]。广东全境遂以和平方式脱元归明，广东军民因此避免了一场血光之灾。

---

① 王琼：《掾曹名臣录》续集一卷所附《四库提要》：王琼“采录明兴以来，由掾曹而列名臣者，编为此书”，见《四库存目·史部》第89册，第60页。

② （嘉靖）《德庆州志》卷二《纪事》，第8页。

③ 陈琏：《故资政大夫靖江相府右相李公墓志铭》，见《琴轩集》卷九，《丛书集成续编》第139册《文学类·诗文别集》，上海：上海书店，1994年，第236页。

④ （崇祯）《肇庆府志·人物传·国朝·李质传》，第585页。

何真和李质的归附，使明军兵不血刃地迅速占领岭南重地——广东，为明王朝统一全国节省了大量时间和精力。因此，明太祖朱元璋嘉赞他们对新政权的忠诚，把何真和李质一同召至南京，慰劳再三，赐诏书褒奖。

3. 勤政务，为国效忠

洪武元年十二月，朱元璋授李质为奉训大夫、中书省断事官，管理全国刑名之事。录其诰命如下：

制曰：中书为出治之本，断事乃详刑之官。惟老成练达而精于书律者，斯克称是选焉。李质文华夙著，才干有力。昔当扰攘之时，保乂番禺之壤，而能灼知天命，内附王师，俾版籍登于职方，生民不罹兵革，尔之力也。爰用褒嘉，以示劝奖。擢居听断之任，以司刑法之平。益务公明，慎于详谳。汝尚展其素怀美蕴，朕将擢以清华，可奉训大夫、中书断事官。[①]

洪武二年（1369），明太祖升李质为大都督府断事官，赐诰命[②]。洪武五年（1372）二月，李质升任中顺大夫、刑部侍郎，获赐诰命[③]。仅一个月后，明太祖又升其为嘉议大夫、刑部尚书[④]。李质在明初为官三任，均是主管司法刑罚之事。由于李质赋性淳实，处心平易，深谙法律，审理公允，故深得时人佩服和称许。连明太祖也多次表扬李质，在《升大都督府断事李质诰命》中说李质是“岭海之英，资禀端雅，深谙法律，绰有治才。顷赞中书，职司刑罚，众咸服其明允，是可嘉也”[⑤]；在《升刑部侍郎李质诰命》中称赞李质“赋性淳实，处心平易，中书督府百司庶政之纲，尔两任断事，守法奉公，处事平允”[⑥]。《明史·李质传》则称他“强力执法”“治狱平恕”[⑦]。在洪武一朝，担任刑部尚书者将近四十人，李质是较

---

① 《授中书省断事李质诰命》，见（康熙）《肇庆府志·艺文一》，第514－515页。
② 《升大都督府断事李质诰命》，见（康熙）《肇庆府志·艺文一》，第515页。
③ 《升刑部侍郎李质诰命》，见（康熙）《肇庆府志·艺文一》，第515页。
④ 黄佐：《刑部尚书李公质传》，见焦竑：《国朝献征录·刑部一·尚书》。
⑤ 《升大都督府断事李质诰命》，见（康熙）《肇庆府志·艺文一》，第515页。
⑥ 《升刑部侍郎李质诰命》，见（康熙）《肇庆府志·艺文一》，第515页。
⑦ 见张廷玉等《明史·李质传》。

为突出的几人之一①。

李质因其忠诚和杰出才干而深受明太祖赏识，遂与明太祖日益亲近。洪武五年，山东发生饥荒。明太祖特派李质前往赈济，临行为其饯行，并御赐以诗曰："遣卿持檄按齐东，念尔贤劳苦厥功。经国老臣勤抚恤，行天使者起疲癃。官储有粟宜从赈，囊橐无私任至公。七十二城皆历遍，马蹄无处不春风。"② 满朝文武，莫不以之为荣。

洪武五年九月，浙江行省参政一职暂缺。因浙江自唐宋以来即是国家财赋重地，又与京师接壤，号称难治，非硕德重望、历练老成之士且为皇帝信任赏识者，不能堪其任。吏部一时难以推出合适人选。于是，明太祖御奉天殿，中书省右丞相率百官侍左右，一番咨询商讨后，即命李质担任该缺。李质拜命之后，在朝之士无不对其啧啧称誉，都说李质是不二人选。赴任前夕，士友相率为其写序送别③。其中，翰林学士宋濂为其写的《送刑部尚书李公新除浙江行省参知政事序》④、礼部尚书陶凯为其写的《送樵云知浙江行省序》⑤，留存至今。

李质出任浙江行省参政后，"首以承流宣化为己任，振纪纲，正风俗，劝农桑，兴学校，举遗贤，恤民隐，知无不为，为无不力。居三年，惠流两浙，厥绩以懋，声闻于上"⑥。显然，在浙江行省参政任上，李质勤政为民，兴利除害，做出了一番不俗的政绩。为此，洪武七年（1374）五月，明太祖钦赐李质一百石公田禄米⑦。

洪武八年（1375），明太祖念及李质年老，在外做官过于辛劳，将其召回京师，让其退休安养。退休之后，明太祖还曾召见李质，咨访时政得失。李质出于对皇帝和国家的忠诚，全然不顾及个人安危，对时政得失直

---

① 张廷玉等：《明史·李质传》。言："终洪武世，为刑部者几四十人，杨靖最著，而端复初、李质、黎光、刘敏亦有名。"

② （嘉靖）《德庆州志·纪事》，第8页；张廷玉等：《明史·李质传》。

③ 陶凯：《送樵云知浙江行省序》，见（乾隆）《德庆州志·艺文上》，第235页。

④ 宋濂：《宋学士文集》卷一七；（乾隆）《德庆州志·艺文上》，第234-235页。

⑤ （乾隆）《德庆州志·艺文上》，第235页。

⑥ 陈琏：《故资政大夫靖江相府右相李公墓志铭》，见《琴轩集》卷九，《丛书集成续编》第139册《文学类·诗文别集》，第235页。

⑦ 《明太祖实录》卷八九，洪武七年五月乙亥条。

言无隐。明太祖因此更加看重李质，并诰赠其祖父李广孙为礼部尚书，诰赠其父李熙春为浙江行省参政①。洪武九年（1376）正月，明太祖又起用李质为靖江王府右相，兼资政大夫②。

靖江王朱守谦是明太祖侄子、大都督朱文正之子，受封于洪武三年（1370），初居南京，约在洪武八年前后之藩桂林。当时，王府设有左、右二相，俱正二品③。左为武相，以广西护卫指挥佥事董勋担任；右为文相，以李质为之④。李质至桂林，竭诚以尽辅导之职，深得靖江王宠遇。李质曾获明太祖批准回德庆省墓，临行，靖江王挥翰赋诗绘图以赠，又命广西布政司、按察司长官和靖江王府中的官员齐聚漓江之滨，设宴张乐为李质饯行。有文才的官员们又纷纷为李质赋诗写序，人莫不以之为荣⑤。

4. 受牵连，李代桃僵

桂林有元顺帝做太子时的官邸，靖江王将其改造成王宫居住，并上表向明太祖称谢。此举导致明太祖不满，太祖敕告靖江王的辅佐大臣说："从孙幼而远镇西南，其善导之。"右相李质、长史赵壎等人不时规劝，但靖江王一意孤行，不听劝告，在身边群小的引诱鼓动下，时常做违法害民之事，广西百姓怨言四起。明太祖得知后，将朱守谦召还京师，严厉戒谕。朱守谦不仅不服，还作诗埋怨明太祖。明太祖得知后，大怒，下令将靖江王朱守谦废为庶人⑥，进而追究王府辅臣之责，将李质处死⑦。时为洪武十三年（1380）闰五月。开国元勋、一代名臣，就这样受靖江王牵连而死，实在令人痛惜不已！

---

① 郭棐撰，黄国声、邓贵忠点校：《粤大记·岭海武功·献征类·李质》，第766页。按，该点校版中，"诰赠其祖次春礼部尚书，考广孙如己官"有误，据李质墓志铭，李广孙是李质之父，而李熙春为李质的祖父。

② 《明太祖实录》卷一〇三，洪武九年正月甲戌条。按，李质任靖江王府右相的时间，陈琏所撰李质墓志铭系为洪武八年十月，而（崇祯）《肇庆府志·人物传·国朝·李质》则系在洪武八年十一月，与《明太祖实录》所载相异。笔者推测，实录所载时间当是正式上任的时间，而墓志铭所载时间当是宣布任命的时间，府志所载时间则可能有误。

③ 张廷玉等：《明史·职官四·王府长史司》。

④ 《明太祖实录》卷一〇三，洪武九年正月甲戌条。

⑤ 赵壎：《樵云归东省墓序》，见（乾隆）《德庆州志·艺文上》，第236页。

⑥ 张廷玉等：《明史·靖江王》卷一一八。

⑦ 万斯同：《明史·李质传》，见《续修四库全书》第327册，第325页。

四、结语

李质的历史地位是非常高的。首先，他是明王朝的开国功臣，官至刑部尚书、行省参政、王府右相，政绩卓著。明人黄金《皇明开国功臣录·续编》、朱国祯《皇明开国功臣传》以及官修《明史》均为其立传，以传不朽。其次，他是一位名儒和诗人，与当时名士江右伯颜子中、茶陵刘三吾、建安张智等人相交相知，有诗文《樵云集》传世，且部分诗文被朱彝尊《明诗宗》、陈田《明诗纪事》、钱谦益《列朝诗集小传》等收入并为其立传。最后，他在元末曾是乡邦领袖、粤西英豪，声名显赫于岭南，功德铭记于人心。李质及其后人对德庆甚至粤西地区的文化影响是非常广泛、深远的，值得进一步研究。

三洲岩诗刻作者伍希儒小考

杨　杰[①]

摘　要：伍希儒三洲岩诗刻今存，但《明史》及各地方志等未见其传。初步考之，伍氏为江西安福人，分别于明正德五年、正德六年参加乡试和殿试并获得功名；曾任监察御史，巡按两广御史，累官至按察司佥事；其事迹主要为参与王阳明主导的平定“宸濠之乱”，但事后遭陷去官，又只任过知县等小官。

关键词：三洲岩；伍希儒；事迹；考证

欧清煜、林瑞球编的《三洲岩诗文全录》（下称“欧书”）[②]，是目前所见关于三洲岩诗文公开出版的最为详尽的资料，编者就诗文作者和内容进行适当注释，极大地方便了读者了解相关背景并阅读，但有些作者未及考介。本文就其中作者之一的伍希儒生平事迹略作考证，因资料有限，结论未必翔实，权当抛砖引玉。

伍希儒于明正德十三年（1518）四月四日前往广西时，途经肇庆，游三洲岩，并留下诗刻。欧书：“伍希儒：生平不详。”

伍希儒诗序云：“戊寅四月四日，予因往八桂，过肇庆时，同行者巴山王宪副、虚斋郑少参约登三洲岩，二诗纪兴。”落款为“安成伍希儒书”。

桂林伏波山石刻有伍希儒《霜天晓角·还珠洞》词，落款为“时正德戊寅八月六日也”，应为他经肇庆到达广西后的作品，其间相距4个月。[③]

---

① 杨杰，博士，肇庆学院旅游与历史文化学院教授。

② 欧清煜、林瑞球：《三洲岩诗文全录》，北京：中国文联出版社，2000年。

③ 桂林文物管理委员会：《桂林石刻》（中册），内部出版物，1971年，第118页。

欧书注释："巴山王宪：指王弘，王自号巴山道人，曾任监察御史，时任广东按察司佥事。"王弘于正德九年（1514）冬在三洲岩留下《三洲岩记》；正德十一年（1516）虞大韶题刻云："时从巴山王老先生游。"光绪《德庆州志》作者认为王弘再三游三洲岩的可能性不大[①]，三刻石必有纪年有误者。然王弘数游三洲岩也未尝不可，此案暂且搁置，我们还是先来探讨伍希儒之事迹。

一、功名

伍希儒诗刻落款"安成"，安成县为西汉所置，后几经更替，唐武德年间首置安福县[②]，故伍希儒为江西安福县人。

《江西通志》卷五十四选举六："正德五年庚午乡试：伍希儒，安福人"，"正德六年辛未杨慎榜：伍希儒，安福人，佥事"。[③]

史料另载：伍希儒为江西安福县人，军籍，明正德六年（1511）三甲第四十四名进士[④]。

由上述记载可知，伍希儒为江西安福县人，分别于正德五年、正德六年参加乡试和殿试并获得功名，但生卒年不详。

二、仕途

关于伍希儒的仕途，也有若干线索。

《万姓统谱》："伍希儒：字汝贞，安福人。正德辛未进士，历按察司佥事。"[⑤]

---

① 杨文骏修，朱一新纂：（光绪）《德庆州志·艺文志三·金石下》，内部点校本，2002 年，第 721 页。

② 《中国历史大辞典·历史地理》编纂委员会：《中国历史大辞典·历史地理》，上海：上海辞书出版社，1996 年，第 358、362 页。

③ 高其倬等修，陶成等纂：《江西通志》，武汉：武汉大学出版社，1999 年。

④ 朱保炯、谢沛霖编纂：《明清进士题名碑录索引》（上），上海：上海古籍出版社，1980 年，第 652 页。

⑤ 凌迪知撰：《万姓统谱》，《文渊阁四库全书》（电子版），武汉：武汉大学出版社，1999 年。

《明武宗实录》："正德十一年夏四月壬子朔……监察御史刘廷簠、伍希儒言：皇上春秋鼎盛，储副尚虚。天下之事宜无大于此者。……乞详其奏于亲王中择其名分之正者，简命一人建为储副，则神器有托，而亿兆有所系属矣。"[①] 则正德十一年时，伍希儒已任监察御史。

另据《上虞县志校续》：明正德年间知县"伍希儒，字汝真，安福人，进士，十一年任"[②]。可知，正德十一年，伍希儒先任上虞县知县，同年旋即改任监察御史。

《文章辨体汇选》：王守仁（阳明）《征藩功次咨文》："适遇巡按两广御史谢源、伍希儒回京复命，又行具本奏留军前，协谋行事。"[③] 事情发生在正德十四年（1519）。

《明史》："御史谢源、伍希儒等交章荐格，未及召，世宗立，复故官。"[④] 时为正德十六年（1521）。

《浙江通志》卷三十一"萧山县治"条："正德末，令伍希儒伐石垒基作洞门。"可证其在正德末年曾任萧山县令。[⑤]

《枣阳县志》卷二十三"职官志"：明知县"伍希儒，江西安福进士，嘉靖元年任"[⑥]。

由上述史料可知，伍希儒至少在正德十一年时即已任监察御史，曾任巡按两广御史，累官至按察司佥事；正德十六年尚在御史任上，但当年末即任萧山县令，第二年改任枣阳县知县，显然在明世宗（嘉靖帝）即位之初便被降职。这与其和王阳明共事所引发的事件有关，此事由也是史书所见伍希儒最翔实的一段人生经历。

---

① 《明武宗实录》卷一三六（校印本），南京：中央研究院历史语言研究所，1931 年。

② 储家藻修，徐致靖撰：《上虞县志校续》卷三，台北：成文出版社，1975 年。

③ 贺复征编：《文章辨体汇选》，《文渊阁四库全书》（电子版），武汉：武汉大学出版社，1999 年。

④ 张廷玉等撰：《明史》，北京：中华书局，1974 年。

⑤ 李卫等修，傅璱等纂：《浙江通志》，《文渊阁四库全书》（电子版），武汉：武汉大学出版社，1999 年。

⑥ 邱东阳：《枣阳县志》，武汉：武昌正信印务馆，1923 年。

三、事迹

明正德十一年，王阳明升任都察院左佥都御史，巡抚南、赣、汀、漳等处。①

王阳明《飞报宁王谋反疏》："正德十四年六月初五日，节该钦奉敕：'福州三卫军人进贵等胁众谋反，特命尔暂去彼处地方会同查议处置，参奏定夺，钦此。'钦遵，臣于本月初九日，自赣州启行，至本月十五日行至丰城县，地名黄土脑。据该县知县等官顾佖等禀称，本月十四日宁府称乱，将孙都御史、许副使并都司等官杀死；巡按及三司、府、县大小官员不从者俱被执缚，不知存亡；各衙门印信尽数收去，库藏搬抢一空；见监重囚俱行释放；舟楫蔽江而下，声言直取南京，一面分兵北上。"②

正德十四年，王阳明奉命前往福建处理谋反之事，途中接到宁王朱宸濠在江西南昌发动叛乱的消息，立即赶往吉安，募集义兵，发出檄文，出兵征讨。双方战于鄱阳湖，叛军大败，朱宸濠被擒。伍希儒参与了这次平叛。

王阳明在《留用官员疏》中曰："臣在吉安地方调兵讨贼，四路阻绝，并无堪用官员。适遇钦差两广清军御史谢源，刷卷御史伍希儒各赴京复命，道经该府，不能前进。各官奋激，思效力讨贼以报朝廷，臣亦思军务紧急，各官俱有印敕，方便行事，遂留军前，同心勠力，经济大难。待事宁之日，赴京复命。"③

伍希儒于1518年在两广任刷卷御史，在肇庆和桂林留下石刻诗词，第二年返京途中，遇宁王之乱，道路阻隔，遂留在王阳明军中，协助其平叛。

《明史·王守仁传》："十四年六月，命勘福建叛军。行至丰城而宁王宸濠反，知县顾佖以告。守仁急趋吉安，与伍文定征调兵食，治器械舟

① 王守仁撰，吴光、钱明、董平等编校：《王阳明全集》，上海：上海古籍出版社，2011年。
② 王守仁撰，吴光、钱明、董平等编校：《王阳明全集》，上海：上海古籍出版社，2011年。
③ 王守仁撰，吴光、钱明、董平等编校：《王阳明全集》，上海：上海古籍出版社，2011年。

楫，传檄暴宸濠罪，俾守令各率吏士勤王。……御史谢源、伍希儒自广东还，守仁留之纪功。”①

王阳明《江西捷音疏》：“召募四方报效义勇之士，会计一应解留钱粮，支给粮赏，造作军器战船，奏留公差回任监察御史谢源、伍希儒分职任事”，“除将擒斩功次发御史谢源、伍希儒权令审验纪录，一应事宜，查审明白，陆续具奏”。②

王阳明《擒获宸濠捷音疏》：“及将擒斩俘获功次一万一千有奇，发御史谢源、伍希儒暂令审验纪录，另行造册缴报外”，“然则今日之举，庙廊诸臣预谋早计之功，其又孰得而先之乎？及照御史谢源、伍希儒监军督哨，谋画居多，倡勇宣威，劳苦备尝”。③

王阳明于嘉靖元年（1522）《辞封爵普恩赏以彰国典疏》中写道：“御史张鳌山、伍希儒、谢源等，诸人臣今不能悉数，其间或催锋陷阵，或遮邀伏击，或赞画谋议，监录经纪。虽其平日人品，或有清浊高下，然就兹一事而言，固亦咸有捐躯效死之忠，勠力勤王之绩，所谓同功一体者也。”④

由以上记载可知，伍希儒、谢源留在王阳明军中后，参与谋划，监军督哨，并记录奏报战果、功劳等，为平叛有功之臣。

伍希儒虽为迅速平定朱宸濠之乱做出重要贡献，但其此后的仕途并不顺利。战后由于佞臣谗言，伍希儒非但未获表彰，反被去官。

王阳明于正德十五年（1520）为有功人员请功，名单中便列有“协谋讨贼审验功次官二员：钦差巡按两广监察御史谢源、伍希儒”⑤。

霍韬《地方疏》：“先是正德十四年，宸濠谋反江西，两司俯首从贼，惟王守仁同御史伍希儒、谢源誓心效忠。不幸奸臣张忠、许泰等欲掩王守仁之功以为己有，乃扬诸人曰：‘王守仁初同贼谋。’及公论难掩，乃又曰：‘宸濠金帛俱王守仁、伍希儒、谢源满载以去。’当时大学士杨廷和、

① 张廷玉等撰：《明史·王守仁传》，长沙：岳麓书社，1996年，第2830－2831页。
② 王守仁撰，吴光、钱明、董平等编校：《王阳明全集》，上海：上海古籍出版社，2011年。
③ 王守仁撰，吴光、钱明、董平等编校：《王阳明全集》，上海：上海古籍出版社，2011年。
④ 王守仁撰，吴光、钱明、董平等编校：《王阳明全集》，上海：上海古籍出版社，2011年。
⑤ 王守仁撰，吴光、钱明、董平等编校：《王阳明全集》，上海：上海古籍出版社，2011年。

尚书乔宇，亦忌王守仁之功，遂不与辨白而黜伍希儒、谢源，俾落仕籍。王守仁不辨之谤，至今未雪，可谓黯哑之冤矣。”① 叙述了伍希儒等蒙冤原委，为王阳明团队鸣不平。

王阳明在《辞封爵普恩赏以彰国典疏》中写道：“今诸臣未蒙显褒而臣独冒膺重赏，是掩人之善矣。”② 此疏写于嘉靖元年，表明其时伍希儒等仍未获肯定。

正德十六年十一月，明世宗初即位，朝廷曾根据平乱的过程对有功之臣进行了奖赏：封王守仁为新建伯；升原吉安府知府伍文定左副都御史；知府戴德孺升三级；邢珣、徐琏二级；伍希儒升一级，知府陈槐等制敕；谢源等考察调外者，吏部量加擢用。③

但正如王阳明门人黄绾在《明军功以励忠勤疏》中写道：“曩者陛下登极，命取来京宴赏，封之新建伯，而升南京兵部尚书。言者又谓不当来京宴赏，以致奢费。……守仁后丁父忧。服满遂不起用，反时造言排论。然虽蒙拜爵升官，铁券未给，禄米未颁，朝事无与，迹比樵渔。……不独守仁，凡共勤王大小臣工，亦废黜殆尽，臣不能枚举，……御史伍希儒、谢源辄以考察去官。且陈槐、邢珣等皆抱用世之才，秉捐躯之义，因功废黜，深可太息。”④ 说明虽有论功，但并未得到公正对待，并借故免去伍希儒等人的官职。

之后伍希儒至少又做过两地知县的小官，其后境遇暂无考，恐再无大的作为。诸史及方志未著其传，也应是其始终未获平反所致。

① 王守仁撰，吴光、钱明、董平等编校：《王阳明全集》，上海：上海古籍出版社，2011 年。
② 王守仁撰，吴光、钱明、董平等编校：《王阳明全集》，上海：上海古籍出版社，2011 年。
③《明世宗实录》卷八（校印本），南京：中央研究院历史语言研究所，1931 年。
④ 王守仁撰，吴光、钱明、董平等编校：《王阳明全集》，上海：上海古籍出版社，2011 年。

德庆三洲岩摩崖石刻与明代旅游资源探究

梁 烨①

摘 要：摩崖石刻蕴含着丰富的旅游文化资源信息，是研究地方旅游特色的重要实证史料。本文以三洲岩明代摩崖石刻为载体，试从其诗文、题记以及游者对自然山水的多层体验中窥探明代时粤西地区的旅游现象与特征，以期对现时旅游的发展提供参考和启示。

关键词：三洲岩；摩崖石刻；旅游现象

摩崖石刻作为一种传统文化，不仅见证了各个历史时期的发展，而且蕴含着丰富的旅游文化资源信息。以往人们对摩崖石刻的研究多集中在历史、文学、书法艺术以及人文地理等方面，随着现代旅游业的发展，近年来人们开始关注摩崖石刻的旅游价值。例如，朱乐朋、林静梅的《桂林摩崖石刻与旅游》，江舸的《四川摩崖石刻演变及其现代旅游价值》，均提出了如何利用摩崖石刻发展自然风光与文化旅游相结合，从而达到提升旅游品质及丰富旅游内容的思路。这表明摩崖石刻与旅游的关系开始受到学者们的重视，拓宽了摩崖石刻的研究空间。但笔者认为，只把摩崖石刻当作一种旅游资源来探讨，仍存在着局限性。事实上，摩崖石刻的产生和发展本身就与旅游息息相关，绝大多数摩崖石刻作品都是古人在寻幽探胜的过程中，被秀丽的自然景色所吸引有感而发的结果。

现遗存于崖壁上的摩崖石刻，从另一个角度折射出古人的旅游观念、态度、情感以及审美意识，同时承载着丰富的旅游信息和旅游价值。本文以三洲岩明代摩崖石刻为载体，试从其诗文、题记以及游者对自然山水的

---

① 梁烨，肇庆星湖文物管理所文物博物副研究馆员。

多层体验中窥探明代时粤西地区的旅游现象与特征，以期对现时旅游的发展提供参考和启示。

一、三洲岩摩崖石刻的分布特征

三洲岩位于广东西部的德庆县内，谓之三洲，取“蓬莱第三洲”之义。三洲岩不仅以奇丽景观闻名于世，而且是一座久负盛名的文化名山。早在东晋时，勾漏县令葛稚川，晚年定居三洲岩，并在此开炉炼丹、著书立说。宋代的苏东坡、周敦颐、李纲以及明代的陈献章等名人贤士，都因其宛如仙境的景色慕名而来并留下题刻，这也使得三洲岩成为当时颇有名气的“瑶华洞天”。元代以降，由于对程朱理学的推崇，这里俨然成为文化圣地，是众文人“读万卷书，行万里路”不可或缺的一站。清人屠英在道光《肇庆府志》中有这样一段记载：“三洲岩……一名玉乳岩。宋李纲书‘玉乳岩’三大字，有石室悬乳，皆苍绿色，自成观音像……岩内空峒，可容千人……由洞至岭，古今题咏甚多。”① 可见，古时的三洲岩巍峨峭拔，古树长藤，古咏题刻布满苍崖，实属人间仙境。难怪当时的“岭海士大夫好异者往往能言之”。

赋诗、游记、题刻是传统中国文人旅游观光的三大文化表现和文化贡献。据相关资料统计，历代文人墨客在三洲岩留下的石刻有190多则，可惜历经900多年，很多珍贵石刻已荡然无存，现仅存98则。笔者对这些现存石刻的时空分布进行了统计，从时间上看，三洲岩的摩崖石刻始于宋而盛于明，宋刻共有8则，最早的要数治平年间的萧渊言题诗，而明刻则有80则，其中以成化和嘉靖时期为最，分别为12则和32则（见表1），约占明代石刻的15%和40%。从空间上看，主要集中在洞内的南岩壁与北岩壁，分别为31则和67则（见表2）。

---

① 屠英等修：（道光）《肇庆府志》卷二、卷三，富文斋刊印，第623页。

表 1　三洲岩摩崖石刻时间分布表

年代	年号	篇数（则）	占比（%）	年代	年号	篇数（则）	占比（%）
宋	治平	1	1.02	明	弘治	3	3.06
宋	熙宁	2	2.04	明	正德	6	6.12
宋	元祐	1	1.02	明	嘉靖	32	32.65
宋	政和	1	1.02	明	万历	3	3.06
宋	崇宁	1	1.02	明	不详	13	13.27
宋	重和	1	1.02	清	乾隆	1	1.02
宋	淳熙	1	1.02	清	嘉庆	1	1.02
明	正统	8	8.16	清	道光	2	2.04
明	景泰	3	3.06	不详		6	6.12
明	成化	12	12.24				

表 1 的统计显示，三洲岩的摩崖石刻主要集中于明代中后期，这印证了当时盛行追寻仙踪灵迹的旅游之风。一座高不到 50 米的岩山却镌刻有近 200 则题刻，这表明三洲岩旅游发展的空间格局已基本定型，并达到相当成熟的程度。同时，表 2 也显示三洲岩摩崖石刻的空间分布呈现较为明显的差序状态，即大多数石刻集中在北岩壁，南岩壁相对而言则少了很多。从现存的石刻来看，年代最久远的一处在洞内北岩壁，已消失的苏轼题刻也是镌刻在北岩壁的，据道光《肇庆府志》记："东坡居士自海南还来游，武陵弓允明夫、东坡幼子过叔党同至。元符三年九月廿四日……石刻在德庆三洲北岩。"① 显然当时三洲岩北岩壁的景色是最为幽绝的，是人们游览的核心区域，南岩壁受到的关注则相对较少。关于这一点，从陈献章游三洲岩时所留下的诗句"……前哲有题字，秉烛往读之。徘徊北壁下，目击元公遗……"中可得到印证。这从一个侧面反映了当时三洲岩旅游在发展空间上的变化。

① 屠英等修：（道光）《肇庆府志》卷二十一、卷三，富文斋刊印，第 599 页。

表2　三洲岩摩崖石刻空间分布表

区域分布	篇数（则）	占比（%）
北岩壁	67	68.37
南岩壁	31	31.63

二、题刻者身份及文体

一直以来，人们对摩崖石刻题刻者身份的关注，往往着重于其政治和文化地位，却忽略了那些政治、文化和社会地位低微的题刻者。但作为群体现象的摩崖石刻，无论题刻者是什么身份，只要他们身处于此，面对风光秀丽的自然景色有所观、有所感、有所题，他们在属性上均属旅游者。

事实上，从三洲岩现存的98则石刻中所题的内容来看，基本上都与寻幽探胜有关，这些题刻者无论是在公闲之时，还是路过受邀，都是慕三洲岩秀丽景色之名而至。从某种意义上讲，他们都属于旅游者。从题刻者的籍贯来看，除20则已损或无法考究之外，其余78则的题刻者的籍贯是以广东、广西、福建、浙江、江西等东南省份为主，呈现出以广东为中心，由近及远地向周边各省辐射的自然差异状态，远及云南、四川等地。从另一个角度看，在这些籍贯可考的题刻者中，广东省之外的有49位，占总数的50%，这表明带有“仙气”的三洲岩已经成为粤西地区的一个重要旅游目的地，其影响力已涵盖岭南、浙江、江西以及西部其他地区。此外，从文体来看，三洲岩摩崖石刻大致可分为诗歌、点题和纪游三大类（见表3）。其中绝大部分是诗歌，约占总数的67.35%。

表3　三洲岩摩崖石刻文体分类表

类别	数量（则）	占比（%）
诗歌	66	67.35
点题	8	8.16
纪游	24	24.49

诗歌石刻，是指题刻者以诗歌的形式，表达对景色的赞美或借景抒怀的题刻。置身于迷人的景色之中，赋诗赞景是传统士大夫们游山玩水时抒发情感的一种行为，如明成化年间广东左参议唐濩，在游三洲岩时所留题的《游三洲岩》诗云："三洲境上有蓬莱，此日登临亦乐哉。洗墨池干人已远，烧丹灶冷鹤还来。洞口四达青天近，石柱双擎白玉堆。览胜顿令尘虑息，倚云吟啸重徘徊。"诗中道出了三洲岩那世外桃源般的景色让人流连忘返。又如明代的刘魁在其《三洲洞天》诗云："古今奇绝说蓬莱，说到三洲更胜哉。若把三洲比三岛，不知人世有天台。"作者运用比喻手法，高度概括了三洲岩宛如仙境的人间景色，反映出传统士大夫们那种"富贵非乐，湖山为乐"的思想情结和审美情趣。

点题石刻，是指题刻者对某景区、景点自我直观的感受进行高度概括的题刻。三洲岩摩崖石刻中，点题石刻共有 8 则，约占总数的 8.16%。相对而言，点题石刻显得较为直接、简单，它们往往与地方文化传统和具体的地理特征相结合，如"三洲洞""第一岩""瑶华洞天""云窝"等。点题石刻同样也能反映题刻者的个人审美境界和价值观念，如被称为"大明能臣"的龚辉在游三洲岩留下的"瑶华洞天"，以及明嘉靖年间广东按察使周宣的"仙窟"题刻，点出了三洲岩那点"仙气"，同时道出了三洲岩那秀丽的自然景色。又如明嘉靖年间参政广西张烜留下的"云窝"，不仅生动地描述了三洲岩特殊的地理环境特征，也表明了张烜个人对来去自由、舒展自如的"云"的钟爱和情感，反映了他对生命意义的理解。

纪游石刻，是指记录游览过程中的题刻。三洲岩摩崖石刻中，纪游石刻共有 24 则，约占总数的 24.49%。此类石刻的文体格式较为简约，多以"时间 + 同游者"的形式出现。如北岩壁上一则题刻云："重和二年正月四日，真阳郑良少张奉檄西江，瞻视神霄宫宇，同四明周冲、和伸、浚仪丁钊宗康来游。弟绎季成书。宣和三年四月初一日，摄权端溪县尉严力臣刻石。"① 简约记述了时为中仕右文殿修撰、广南中西路转运史郑良，奉命巡视西江沿线修建宫观时，与周冲、和伸、宗康等游三洲岩的情境。在这些纪游石刻中，有不少是记载当日情境以及好友相约携樽带酒入岩赏景等行

① 欧清煜、林瑞球：《三洲岩诗文全录》，北京：中国文联出版社，2000 年，第 24 页。

为，或是记述了奇遇、重游等特殊情境的。如北岩壁上一则题刻云："万历壬辰仲冬，余以公事偕寅丈秦太□抵端。将军荐吾招余饮石洞中，迟秦丈不至，将军名世鹗，时以卫使提兵驻北岸。秦名淑古，为开建令，而余封川令黄子懋中也。酒酣，将军索余留题，因援笔作记游数语，书遗将军，刻石识之，将军及余俱闽人，秦丈楚人。仲冬八日黄懋中题并书。"① 从题刻中可知时为封川令的黄懋中和几位游者在三洲岩洞中欢畅共饮的情景。北岩壁上还有一则刻于明成化年间的题刻："予自天顺甲申观风来广，已闻三洲洞之胜，顾以地方弗靖，政□□□□□游焉。今又承乏宪台适以事至苍梧而回。舟次岩下，遂即其地，览胜之余，□占二绝句书于石，以识岁月云。成化六年庚寅冬十二月四日，赐进士中宪大夫、广东按察司副使、前监察御史丰城涂棐伯辅书。"② 记录了时为广东按察司副使涂棐重游三洲岩的过程，可见当年人们到三洲岩旅游已是一种常态了。

从上述这些题刻的内容来看，无论是诗歌题刻，还是点题、纪游题刻，它们都直接反映了题刻者的旅游行为特征，蕴含着丰富的旅游信息。

三、摩崖石刻所折射的旅游特征

综观三洲岩现存的摩崖石刻，它们突出反映了以下几个方面的旅游特征。

1. 对自然山水自我体验的旅游特征

三洲岩因曾为神仙居住之所的传说而得"仙山"之名。据州志记载，三洲岩有仙翁，庞眉皓首，或樵或渔，不知其姓名。唐天佑三年（906），进士李谨微赴番禺任，泊三洲岸，时夜半月高，作歌吟声，有一渔父乘舟而赤，长揖共饮，谓曰："闻子笑吟，有观国之志。偶就子会，世将乱矣，宜高尚云林，以保天年。此去百年间，中原六合为家，然后可图子孙之善福也。"言讫不见，逮宋一统天下，始知其言之验也。从此，无数文人骚客、达官贵人都想一睹"仙山"之景色。宋人萧渊言游三洲岩时就留下了

① 欧清煜、林瑞球：《三洲岩诗文全录》，北京：中国文联出版社，2000 年，第 114 页。
② 欧清煜、林瑞球：《三洲岩诗文全录》，北京：中国文联出版社，2000 年，第 57 页。

“山势凌空下郁迂，前森秀岛应台苻。洞中古老传仙迹，望外风光接海隅……”① 的诗句，从“洞中古老传仙迹”可看出，萧渊言此番来游多少是冲着“仙气”而来的。

进入明代后，人们的旅游观念有了明显的转变，注重自我感受的探胜游已流行，呈现出自我体验的旅游特征。例如，明人丘山在游历三洲岩后，留题于岩壁的诗云：“吟入三洲观胜境，洞天别是一般奇。碧桃花外逢青鸟，试问仙人归几时……”② 作者在赞美三洲岩的奇景、奇观的同时，一句“试问仙人归几时”似乎还有调侃仙人传说的味道。还有很多题刻都体现出这一特征，如明人陆汤臣刻于北岩壁的一首诗写道：“孤舟竟日度江烟，近暝携壶陟洞天。明日照开三岛路，香云覆满一溪田。文光闪窦诗英萃，景象涵虚石乳悬。仙迹湮沦无访处，一声归角紫云端。”③ 题刻者那句“仙迹湮沦无访处”道出了所谓的神仙早已“湮沦”，而显示出游人对自然山水的享受与体验。显然，明代的士大夫们对一些名山的欣赏，都有自己的体验，完全出自各人的心灵。正是这种旅游观念的转变与发展使三洲岩成为当时著名的旅游目的地。同时，这表明了明代自我体验旅游占据了主导地位的时代特征。

2. 对人文及自然山水的敬畏态度

一直以来，中国历朝历代的士大夫们，受儒家观念及传统哲学思想的影响，对大自然的一山一水及先贤圣哲都满怀敬畏之心。崖刻，其行为本身就表明了留题者对自己所面对的人文与自然景观的敬畏之情，从大量的赞景诗歌及纪游题刻中，更可直接感受到当时游人的这种态度。

众所周知，周敦颐是宋明理学的开创者，其理学奠基者地位为官方所承认，而周敦颐任广东提刑时，闻三洲岩之名，亦曾到此寻幽探胜并留下题刻。时为端溪（今德庆县）县令的许鉴，即于岩畔建濂溪书院，一时慕名前来者众，三洲岩遂名声大振。明代的士大夫及文人墨客游三洲岩时，无不拜谒濂溪书院并瞻仰前贤留在崖壁上的题刻。而他们留下的很多题刻

---

① 肇庆市地方志编纂委员会：《肇庆宋代钩沉》，2006 年，第 118 页。
② 欧清煜、林瑞球：《三洲岩诗文全录》，北京：中国文联出版社，2000 年，第 60 页。
③ 欧清煜、林瑞球：《三洲岩诗文全录》，北京：中国文联出版社，2000 年，第 87 页。

则表达了其对先贤圣哲的敬畏之情。如光禄寺寺丞李伯震于明正统四年（1439）留题在北岩壁上的一首七言诗，诗云："维石岩岩紫翠连，元非禹凿自天然。旋磨崖壁镌新字，细看诗文忆古贤。茂叔南来曾乐道，葛洪西驻已升仙。老夫几度寻遗迹，云满高峰月满天。"① 字里行间流露出对先贤圣哲和自然山水的敬畏。明正统八年（1443），时为敕命总督广东边务的王清，在北岩壁题七言诗云："书台高处凉如许，赢取宫袍对酒眠。"王清在赞美濂溪书院周边环境的同时，也祝愿学子们早日"赢取宫袍"。周敦颐留下题刻的地方，也备受敬仰。如明代著名理学家、书法家、诗人陈献章，曾多次登临三洲岩，留下了六首诗作，其中有一首是这样写的："我行苍梧野，息桨荒江湄。连江一以眺，石室函晚晖。前哲有题字，秉炬往读之。徘徊北壁下，目击元公遗……"② 可见其对周敦颐的敬畏之情，溢于言表。

三洲岩摩崖石刻所反映出来的对自然山水的敬畏更是普遍现象，如前文所提到的"瑶华洞天""第一岩""三洲洞""云窝"等点题石刻，不仅表达留题者置身于"第一岩"的一种自豪感，而且流露出"到此更无尘俗扰，始知三岛在人间"的感叹。此外，还有"仙窟""玉乳岩""文光闪窦诗英萃，景象涵虚石乳悬"等不一而足。这些石刻所反映出来的敬畏态度，与今天所普遍存在的占有、消费、炫耀的态度相比，是完全不同的境界。

3. 对自然山水的审美体验

当今的学术界与旅游界普遍认为旅游的本质在于审美，如郁龙余在章必功《中国旅游史》的序言中提出"旅游是一种广义的审美（人类求取与外部世界的和谐）形式"；谢彦君在《论旅游的本质与特征》中认为"旅游在根本上是一种主要以获得心理快感为目的的审美过程和自娱过程"；曹诗图、李锐锋在《旅游功能新论》中提出"旅游是人们以消遣、审美、求知等目的，到日常生活环境之外的地方旅行、游览和逗留的各种身心自由

---

① 欧清煜、林瑞球：《三洲岩诗文全录》，北京：中国文联出版社，2000 年，第 34 页。

② 欧清煜、林瑞球：《三洲岩诗文全录》，北京：中国文联出版社，2000 年，第 144－145 页。

体验，它是人们的一种短期、异地休闲生活方式和跨文化交流活动”。对审美的关注，应该接近了旅游的本质。然而，旅游活动必然属于异地空间的游览活动，旅游由景生情，移情入景，而情之生又因人、因景而异，审美体验自然丰富多样。即便是同属社会精英的官宦、文人阶层，从摩崖石刻的记载来看，这些明代旅游者的审美体验也呈现出多层次性。

第一，自然山水的直观体悟。最能体现旅游者对自然景物直观感受的，莫过于那些刻在崖壁上的点题石刻了。如前文提到的“瑶华洞天”“第一岩”“仙窟”“玉乳岩”等石刻，都简单、直接地表达了题刻者对眼前景物的直观感受。当然，从那些赞美自然景色的崖刻诗歌中，也能找出很多这类诗句，如嘉靖年间的陆汤臣在北岩壁题诗云：“文光闪窦诗英萃，景象涵虚石乳悬。”① 又如正统年间的右相李质的题诗：“……岩溜储精凝玉乳，崖松笼月走金虬。我来几度寻幽赏，谩把新诗纪胜游。”② 再如成化二年（1466）广东左参议唐濂题诗云：“……洞门四达青天近，石柱双擎白玉堆。览胜顿令尘虑息，倚云吟啸重徘徊。”③ 这些题刻都记录着作为旅游者的题刻人在旅游过程中的兴致和直观感受。而景泰年间肇庆府同知饶秉鉴的“……一度登临一快然”题刻，对景物的审美的直观感十分明显。

第二，自然景观与人的情调契合。在某些特殊情境下，自然景物可以在人心中唤起一种情调。如宋人萧渊言在三洲岩留题的诗句中有：“清幽景致仁人乐，谁为名标胜地图?”④ 表达了儒家“仁者乐山，智者乐水”的审美境界。又如明景泰赐进士沈声的题刻：“石脂凝象由天作，峒口吞光尽日天。更有一般堪乐处，梅花三弄读书台。”⑤ 体现出作者乐观、向上的处世态度。可见，自然景观与人的情调默契忻合时，就会唤起审美思维的活动，让人在自然山水中“托身所得”，并成为他们慰藉和精神生活的一部分。

第三，摆脱尘事纷扰，寻求清静之境。如明成化年间的丘山在三洲岩

① 欧清煜、林瑞球：《三洲岩诗文全录》，北京：中国文联出版社，2000 年，第 87 页。
② 欧清煜、林瑞球：《三洲岩诗文全录》，北京：中国文联出版社，2000 年，第 36 页。
③ 欧清煜、林瑞球：《三洲岩诗文全录》，北京：中国文联出版社，2000 年，第 49 页。
④ 欧清煜、林瑞球：《三洲岩诗文全录》，北京：中国文联出版社，2000 年，第 25 页。
⑤ 欧清煜、林瑞球：《三洲岩诗文全录》，北京：中国文联出版社，2000 年，第 46 页。

北岩壁留下的诗句云："洞天步入云深处，却似桃源失路时。"① 表现游者似乎找到了心中的世外桃源。此外，还有很多与此相关的题刻，如明正统年间王宁的题刻："暂驻仙槎访洞关，弱流原不隔三山。书台露冷人何在，丹灶烟销鹤自还。岩下碧桃春寂寂，溪头瑶草色斑斑。我来检点浮生事，顿觉壶天日月间。"② 又如明成化年间判德庆州事黄汝沐题的诗句："路入松关地更偏，丹崖翠壁白云连。超然尘外三洲境，别是人间一洞天。花径扫残惊鹤睡，芝田耕罢放龙眠。探幽览胜忘归去，愿作岩中不老仙。"③ ……这些题刻都表达了作者通过纯真自然的游览活动，除却心中的杂念，摆脱世间尘事之纷扰，获得超凡脱俗之心境。

四、结语

长期以来，人们认为"旅游"起源于西方，且一度认为"旅游"源自近代，由托马斯·库克旅行社提出，错误地将"旅游"与"旅游业"混为一谈，导致"旅游"成为吃、住、游、购、乐的代称，旅游者只是换个地方消费而已，这种观点在学术界、产业界乃至整个社会早以深入人心。从三洲岩摩崖石刻所折射出的旅游现象来看，早在明代三洲岩就成为当时国内著名的旅游景点，访仙游、探胜游、崇山敬水游等旅游现象十分普遍，呈现注重旅游者自我体验、自我感受的旅游特征，旅游者对人文和自然山水的敬畏态度十分明显，审美体验也呈现出多层次性，尤其是在对心灵的慰藉上，已超越了单纯的赏山观水的境界，这也表明旅游功能的多样性和深刻性。从这一层面去理解，这对我们今天旅游的开发与发展有着重要的反思意义，很多地方本来有着人间仙境般的景色，开发后却变成普通的地理景观，这不能不说是一种遗憾。

---

① 欧清煜、林瑞球：《三洲岩诗文全录》，北京：中国文联出版社，2000 年，第 60 页。
② 欧清煜、林瑞球：《三洲岩诗文全录》，北京：中国文联出版社，2000 年，第 41 页。
③ 欧清煜、林瑞球：《三洲岩诗文全录》，北京：中国文联出版社，2000 年，第 48－49 页。

两广总督韩雍与三洲岩

龚　坚①

摘　要：自宋代以来，德庆三洲岩留存有诸多的摩崖石刻，这些摩崖石刻反映了不同时代的历史信息，承载了两广地区、西江流域尤其是德庆的历史记忆，是德庆历史文化遗产的重要组成部分。本文选取明代韩雍留下的摩崖石刻，以《明史》《明实录》以及两广地区的地方史志为文献依据，对韩雍题刻的内容、由来等进行分析，以此窥探明中期两广地区的瑶民状况，两广总督的设置原委，以及国家与地方社会之间的互动。

关键词：德庆三洲岩；摩崖石刻；韩雍；瑶民

一、研究缘起

1. 德庆三洲岩概况

德庆三洲岩，位于西江岸侧，又名玉乳岩，是一座石灰岩山体，岩内洞穴开阔，有石室悬乳、佛像观音、丹灶砚池、仙羊等景致，“昔有皓首修真于此，宋周敦颐尝游，苏轼有题识，及李纲书‘玉乳岩’三大字。岩畔旧有濂溪书院，岩后有穴可登其顶。顶上有人数家，天造石门，居人以木扉之，宛如仙境也……”② 岩壁上曾留存有自宋代至清代的题刻近 200 题。因年代久远，现留存于世的石刻有宋皇祐四年（1052）至清道光二年（1822）的题刻 98 题。其中宋代石刻 9 题，明代石刻 79 题，清代石刻 4

---

① 龚坚，博士，肇庆学院旅游与历史文化学院副教授，广东省非物质文化遗产保护工作专家委员会委员。主要从事文化遗产保护及西江历史文化研究。

② 嘉靖《德庆州志》卷六“提封志上”，第 36 页。

题，未记载年代的6题。[①] 这些摩崖石刻因具有历史价值和丰富的历史信息，于2002年被广东省人民政府定为广东省文物保护单位。

2. 三洲岩摩崖石刻背后的故事

三洲岩摩崖石刻是德庆地方历史文化的集中反映。相关内容可见于明清时期不同版本的《德庆州志》，以及近人的研究成果如《三洲岩诗文全录》《德庆三洲岩摩崖石刻的价值探讨》等。这些前期成果为我们进一步研究提供了基础性的资料。三洲岩摩崖石刻承载并反映了不同时期的历史信息，讲述了诸多历史故事，比如明代两广总督韩雍的题刻，从中可以探析韩雍平两广地区"瑶变"、设立两广总督府以及明代德庆瑶民的历史状况与演变等。不过，目前对相关的讨论还较为有限，本文将以韩雍题刻为切入点，结合《明史》《明实录》，明清时期的《德庆州志》《梧州府志》、韩雍奏疏和文集等文献以及近来的相关研究成果，探讨其背后的故事及相关的议题，说明韩雍题刻是两广地区瑶民发展演变的重要见证，反映了德庆民族文化的变迁，以及明朝廷对待两广地区及其瑶民的态度。

二、德庆三洲岩韩雍题刻的内容

1. 韩雍其人其事

《明史·韩雍列传》曰："韩雍，字永熙，长洲人。正统七年进士。授御史。负气果敢，以才略称。"[②] 宪宗即位初，"广西瑶、僮流剽广东，残破郡邑殆遍。成化元年正月大发兵，拜都督赵辅为总兵官，以太监卢永、陈瑄监其军"[③]，命浙江布政司韩雍为左佥都御史，赞理军务。十月韩雍等至浔州，十二月大破大藤峡。韩雍被留任，并被擢升为左副都御史，提督两广军务。其后官至右佥都御史总督两广。《明宪宗实录》记载了韩雍平定两广、开府于广西梧州等历史事件。

此外，两广地区的地方志对韩雍的记载亦不少，并都将其与这一地区

---

① 徐伟坚：《德庆三洲岩摩崖石刻的价值探讨》，《遗产与保护研究》2018年第8期，第127－130页。

② 张廷玉等撰，王天有等标点：《明史》，长春：吉林人民出版社，1995年，第3186页。

③ 张廷玉等撰，王天有等标点：《明史》，长春：吉林人民出版社，1995年，第3187页。

的瑶民起义联系在一起。嘉靖《德庆州志》卷一六“夷情外传”、康熙《德庆州志》卷八“外志”、同治《梧州府志》卷八“瑶壮”等篇对韩雍平定两广“瑶变”多有描述。

2. 韩雍题刻的内容及分析

在平定大藤峡瑶乱之后，韩雍在班师回朝以及整兵西巡的途中两次游览三洲岩，并题诗为纪。诗词内容如下：

题三洲岩

开辟分元气，陶熔属化工。
一拳平地上，万象太虚中。
感古思羊祜，修真慕葛洪。
登临动高兴，长啸海天空。①

成化二年丙戌闰三月廿有二日，予与太监陈公瑄、侍郎薛公远平两广班师回，游此。是岁九月八日，予整兵西巡，复游此，因题以纪岁月。姑苏韩雍永熙书。

另据道光《肇庆府志》记载，明成化四年（1468），韩雍在游览七星岩莲花洞时留有题刻。该石刻高 1.95 米，宽 1 米，楷书，共十四行，位于璇玑台左壁。原文如下：

二气初荡摩，精华巧融结。清浊既分判，崆峒见岩穴。初登觉幽深，旁转更高洁。嶙峋起玉柱，缭绕垂彩缬。寒流浮空明，巨石罗曲折。逢逢击地鼓，洪响不外泄。乃知化工神，难与俗儒说。丹青笔虽巧，谁能写奇绝。良辰羽书稀，聊此一怡悦。辱我同心友，款留出佳设。坐久毛骨寒，恍如在冰雪。举觞劝满引，浩歌激壮烈。丈夫感知遇，图报心孔切。所愧才德荒，弗能继前哲。正谊不谋利，临事秉大节。仰视苍苍天，此心誓如铁。

成化二年春，予与令镇□□□□□□□□□帅师平两广还，□游七星岩

① 陆舜臣纂修：(嘉靖)《德庆州志·提封志上》卷六，第 37 页。

□不暇题姓名，今予与陈公偕巡抚□□□□□□□□□□马□□□□□□巡，喜境内晏然，□……□也夫。

四年戊子冬十月□……□两广军务，嘉议大夫都察院左副都御史姑苏韩雍□□□□□□□□□□□□□□□□□按察佥事张祚，顾佐□□□□□□□，知府黄瑜□……□①

以上题刻显示，同在成化二年春，韩雍在平定两广"瑶变"后，经德庆三洲岩来到肇庆府七星岩游览，两年后又到七星岩的莲花洞，并题诗为纪。

从上述两则题刻的内容来看，韩雍在平定两广之后，心情舒畅，遂来到德庆的三洲岩、肇庆府的七星岩游览。据明嘉靖《德庆州志》卷六"提封志上"的记载，其时的三洲岩不仅景色宛如仙境，而且在韩雍游览三洲岩之前已有葛洪、周敦颐、苏轼、李纲、李质等前辈名人留下足迹。这说明，宋明时期的三洲岩已是游览胜地。

三、韩雍题刻背后的历史

韩雍在两则题刻中提到的"平两广"指的是什么呢？其背后有着怎样的历史信息？

相关文献记载，"平两广"指明成化年间朝廷平定两广地区的瑶变这一事件，尤指平定广西大藤峡地区的瑶民起义。关于这一历史事件的官方史料（与大藤峡起义有关的朝廷诏书、官员奏疏、文人记述、碑刻等）可详见由广西壮族自治区第一、二图书馆整理的《大藤峡农民起义资料选辑》（共九辑）。

明代的大藤峡地区大体以浔州府为中心，包括梧州府的西部、柳州府的南部和平乐府的南部，涵盖了修仁、象州、桂平、藤县、平南、贵县六县。这一地区位于广西中部，处在浔江和郁江的汇合处，境内山谷险峻。

① 《肇庆市文物志》编辑委员会编：《肇庆市文物志》，1987年，第65－66页。

据《粤西丛载》的记载："峡中大藤如斗，延亘两岸，诸蛮蚁渡，若徙杠然。"[①]《炎徼纪闻》中记载："大抵大藤峡面势以桂平大宣乡崇江里为前庭，象州东乡武宣北面为后户，而右贵县之龙山、左藤县之五屯两臂也。"[②]《明史》载曰："登藤峡岭，数百里皆历历目前，军旅之聚散往来，可顾盼尽。"

自明以来，大藤峡地区就生活着众多的瑶民，内部又有茶山瑶、坳瑶、花蓝瑶、板瑶、山子瑶等支系。由于前三者的男子皆蓄长发结椎髻于顶，并主要居住于平坝地区，故总称"长毛瑶"或"平地瑶"；后二者皆租佃长毛瑶山地，称"过山瑶"，故瑶人有平地瑶和过山瑶之分。过山瑶常居无定所，过着刀耕火种、游耕的生活。"万山之中，瑶蛮盘踞，各有宗党。而蓝、胡、侯、盘四姓为之渠魁。山多缦，土沃而敏树。诸瑶皆侧耕危获，不服租庸。"[③] 居于大瑶山中的瑶民，"直至嘉靖初年都没有纳入官府的管治之下，他们没有被编户，不应赋役，过着一种山居的生活"[④]。明初，大藤峡地区一直有小规模的动乱，至正统年间，这里的动乱不断升级，景泰年间起，"啸聚至万人，隳城杀吏"。天顺七年（1463），大藤峡瑶民七百余人夜入梧州城，"劫库放囚"，杀训导任璩[⑤]。此起彼伏的动乱对明代朝廷在广西、广东的统治提出了挑战。

明正统、景泰、天顺年间，广西大藤峡地区的瑶民经常联合广东德庆等地的瑶民"剽掠"官府。例如，正统中后期侯大苟联合广东德庆鸡笼岭瑶民攻入开建县城；天顺八年（1464）"流劫"广东，这使得两广"瑶乱"震惊朝野，引起了朝廷的高度关注。

明成化元年（1465），"甲子，都督同知赵辅为征夷将军，充总兵官，佥都御史韩雍赞理军务，讨广西叛瑶"[⑥]。明朝廷调任浙江布政司左参政韩雍为广西左佥都御史赞理军务，出征广西。八月，"乃合诸军十六万人，

① 汪森：《粤西丛载》卷二八，上海：上海古籍出版社，1989 年，第 1467 页。

② 田汝成：《炎徼纪闻》卷二，北京：中华书局，1985 年，第 17 页。

③ 田汝成：《炎徼纪闻》卷二，北京：中华书局，1985 年，第 17 页。

④ 雷长生：《明代广西大藤峡地区"瑶变"研究》，中南民族大学 2011 年硕士学位论文，第 9 页。

⑤ 张廷玉等撰，王天有等标点：《明史》，长春：吉林人民出版社，1995 年。

⑥ 张廷玉等撰，王天有等标点：《明史》，长春：吉林人民出版社，1995 年。

分五道进"①，韩雍调集北京、南京、江西、湖广官兵号称十六万，是包括汉军、蒙古兵、土兵、狼兵等各民族兵丁在内组成的大军，进入广西大藤峡地区。"冬十二月，韩雍大破大藤峡瑶，改名峡曰'断藤'。"② 经过四个多月的征剿，侯大苟及其领导的瑶民起义被平定。

对此，（同治）《梧州府志》卷八"瑶壮"篇记载："前明瑶蛮为患，莫甚于天顺七年侯大狗（即指侯大苟，笔者注）等之攻梧州也。大狗本据浔州大藤峡，周回六百余里，冥岩邃谷，壁立千仞，中产瑶人蓝、侯、胡、盘四姓。自洪武间，即出剽掠，至是攻破梧城，劫官库，放狱囚，大掠城中执副使周璹为质，杀训导任璩。而总兵陈泾拥军不动，纵之出城。既去乃纵璹还。追拜韩雍为都御史，于成化元年督兵剿讨生擒侯大狗并其酋目七百八十余人，斩首三千二百七级。于是斩峡藤断之，更名曰断藤峡，其乱始平。"③ 需要补充说明的是，对于两广瑶变的性质，正史和地方志均记载其为"瑶乱"，而近人的研究则表明，明代两广瑶变的发生不仅是瑶民应对明廷压迫所做出的回应，是"为民族生存而战的瑶民起义"④，而且是一个有关两广地方社会与明廷互动的复杂议题。

明成化以前，两广总督往往因事而设，事平则罢，属临时特遣，未成定制。所以，广西大藤峡一带瑶民起义被平定之后，征讨大军随即班师回朝。成化二年春，在班师回朝的途中，韩雍溯西江而下，来到德庆州的三洲岩，继而又到了肇庆府的七星岩。不过，同年十月，大藤峡瑶民再次夜袭浔州府城，而此时"师旅已班"，因此明宪宗命韩雍"戴罪立功"返回大藤峡地区，此后几年韩雍便留镇两广地区"抚剿残贼"⑤。至成化五年（1469），韩雍因丁忧离任，是年十一月又被起复并升为右都御史，总督两

① 张廷玉等撰，王天有等标点：《明史》，长春：吉林人民出版社，1995年。

② 张廷玉等撰，王天有等标点：《明史》，长春：吉林人民出版社，1995年。

③ 吴九龄修，史鸣韦等纂：《梧州府志》，清同治十二年刊本，台北：成文出版社，1962年，第179页。

④ 韩肇明：《明代广西大藤峡瑶民起义》，《中央民族大学学报》1981年第4期，第25－34页。

⑤ 《明宪宗实录》卷三一，"成化二年六月甲辰"条。

广军务兼理巡抚，并开设总府于广西梧州。[①]

四、明清时期德庆瑶族的历史演变

如上文所述，明代两广地区的瑶民多有交流。据地方史志记载：明代德庆州是西江流域瑶民的主要聚居地，嘉靖朝以前德庆有大小瑶山84座[②]，万历朝以前德庆有152座瑶山，而当时肇庆府的瑶山共计424座（万历《广东通志》）。早在宋代，就有“帝祥兴元年冬十一月，德庆、泷水各山瑶作乱”（《古今图书集成·职方典》卷一三八八“罗定州部纪事”）的记载。元朝时，德庆、泷水等地均有瑶民分布，而且他们不隶版籍。

据嘉靖《德庆州志》卷一六《夷情外传》所载：“东西二山瑶人种类不一。”“其所居巢穴万山联络。东连清远，西接苍梧，南通高雷电白。”另据康熙《德庆州志》卷八《外志》记载：“在肇庆惟高明东临大海余州县往往有瑶。东连中宿，西接苍梧，南抵高凉，北通洊水，绵亘千里，言语侏离，椎髻跣足，衣斑斓布褐。依林积木以居，刀耕火种。”“其居浅山洞中，听约束而不为盗，衣服饮食渐习齐民，则德庆金林、悦城、高要、顶湖诸山多有之，谓之平瑶。”

有明一代，德庆瑶乱此起彼伏，朝廷对瑶民的态度也时有变化。明初征讨作乱瑶民，永乐间设置抚瑶官招抚瑶民（进贡，赐以钞币）；正统年间因镇守内官阮能索要贡品，瑶乱复起。正统三年（1438）六月起，泷水县瑶民凤广山领导了罗旁山瑶民起义，攻打泷水县城，其影响范围东至肇庆，西至岑溪（属广西）的广大瑶山。天顺、成化年间瑶乱不断。其间，“成化初韩雍立秋调法，用狼兵雕剿肇庆自罗旁绿水至怀集要害皆置戍兵，贼出没，即雕剿或捣其穴或要其归法至善”。光绪《德庆州志》卷一五《纪事》亦载曰：“雍至，瑶人慑服，郡县赖以安。其后立秋调法。”韩雍

---

① 刘利平：《两广总督府驻肇庆大事年表（1564—1746）》，广州：暨南大学出版社，2014年，第2页。

② 赵家旺：《西江流域瑶族聚居地变迁原因的探讨》，《广东民族学院学报》（社会科学版）1986年第1期，第5-9页。

离开后该法被废止。此后，瑶民的起义斗争未间断和停息过。正德十四年（1519），德庆都城瑶民郑公厚等聚众起义，攻取官军营堡，联合他处瑶民起义军攻下封川城。嘉靖朝中叶，以罗旁山为中心的瑶民起义开展得如火如荼。万历年间，罗旁东、西两山瑶民再度起义，引至朝廷调集两广总督凌云翼集兵二十万对瑶民进行残酷剿杀。

在这一背景下，德庆瑶民的人数逐渐减少，另有部分人因避乱而流徙他处。此外，因明王朝往往在镇压瑶民起义后，又从内地迁移部分汉民到瑶山并屯兵留守，强占瑶民山地，迫使瑶民离开自己的家园。再者，明朝中叶后，留守在德庆的瑶民，在朝廷的武力震慑下被迫招降向化，或成为“以夷制夷”的工具，或与“齐民”一同编入户籍，不再独立以“瑶”的身份出现。自康熙年间起，西江流域的瑶民不断“绝逃”“绝迹”。德庆瑶于康熙三年（1664）六月黎国祚起义被“平定”后，不再复见。① 不过时至今日，从德庆、罗定一带的“舞火龙”中的扎火龙习俗、肇庆的盘古诞庙会等，依然能够找寻到西江瑶民历史文化的印痕，说明位于西江流域的德庆曾是瑶民的重要活动区域，是瑶族人民社会文化发展不可遗忘的历史区域。

① 李筱文：《粤西江流域瑶族迁徙成因》，《广西民族学院学报》（哲学社会科学版）2002 年第 6 期，第 97－101 页。

德庆三洲岩《苏东坡北归题识》寻踪

温爱民[①]

摘　要： 德庆三洲岩摩崖石刻是广东省文物保护单位，岩内宋、元、明石刻甚富，其中苏东坡“北归题识”最为珍贵。元符三年（1100），苏东坡于儋州谪所遇赦，取道廉、容、藤至梧，沿西江顺流而下至三水，溯北江渡岭北归，途径德庆三洲岩，留下千年题识。东坡遗刻经“党禁”后辄遭磨灭，此刻独存，成为苏东坡留在岭南不可多得的书法真迹。

历史上，德庆三洲岩苏东坡“北归题识”时隐时现，又闻肇庆七星岩有东坡题刻，且与东坡北归有关，在粤东金石界引起广泛的关注和争论。金石泰斗翁方纲曾往返三洲岩、七星岩寻找苏刻，竟“遍搜不获”。直至嘉庆末才由仪克中在三洲岩寻获，成为研究苏东坡晚年行迹和书法艺术的重要史料。

关键词： 德庆三洲岩；苏东坡题识；真迹寻踪；七星岩志

三洲岩位于德庆县九市镇西江北岸水涯，由于交通便利，早在北宋初期即有马寻、祖无择等漕官流连岩内，题诗刻石，留下印迹。但真正令三洲岩出名的是宋代大儒周敦颐、苏东坡、李纲等一代名臣在三洲岩驻足题名，及宋端溪令许鉴于岩畔建濂溪书院，一时慕名前来观览、求学者甚众，三洲岩遂扬名于世。

北宋权相蔡京与苏东坡不和，为贬低苏氏在文学、书法上的成就，以“元祐党人”罪名颁令全国郡县，凡苏东坡书法碑刻须全部捣毁、磨灭，片石不存。这致使苏东坡虽然在岭南多年，但是留存下来的题刻真迹并不

① 温爱民，德庆县历史文化研究会会长。

多见。乾隆年间以金石学著称的翁方纲①在广东督学八年，著《粤东金石略》时曾遍寻苏东坡在岭南的题刻真迹，无得片言只字，留下“苏文忠《九成台铭》以元祐党事碑毁台废”② 的慨叹。

苏东坡留在岭南的题刻真迹，唯德庆三洲岩“北归题识”独存，尤显珍贵。但历史上，三洲岩苏东坡“北归题识”在明末清初曾一度消失，在粤东金石界引起广泛的关注和争论。概括起来有三种说法：一说此刻原在德庆三洲岩，因“元祐党案”已遭磨灭；一说此刻在肇庆七星岩黑岩中；一说三洲岩、七星岩都有苏刻。

本文根据历史文献为线索，梳理求证，去伪存真，以还原这段几近湮没的历史。

图1　1992年拍摄的三洲岩全景图（温爱民　摄）

一、德庆三洲岩先哲留踪

“三洲岩在德庆州东七十里，取蓬莱第三洲之名，一名玉乳岩，中有石室，室中有石乳苍绿色，同类佛像……之属。相传有皓叟修真于此，宋周敦颐尝游，苏轼有题识及李纲书玉乳岩三大字，俱存。”③ 名气之大，岭

---

① 翁方纲（1733—1818），字正三，直隶大兴（今北京）人。乾隆十七年（1752）进士，授翰林院编修，累迁至内阁学士。

② 翁方纲：《粤东金石略·韶州府金石·苏文忠九成台铭》，乾隆三十六年刻本，第6页。

③ 李贤等撰：《大明一统志·山川·三洲岩》，天顺五年刻本，第6页。

海士大夫好异者往往能言之，时与肇庆七星岩、英德南山、碧落洞石刻齐名。“旧图经云：西江之三岛也（引《舆地纪胜》）……东西往来者，皆通出岩下（引《方舆纪要》）。（洞内）宋元明题刻甚富，宋祖无择三洲岩序铭大篆悬壁，濂溪周子题名在岩北南向，旁有洗砚池，水不涸，相传周子尝此著书。东坡苏公题名在岩前平石上……丘濬、陈献章、湛若水题诗……”① 岭海士大夫、往来达官贵人、放臣迁客，道过康州，必游是岩。

苏东坡在三洲岩留有题识的记载，散见于明后的通志、州郡志，以及文人笔记、诗词等文献中。

从目前能搜集到的文献史料可知，自明代始，便有各种版本著录三洲岩苏东坡题刻。嘉靖《德庆州志》载：“三洲岩苏轼有题识……东坡苏公题名在岩前平石上。”② 康熙《德庆州志》则著录了苏东坡遇赦北归时在三洲岩留下的题识全文：“东坡居士自海南还来游，武陵弓允明夫、东坡幼子过叔党同至。元符三年九月廿四日也。”③

景泰年间，时人陈赀详细描述了三洲岩洞内自然景观和人文景观。陈赀④在《三洲岩记略》中除描述洞内自然景观外，还明确点出了苏东坡等北宋前期题刻的存在。记曰：

> 予与蒋胡二公旋舟登陆，御肩舆行数步，见巨石凿云关二字。少焉，至岩所下，舆步入岩口，诗镌于石者甚多。入岩，偏观仰视岩顶，其高十余寻，其深约二十余丈、广数半之，岩上倒垂之石如衣摺之形，青绿之色，奇巧天成……。濂溪周子题名在岩北，南向，傍有洗砚池，水不涸，相传周子尝此著书。东坡苏公题名在岩前平石上。有祖无择者，岂宋时尝守袁州者耶？乃于岩前高石上篆书长篇，想亦好奇之士哉。⑤

---

① 杨文骏修，朱一新纂：《德庆州志·地理志五·山川·三洲岩》，光绪二十五年刊本，第18页。

② 陆舜臣等修纂：《德庆州志·提封志上》，嘉靖十六年刻本，第6、7页。

③ 谭桓、梁宗典纂：《德庆州志·山川》，康熙十二年刻本，第3页。

④ 陈赀，字维成，号稼轩，浙江余姚人，明代史学家，授翰林院待诏。景泰初（1450），擢广东布政使左参议时到过三洲岩，《三洲岩记略》当为其时所撰。

⑤ 陆舜臣等纂修：《德庆州志·提封志上》，嘉靖十六年刻本，第7页。

而稍后成书的《大明一统志》中“肇庆府山川”条则有：“三洲岩在德庆州东七十里，取蓬莱第三洲之义得名，宋周敦颐尝游，苏轼有题识及李纲书‘玉乳岩’三字，俱存。”[①] 等文字记载，可见在明中前期，此“三公题识”，已收入《大明一统志》，在皇家书库里，确认了“苏刻”的存在。

图2　20世纪70年代的三洲岩、濂溪书院（温爱民　存）

参与纂修天顺《大明一统志》的海南籍大学士丘濬[②]学问渊博，对广东的山川、风物相当熟悉，尤其对西江一带的情况了如指掌。丘濬到过被誉为“奇绝景”的德庆三洲岩，并留诗赞曰：

…………

谁云蓬莱州，此名殊不佳。
我来恣清赏，疑是古仙家。
惜哉奇绝景，落此穷荒涯。
模写浩难尽，归去凤池夸。[③]

---

① 李贤等撰：《大明一统志·肇庆府·山川·三洲岩》，天顺五年刻本，第6页。

② 丘濬（1420—1495），景泰五年二甲第一进士，官至礼部、户部尚书、武英殿大学士。

③ 黄佐等修纂：《广东通志·舆地志二·三洲岩丘濬诗》，嘉靖四十年刻本，第41页。

丘濬盛赞洞内石刻之富“模写难尽”。“模写”即拓印，说明他不仅仅来“赏奇景”，更是来收集石刻史料的，《大明一统志》中所载均为实地考察收集来的第一手资料。

一百多年后，黄佐等修纂《广东通志》，也采辑了陈赀《三洲岩记略》之载，再次确认了德庆三洲岩“苏轼有题识”[①] 这个大家都相当关注的史实。

事实上，不独陈赀、丘濬等在三洲岩见过“苏刻”，由于苏东坡名气大，还有众多官吏、文人墨客关注“苏刻”，专门到三洲岩拜观先生题留，撰诗刻石于三洲岩以作留念，我们可以通过这些诗词的流传来佐证“苏刻”的存在。

元顺帝至正间（1341—1368），肇庆路总管刘中孚（曾在德庆为官），往返肇庆、德庆间，路经三洲岩，缅怀坡公，留诗[②]曰：

蓬莱夜失第三山，飞落城东锦水湾。
…………
坡老已归诗句在，空留名姓刻巉顽。

诗中，“锦水”为西江河德庆段的古称，“蓬莱第三山”指三洲岩，“坡老”当指苏东坡了。

元陈晔诗[③]：

三洲岩洞胜，名里领东西，
拂拭濂溪字，摩沙玉局题。
…………

苏轼曾提举四川成都府玉局观，自称“玉局散吏”，“玉局题”即指东

① 黄佐等修纂：《广东通志·舆地志二·三洲岩》，嘉靖四十年刻本，第 40 页。
② 谭桓、梁宗典修纂：《德庆州志·艺文·刘中孚诗》，康熙十二年刻本，第 30 页。
③ 金光祖等纂修：《广东通志·艺文下·元陈晔三洲岩诗》，康熙三十六年刻本，第 54 页。

坡“北归题识”。

明天顺五年（1461），时任广东按察司佥事张祚亦留诗[①]三洲岩：

仙岩古名胜，乘兴蹑奇踪。
葛灶已陈迹，坡词尚苔封。
…………

相传葛洪曾在三洲岩炼丹，因有“葛灶”之称。“坡词”此处指苏东坡题刻，只不过由于时间久远，题刻已被“苔封”而已。

苏东坡“北归题识”见诸文献记载的还有明代大儒两广总督叶盛[②]的《菉竹堂碑目》，此书大约刻于成化十年（1474），录载：“苏东坡三洲岩题名，德庆州，元符三年九月。”[③] 虽然只录碑目，但是时间、地点相符，当指苏东坡题刻无疑。

天顺二年（1458），叶盛以都察院右佥都御史巡抚两广，于天顺六年（1462）驻扎德庆，主持修复“忠景祠”（祀赵师旦）。其间专门到三洲岩搜拓石文，发现了宋皇祐四年（1052）元绛祭赵师旦《闵忠诗》真迹。后黄佐等修纂的《广东通志》也收录了元绛《闵忠诗》，并引叶盛自注云：“按《方舆胜览》误以魏矼所作，亦伪数字幸真迹石刻尚存三洲岩中，可考也，予得石本装褫之云，叶盛题。”[④]

在历史的长河中，三洲岩遭遇大自然和人为的破坏，大部分的石刻今已无存，唯一幸存至今，提及“周子、坡翁”的石刻，是明代冯恩[⑤]的《题三洲岩》诗[⑥]，诗曰：

---

① 谭桓、梁宗典修纂：《德庆州志·艺文·张祚诗》，康熙十二年刻本，第43页。
② 叶盛（1420—1474），字与中，江苏昆山人，正统十年（1445）进士，官至吏部左侍郎。
③ 叶盛：《菉竹堂碑目》（卷四），北京：商务印书馆，1936年，第33页。
④ 黄佐等修纂：《广东通志·政事志三·忠景祠闵忠诗》，嘉靖四十年刻本，第62页。
⑤ 冯恩（1496—1576），字子仁，松江华亭人。嘉靖五年（1526）进士，擢南京御史。
⑥ 谭桓、梁宗典修纂：《德庆州志·艺文·冯恩诗》，康熙十二年刻本，第40页。石刻存德庆三洲岩。

冲虚涵象此昆仑，天作浑无斧凿痕。
…………
便欲餐霞为鹤友，披襟吹笛坐黄昏。
周子高栖窥太极，坡翁远到悟奇缘。
满目洪荒真太古，何须蓬岛更探玄。
大明嘉靖十五年九月十九日，华亭南洪冯恩书

冯恩因弹劾权贵，后被贬雷州，路经德庆，邑士皆从其游，于三洲岩神会坡翁，留诗刻石，并被保存至今，应可视为见证“东坡北归题识”的实例。

图3　三洲岩冯恩诗拓片（德庆县博物馆存）

通过上述文献史料的梳理，我们可以知道，德庆三洲岩确有苏东坡“北归题识”存留毫无疑问，经“党禁”后并未遭磨灭，直至明代中后期还保存完好。但是，约在明末，三洲岩“苏刻”忽然消失了，而又传闻在肇庆七星岩的黑岩中有苏东坡题刻，这又是怎么回事呢?

二、七星岩“苏刻”探究

肇庆七星岩因有唐代李邕《石室记》而闻名岭南，但因“沥湖”水淹，交通不便等原因，七星岩直至明代并未广为人知。明嘉靖末，两广提督吴桂芳始于七星岩倡议辟建景区。

嘉靖三十七年（1558），高肇参将钟坤秀邀时任广东参政吴桂芳游七星岩，众人因念此岩“僻在岭海，轩盖罕临，声称未著……缔观岩下苔藓满目，荒秽成丘，共为兹岩大惜”。于是，吴桂芳提议修葺、开发七星岩，遂牵头捐俸，“伐石于山，鸠工于肆，引石为梯，直抵岩所……凡旧所未备者益之，污漫不饰者除之”，谓七星岩景区之辟建“自余今日始”。①

嘉靖四十三年（1564），两广提督吴桂芳正式开府肇庆，同年将提督府从梧州迁至肇庆，肇庆成为两广军事、政治、文化中心。吴桂芳到任后，整饬军务、发展农桑、修学宫、建书院，大规模辟建七星岩景区。景区的开发，使得一大批深藏岩洞之中的珍贵石刻，如李邕、李绅、周敦颐、包拯、郭祥正等名人题刻得以公之于世。七星岩才逐渐为世人所了解。

图4　20世纪70年代七星岩旧照

苏东坡在肇庆七星岩留有题刻一事，始见于明万历十六年（1588）郑一麟、叶春及等修纂的《肇庆府志》。在《肇庆府志》的定山“古今题名”条下，不知据何版本辑录了“元符改元端午日眉山苏轼挈家来游”② 一条，

① 黄佐等修纂：《广东通志·舆地志二·吴桂芳记》，嘉靖四十年刻本，第30页。

② 郑一麟、叶春及等修纂：《肇庆府志·地理志一》，万历十六年刻本，“古今题名”条，第7页。

由于是府志所录，便引起金石界的关注。

一般情况下，著录金石是要看到“石本”或要有“版本”，那么郑一麟、叶春及等修纂的《肇庆府志》著录的“苏刻”有依据吗？我们还是根据文献的记载来梳理和分析一下这个问题。

自嘉靖末吴桂芳辟建七星岩景区之后，至万历朝郑一麟、叶春及等修纂《肇庆府志》，景区开发已经有二三十年的历史，其时民间搜碑拓印盛行，大量民间拓碑高手将深藏岩洞之中的珍贵石刻拓出，公之于世，此时七星岩石刻拓本流传于世的应该不少，为收集资料提供了不少便利。而著录金石是编纂志书体例之一，一般会以前人收集整理成果为基础，再经实地搜剔校勘，增补而成。因此，收集拓本、参考前人著录以补郡志之阙尤为重要，其时正是郑一麟等修纂《肇庆府志》著录金石的最好时机。

在郑一麟等修纂的《肇庆府志》之前有两本比较著名的地理类书可作参考：一本是嘉靖四十四年（1565）刊行的何镗[①]《古今游名山记》。黄佐在序中赞其书“广采旁罗，凡史志文集所载者，辑萃无遗”，实地考证，评价颇高，在学界具有很高的地位。何镗《古今游名山记》以记文为主，多次提及肇庆七星岩，也著录七星岩摩崖及各地石刻。何镗在广东任职时曾多次到七星岩，对星岩石室的摩崖石刻有较深的研究，撰有《游七星岩记》、游星湖诗赋等作品存世[②]，但全书并无任何提及七星岩有“苏刻”的信息。

另一本是明万历四年（1576），慎蒙[③]撰写的《天下名山诸胜一览记》，此书是慎蒙在何镗《古今游名山记》的基础上“删繁削冗，复纂诸通志所未及者以补记文之缺，并入前贤之题咏”而成。慎蒙在自序中述及：“近得同年友何宾岩所辑名山记一书，则自胜纪、名言以至先贤题名刻石巨细毕举。”并谓此书“本何宾岩名山记者十之六，而增通志及别集所得记文者十之四”。可以知道，慎蒙《天下名山诸胜一览记》是在何镗

① 何镗（1507—1585），字振卿，号宾岩，丽水人，明嘉靖二十六年（1547）进士，授广东潮阳知县，擢广东按察使。

② 陆鏊等撰：《肇庆府志·艺文十》，崇祯六年刊本，何镗《游七星岩记》，第3页。

③ 慎蒙，字山泉，归安人，嘉靖癸丑（1553）进士，官至监察御史。是书刻于万历四年（1576）。

《古今游名山记》的基础上编写而成，内容增加近半，且多为“通志别集所载”。《天下名山诸胜一览记》的特点是，不论通都大邑或荒服之地，凡泉石岩洞之胜均列其中，自谓是篇“始于畿甸而及于要荒，详于通都大邑而不遗夫遐陬僻壤……惟泉石岩洞之胜移来几席”① 之集大成者。而且，慎蒙撰《天下名山诸胜一览记》时，正是星岩景区开发初期大量碑刻拓片流出之时，非常有利于资料的收集。因此，慎蒙《天下名山诸胜一览记》辑录题刻较何镗的《古今游名山记》多，并收录有三洲岩、七星岩等摩崖石刻。其中提到“三洲岩，宋周敦颐尝游，苏轼有题识及李纲书玉乳岩三字，俱存”② 等信息，唯独未提到七星岩有“苏刻”存在，若有，以苏东坡之名气，慎蒙不可能不录。慎蒙既以“通志及别集所得记文”为本，由此可以推定，《天下名山诸胜一览记》之前的通志、府志等文献应无七星岩“苏刻”的记载。

方志之讹，影响甚远，四十多年后，崇祯三年（1630），明代学者曹学佺③编撰《大明一统名胜志》，就采录了郑一麟等修纂的《肇庆府志》中关于七星岩“苏刻”的条目。曹学佺在《大明一统名胜志》中辑录苏东坡题名有两处：一处在七星岩：元符元年（1098）端午日苏东坡携家来游；另一处是三洲岩：元符三年（1100）遇赦北归时留下题刻。④ 曹学佺明显受郑一麟等修纂的《肇庆府志》的影响，核其文句，抄袭痕迹明显。

曹学佺在《大明一统名胜志》的序中述及：其收集资料并非每景必到，而是“沉观四库诸书，凡可为各省山川名胜资者悉标识其端”⑤。也就是说，他将各省《通志》、《府郡志》、文人笔记文献等定为其收集资料的重要来源，但又未必“每景必到”亲作考核，这就为误录留下了空间，以

① 慎蒙撰：《天下名山诸胜一览记·名山记序·凡例》，万历四年刻本。

② 慎蒙撰：《天下名山诸胜一览记·名山岩洞泉石·德庆州三洲岩苏轼题识》，万历四年刻本，第9页。

③ 曹学佺（1574—1646），字能始，福州府侯官县人，万历二十三年进士，明代著名史学家、藏书家。天启二年（1622）任广西右参议，是书刊于崇祯三年（1630）。

④ 曹学佺撰：《大明一统名胜志·广东名胜志》，崇祯三年刻本，第6页，“肇庆府定山古今题名”条：元符改元端午日眉山苏轼挈家来游。同书第25页，“德庆州三洲岩”条：东坡居士自海南还来游，武陵弓允明夫东坡幼子过叔党同至。元符三年九月二十四日。

⑤ 曹学佺撰：《大明一统名胜志·大明舆地名胜志自序》，崇祯三年刻本。

致郑一麟等修纂的《肇庆府志》将王化清《石室新记》误为李邕《石室记》之讹，曹学佺也照录不误。[①] 众所周知，李邕《石室记》在岩口外显眼处，而王化清《石室新记》在洞内，到现场一看就可以知道，这只能说明曹学佺未曾到过七星岩。如此疏忽，为人诟病。

值得指出的是，至崇祯六年（1633），肇庆知府陆鏊等修纂《肇庆府志》，不仅未订正郑一麟等修纂的《肇庆府志》中有关“苏刻”的误录条目，而且将三洲岩的“苏刻”合并到了七星岩，致使该条目进一步以讹传讹。

据陆鏊等的说法，苏东坡两次到七星岩，一次是元符元年携家来游七星岩，另一次是两年后重游。值得注意的是，同书亦将苏东坡“北归题识”记在“德庆三洲岩”条下，至此，东坡“北归题识”的出处出现了重复。[②] 此外，陆鏊还将七星岩“苏刻条”与三洲岩“苏刻条”的内容合二为一，衍为：“元符改元端午日眉山苏轼挈家来游，东坡居士还自海南重游，武陵弓允明夫子过叔党同至，元符三年九月念四日也。”[③]

很明显，这个说法经不起推敲。该条目重游的时间署“元符三年九月念四日”，“念”通“廿”，“念四日”即廿四日，与苏东坡游三洲岩的时间为同一天。三洲岩距七星岩有130多里，以千年前的交通状况，并不具备一天到两个地方游览的条件。而元符改元（元年），苏东坡正在海南儋州，并未带家室，儋州距端州千里之外，且有海峡之隔，一罪放之人，几无“挈家来游”之可能。退一步来说，苏轼就算“挈家来游”，戴罪之身，亦不敢刻石留记，惹来杀身之祸。因此一直有人质疑此条目的真伪。

崇祯五年（1632），南海人陈子壮[④]游七星岩，所撰的《游端州石室记》中就明确指出“眉山挈家（条）已疑傅会”[⑤] 之说，质疑此条目有假。“傅会”即“附会”，大概指把两件没有关系的事物或不相干的事情硬

---

① 曹学佺撰：《大明一统名胜志·广东名胜志·肇庆府·定山条·唐李邕记》，第5页。

② 陆鏊等修纂：《肇庆府志·艺文十》，崇祯六年刊本，第56页。德庆三洲岩题名：“东坡居士自海南还来游，武陵弓允明夫、东坡幼子过叔党同至。元符三年九月二十四日。”

③ 陆鏊等修纂：《肇庆府志·艺文十》，崇祯六年刊本，第48页。

④ 陈子壮（1596—1674），字集生，南海沙贝村人，万历四十七年（1619）进士第三名，历官编修，累迁礼部右侍郎。

⑤ 陆鏊等修纂：《肇庆府志·艺文十》，崇祯六年刊本，第14页。陈子壮《游端州石室记》。

拉在一起。陈子壮明确否定了七星岩有“苏刻”的存在。值得指出的是，陆鳌等修纂的《肇庆府志》也收录了陈子壮《游端州石室记》一文，应该是知道七星岩并无“苏刻”（或存疑），但修志者并未订正石刻误讹之文，反而使之复杂化（衍文）。

我们再来梳理一下历史上曾流传的几种关于七星岩的专著，看看是否有关于“苏刻”的记载。

万历八年（1580），肇庆知府王泮开挖“跃龙窦”，排“沥湖”积水，积极配合吴桂芳辟建七星岩景区，亲自点题“星岩二十景”，还专门组织撰写七星岩《石室志》，并亲为作序。王泮在序中述及：“岩故无志，仅得学博梁君手稿。于是嘱别驾陈君参稽互考删繁补略，以付诸梓。”[①] 据此，王泮的《石室志》应该是最早系统记载七星岩石室题刻之作，也是关于七星岩的第一本专著，可惜该书未能流传至今，所载内容不得而知。

但有一点可以肯定的是，王泮撰《石室志》时曾到过三洲岩，并留诗[②]刻于三洲岩，诗云：

天开崿石峰，谁云鲜客踪。
飞仙今到此，恍惚驾虬龙。
万历丁亥冬十月十二日，次涂东潭韵，山阴王泮

万历丁亥，即万历十五年（1587），王泮游三洲岩时正值其升任广东按察司副使之时，新官上任，到三洲岩，当然有地方官及文人陪同，实应知道苏东坡题刻在德庆三洲岩而非肇庆七星岩。王泮任按察司副使、分巡岭西道，衙门仍在肇庆，其时郑一麟等正在修纂《肇庆府志》，修志事大，郑、王两人既是同乡又是上下级关系，王泮又有新辑《石室志》一书，理应会有交流。

郑一麟修志比较用心，专门聘请政声、文名俱佳的名士叶春及任总纂官，肇郡名士任分纂官，郑一麟还多次邀叶春及等撰修职官游星岩石室唱

① 史树骏修：《肇庆府志·艺文四》，康熙十二年刻本，第27页。王泮《石室志序》。
② 杨文骏修，朱一新纂：《德庆州志·金石·王泮诗》，光绪二十五年刻本，第54页。

和，留有“岭海多名胜，崧台胜更奇……”等唱和诗多首，也就是说，郑一麟修志时肯定到过七星岩石室考察，但未找到“苏刻”拓本。其时嘉靖《德庆州志》刊刻不到五十年，修志例应参考采录嘉靖《德庆州志》部分内容，按理也应该知道东坡“北归题识”在德庆三洲岩而不是在肇庆七星岩这个史实。为什么会出现如此大的误讹，已无从稽考了。

万历二十七年（1599），岭西分巡道李开芳[①]为劝导民众“慎毋伐石”，建议两广总督戴耀重辑王泮的《石室志》，在七星岩四周树界碑，以杜民之伐石，并报请两广总督衙门批准实施。时两广总督戴耀（字凤岐）正坐镇肇庆两广总督府，遂批准李开芳之请。李开芳“檄四生重辑星岩志”，以刘克平、朱完、苏景熙、区怀瑞四人董其事，改名《星岩志》。石室岩外今存李开芳《题重修星岩记》石刻，据载，李开芳命“刘生克平既搜剔（石刻）以补郡志，遂偕朱生完绘图，苏生景熙、区生怀瑞相讨论经纬（规划）之”[②]，完成划定界址范围及景区规划后，在七星岩实行“泽梁无禁，岩石勿伐”政策。

图5　戴耀题、李开芳书“泽梁无禁，岩石勿伐”（温爱民　摄）

---

① 李开芳，字伯东，福建永春人，万历十一年（1583）进士，万历二十六年由户部郎中升副使，万历二十九年（1601）升江西参政。任内在星岩推行“慎毋伐石”政策，并重辑王泮《石室志》。

② 陆鏊等修纂：《肇庆府志·艺文十》，崇祯六年刊本，第13页。李开芳《重修七星岩记》。

李开芳《星岩志》是关于肇庆七星岩的第二本专著，可惜该书亦未能流传至今。

七星岩第三次修志于清康熙二十二年（1683），时岭南大家屈大均、陈恭尹、梁佩兰等群贤毕至，齐聚七星岩唱和，商讨修订再版《星岩志》之事，有题记刻于星岩石壁，全录如下：

康熙癸亥仲冬十有九日，江都吴绮园次，秀水吴源起准庵，海盐曹燕怀石间，顺德陈恭尹元孝，嘉善蔡鸿达去闻，嘉兴缪其器受兹，嘉善柯崇朴寓匏，凡七人，分韵赋诗于星岩之上。翌日，南海梁佩兰药亭、番禺屈大均翁山，江都吴寿潜彤去，凡三人继至，属和。晋庵主僧寂隆真际。出《石室志》，请共商订。观察鄜州韩公作栋公吉，因授诸梓。嘉会难常，盛事不朽。题名石壁，与此山并存云尔。①

分巡肇高廉罗道、按察司佥事韩作栋等重修《石室志》，吴绮为之润色，改名为《七星岩志》，共十六卷，至此前后一百多年。这次修志，虽“群贤毕至”，但实则以“岭南大家齐聚唱和、分韵赋诗”为主，仅吴绮为之润色，因此该书并未经重新“补阙考核”，盖沿曹学佺《大明一统名胜志》所载增益，讹误较多，为学界所诟病。《四库全书》未收录《七星岩志》，只存书目。《四库全书提要》云：

作栋，字公吉，镶蓝旗汉军，顺治中官分巡肇高廉罗道按察司佥事。七星岩在肇庆府高要县城北，一名崧台，一名定山，故此书又名定山石室志也。志本明王泮所撰，作栋因而重修，吴绮又为之润色。然有关考核者，寥寥无多，如石刻门于唐李邕石室记后乾道己丑秋一条，以后人题名之年月误为摹石之年月。又载元符改元端午日眉山苏轼挈家来游，不思元符元年，苏轼正在儋州，安得有挈家至七星岩之事？盖据曹学佺名胜志所

① 《肇庆星湖石刻》编委会：《肇庆星湖石刻》，北京：红旗出版社，2005年，第250页。

载，而不知为传讹之文也。①

《四库提要》直指曹学佺《大明一统名胜志》“元符改元端午日眉山苏轼挈家来游”条为传讹之文，这有点儿冤枉曹学佺，讹文最初者实为郑一麟，而曹学佺辑是录时未详考而已，可见志书之讹误，其影响尤甚。

撰此《四库提要》的正是大名鼎鼎的金石泰斗翁方纲。翁方纲长于考证、金石之学，“世之言金石者，必推翁家”。

金石能“勘误正史”，这是金石学重要功能之一，因此，著录金石一定要看到“石本”，慎用“版本”。原因是“版本”或因时移势易，褒贬失实，或因辗转流传出现误讹，唯金石当年所立，无人为、自然破坏，则历久不变。翁方纲在广东督学八年，遍历广东各府、州、县，“扪苔剔藓”寻找古刻名碑，遇有石刻则精心辑录、摹拓，广为收罗，考订整理，结集成册，著《粤东金石略》一书，开拓了系统研究粤东金石学之始。

岭南金石学直至清代几属空白，翁方纲对苏东坡题刻尤为关注，为取得第一手原始资料，多次往返七星岩寻找苏子题刻，因“遍搜不获，始疑之为传讹之文”。翁方纲肯定见过韩作栋的《七星岩志》和郑一麟等修纂的《肇庆府志》，正因为未在七星岩搜到石本，因此著《粤东金石略》时并未正式采录《七星岩志》“元符改元……挈家来游”条，只作“附录”存留，排在七星岩诸石刻《郭功父石室游篇》之后。

翁方纲对曹学佺的《大明一统名胜志》和韩作栋的《七星岩志》两书载“苏轼挈家来游”条目作过考证：

（其一）

附录（曹学佺）名胜志一条：元符改元端午日眉山苏轼挈家来游。按：元符元年戊寅苏公在儋州安得有端午日挈家游端州之事？且是时公在儋州并无家室，亦不得云挈家矣。志书记载之讹类如此，特辨正之。②

① 屠英等修：《肇庆府志·艺文》，道光十三年刻本，第18页，《七星岩志》条下引《四库全书提要》。

② 翁方纲：《粤东金石略·肇庆府金石一·附录》，乾隆三十六年刻本，第8页。

（其二）

然此志亦载元符改元苏刻云云，则亦未尽为据也。七星岩志十六卷，国朝康熙癸亥关中韩作栋辑，附记于此。[①]

韩作栋的《七星岩志》在乾隆年间还流传于世，但未能录入《四库全书》，是志今不存。

七星岩第四次修志，是在民国二十五年（1936），由邑人黎汉杰编撰，改名为《星岩今志》。该志印数不多，但流传至今。笔者有幸搜得一本，得以通览全书。是志考核精详、体例详略得当，石刻、诗文、营建、方物尽括其中，而误讹之文已被全部删去不录。

中华人民共和国成立后，七星岩扩建为星湖旅游区，在湖面、岩峰、山麓、堤畔增建亭台楼阁数十处，更有开国元勋朱德、叶剑英等的题字、题诗，使星岩增色不少。星湖旅游区于1982年被国务院列为国家级风景名胜区。在此背景之下，自1988年始，由星湖管理委员会刘明安主持编撰星岩第五本专著，复名为《七星岩志》，距前志已有五十多年了。是志对山川形胜、风物沿革、故老传闻、文物保护等共辑十五篇，特别是对摩崖石刻的搜集整理着力较深。该书“旁搜博采，去芜存菁，旧有可考，新有可观”，既可作为历史文献，又可作为旅游指南，图文并茂，实属难得之地方志乘。

从1972年开始，受星湖管理局之邀请，谢拼、刘伟铿、谭雅伦、张壮闲、杨道高、何炳杨等几位老师利用每年暑假的时间，开始了对星湖石刻的抄录整理工作。1976年、1981年星湖管理局先后两次刻版，油印了《肇庆星湖摩崖石刻存录（石室岩部分）》《肇庆星湖摩崖石刻存录（其他各岩部分）》和《鼎湖金石存录》，共整理了七星岩石刻375则，鼎湖山石刻107则。1986年，由刘伟铿、李护暖、刘明安、曾文作为编辑，铅印出版、内部发行了《肇庆星湖石刻全录》一书，共收录七星岩石刻501则，鼎湖山石刻150则。1994年，由刘伟铿校注的《肇庆星湖石刻全录》由广东人民出版社出版发行。该书将万历《肇庆府志》“苏刻”条列为“今寻

① 翁方纲：《粤东金石略》，第6页，转运判官周敦颐条下。

未见石刻”，并指出“该（条）日期与仪克中在德庆三洲岩掘得的苏轼石刻日期相同，尤不可解”[①]。

三、德庆三洲岩再现苏东坡“北归题识”

苏东坡在德庆三洲岩留下题识本毫无异议，经“党禁”后也并未遭磨灭，至崇祯年间，苏东坡“北归题识”还存于三洲岩北洞。李逢升《三洲岩记》云：“洞之北，峻壁词章，苔封剥落则苏文忠、祖无择之诗记也……”[②]显然这时苏东坡的题刻依然完好，只是年代久远“苔封剥落”而已。

但至乾隆年间，翁方纲著录粤东金石时曾多次到三洲岩搜剔古刻，出乎意料的是，“苏刻”竟然“遍寻不获”，也不知“此段石崖何年劈去，其旁犹有东坡遗迹四字可辨”。由于三洲岩“苏刻”神秘消失，翁方纲只能根据《德庆州志》“版本”著录“苏刻”，但注明此段文字并非录自石本，排在《粤东金石略》三洲岩诸石刻之末，以示区别。[③]

明末清初由于战乱，民生凋敝，三洲岩沉寂了一段时间，乾隆年间，翁方纲到三洲岩寻古刻时，三洲岩已“路迷荒草稀人迹”，破败不堪了。翁方纲三洲岩诗曰：“破屋樵人宿，坳堂古衲迎……荒秽斋厨具，了然无梵呗……”清人卫淇诗曰：“不到三洲已十年，三洲幽处不如前。路迷荒草稀人迹，僧逃猿啸薜萝悬……”在漫长的历史长河中，三洲岩摩崖石刻发生了巨大的变化，原来记载有两百多刻的诗词、题识，现仅存九十余刻，而且不断受到人为或自然的损坏，更没有“十过九游观”的盛况了。

考其原因，主要有两方面：一个原因是明末清初间，三洲岩曾遭遇暴雨雷击，刻有苏东坡、周敦颐、祖无择等题刻的北岩体为雷所震，发生大面积崩塌，岩体连同诸石刻悉数坠落北洞口而湮没。这和当年翁方纲看到的北岩口情况是一致的，北岩口被坠石所压，西江潦水淹至岩腹，题刻半湮沙土，翁方纲未挖土三尺，因此与苏刻失之交臂，仅能看到“东坡遗

① 刘伟铿：《肇庆星湖石刻全录》，广州：广东人民出版社，1994 年，第 339 页。

② 谭桓等：《德庆州志・艺文》，康熙十二年刻本，第 18 页，李逢升《三洲岩记》。

③ 翁方纲：《粤东金石略・三洲岩诸石刻》，乾隆三十六年刻本，第 15 页，东坡居士……条。

迹”（后刻）四字。

图6　1993 年时拍摄的三洲岩北洞口（温爱民　摄）

另一个原因是三洲岩属于石灰岩地貌，乡民有凿石烧石灰的传统。州志记载“土人伐石，临江结窑，燔灰为贩，曰罗洪灰”，这种情况会严重破坏三洲岩的地貌。因此，约在清代中期，官府开始禁止在三洲岩、鸡冠石山体伐石。嘉庆二十年（1815），署理德庆知州章予之[①]出告示罗洪各乡，禁止“乡民凿石烧灰”[②]，三洲岩石刻才暂时得以保护，但为时已晚，至道光间，贡生李屺云有诗[③]曰：

瞻彼鸡冠石，三峰耸碧长。
形奇疑鬼斧，地僻恣奸戕。
有用真为累，能言未是殃。
停舟空怅望，呵护竟无方。

---

① 章予之，山阴人，嘉庆二十年署任德庆知州。

② 杨文骏修，朱一新纂：《德庆州志·山川》，光绪二十五年刻本，第 20 页，“鸡冠石”条。

③ 杨文骏修，朱一新纂：《德庆州志·山川》，光绪二十五年刻本，第 20 页，“鸡冠石”条。

碧藓破烟痕，苍藤断古根。

…………

“三峰耸碧长”，三洲岩即其中一峰。一句“呵护竟无方”，说明其时三洲岩已经被破坏得很严重了。

康熙《德庆州志》记载了三洲岩遭雷击崩坠后的情况：“三洲岩，昔门在北，为坠石所压，康人李逢升另劈一门，从西入洞……”① 可见，此时北门已全面堵塞，三洲岩大部分的石刻，尤其是北宋石刻，多集中在北岩口，因此，几乎所有北宋前期的石刻均遭湮没。虽然李逢升另劈一门入洞，但是北岩很多石刻已经找不到了。清举人梁修在《三洲岩记》中描述过当时的情形：“三洲岩两口可入，南口绝狭而险，北口洞若巨门，容旋马……或云康熙间雷起此岩，震石落，巨若屋，字当在石下。”② 光绪《德庆州志》亦云：州人李永鉁参修州志，于三洲岩搜拓古刻，曾“镦北门坠石碎填路洼，向时北洞仄欠而入洞者，皆成夷行云。”③ 据此可判定，三洲岩在清初开始崩坠而使大部分岩刻湮没，导致北岩口堵塞。至光绪年间，李永鉁等凿开北门巨石，清理路洼，才重新开通北门。

嘉庆二十五年（1820），三洲岩“东坡北归题识”被重新发现，民间拓碑高手仪克中④功不可没。

仪克中曾多次到肇庆七星岩采访古刻，星岩石室副墨岩今存仪克中留下的墨迹：“怪虚山僧称暖玉，此间□□着炎凉，怜他一片多情石，三百年来留墨香。”此为嘉庆二十三年（1818）仪克中为民间扪碑高手刘克平的题诗。明万历中，刘克平受李开芳聘修《星岩志》，搜剔古刻，中暑疾而卒，年仅37岁。据刘伟铿《肇庆星湖石刻》载：“副墨岩内有明朝刘克平的墨迹，仪克中所咏‘三百年来留墨香’即指此，可惜刘克平的墨迹现

① 谭桓：《德庆州志・山川》，康熙十二年刻本，第3页，“三洲岩”条。

② 梁修：《三洲岩记》，辑自民国《德庆县事半月刊》残页。

③ 杨文骏修，朱一新纂：《德庆州志・山川》，光绪二十五年刻本，第19页，“三洲岩”条。

④ 仪克中（1793—1834），字协一，号墨农，先世山西太原人，寄籍广东番禺，“工诗词，少有异禀，负奇气，顷刻间能作数千言”。

已漫灭不可认了。”[①] 嘉庆二十五年，仪克中受两广总督阮元破格提拔，以布衣身份参修《广东通志》，任职采访[②]，再至七星岩搜剔古刻，因题《齐天乐》词，刻于石室岩外，时年仅27岁。

仪克中不辞劳苦，不负众望，奉阮元之命，于各地搜剔古刻，遍历岭南各府、州、县“缒幽跻险，剔苔扪碑，多录翁方纲《金石略》未著录者”，广东连州大云洞、罗定龙龛岩均留下仪克中采拓古刻时的题识。

笔者整理三洲岩石刻拓片时发现仪克中在三洲岩亦留有题识，始得知嘉庆庚辰五月，仪克中曾到三洲岩采访古刻。[③] 嘉庆庚辰为嘉庆二十五年，即仪克中参修阮元《广东通志》于各地搜剔古刻之年。最终，仪克中在三洲岩掘土数尺，将湮没于乱石中的苏东坡真迹拓出，由此，三洲岩“东坡北归题识”才得以重见天日。兹全录如下：

苏东坡题名（存）。东坡居士自海南还来游，武陵弓允明夫、东坡幼子过叔党同至。元符三年九月廿四日。吴用之至此。（此在题名之左）王元勋来观。黄期遇来观。（此在题名之右）东坡遗迹。（此在题名石旁）[④]

阮元谓苏东坡真迹独存于三洲岩，此刻仰刊石底，因岩石崩坠而得以保存，经“党禁”后独完，更显珍贵。如录：

谨案题名在德庆三洲北岩。石崩坠，覆压岩口，外视石旁仅见“东坡遗迹”四字耳。俯身而入，此刻仰刊石底，掘土三尺拓得之。东坡遗刻，经党禁后辄遭磨灭，此刻独完，或以崩坠故耳。[⑤]

十多年后，于道光十三年（1833），知府屠英等修《肇庆府志》，重新著录了仪克中三洲岩挖掘出土成果，并在三洲岩“苏东坡题名”条下加

① 刘伟铿等：《肇庆星湖石刻》，北京：红旗出版社，2005年，第11页。
② 阮元等：《广东通志》，道光二年刻本，卷首《重修广东通志职名》。
③ 是刻存三洲岩。
④ 阮元等：《广东通志·金石略十一·东坡题名》，道光二年刻本，第19页。
⑤ 阮元等：《广东通志·东坡题名按语》，道光二年刻本，第19页。

注，指出“苏刻”未出土前众皆疑在石室黑岩，盖因吴绮（韩作栋）《七星岩志》沿曹学佺《大明一统名胜志》之误。如录：

谨案右刻在德庆三洲北岩，此亦仪克中掘土所获者。未出土前人皆疑在高要石室黑岩，冥搜不可得，盖由吴绮收入七星岩志，沿曹学佺名胜志之误也。①

历经240多年后，屠英等修的道光《肇庆府志》终于订正了万历《肇庆府志》、崇祯《肇庆府志》有关“苏刻”之误录，确认肇庆七星岩并无苏东坡题刻。

四、结语

元符三年，苏东坡65岁，五月大赦，移廉州（今合浦）安置，“留此（儋州）过中秋，至月末乃行，作木筏下水，历容（容县）、藤（藤县）至梧（梧州），与迈约，搬家至梧州相会”②。据此段史料分析，苏东坡遇赦后在谪所儋州过中秋，于八月底渡琼州海峡先至合浦，后经容县、藤县到梧州与长子苏迈汇合，然后沿西江顺流而下至三水，溯北江越梅岭北归。正是这段难得的短暂停留，促成了他的三洲岩之行，并留下了这一处见证东坡晚年行迹的“千年题刻”，也成为研究苏东坡晚年书法真迹的实例。

可能有人要问：“他为什么不在七星岩停留呢？”这也是一个值得探讨的课题。笔者认为，原因是多方面的：首先，长年的流放生活在各方面给苏东坡以沉重的打击，不独生计困窘，健康状况也日益恶化，以六十多岁的年纪、长途跋涉的劳苦，困难可想而知。其时苏东坡已筋疲力尽、百病缠身，归心似箭……更重要的是，苏东坡的获赦，只是宋徽宗登基循例大赦天下之举，其时朝廷仍掌握在以蔡京为首的官僚集团手里，蔡京等人肯

① 屠英等修：《肇庆府志·金石·苏东坡题名》，道光十三年刻本，第73页。
② 杨文骏修，朱一新纂：《德庆州志·金石·东坡年谱》，光绪二十五年刻本，第9页。

定不会就此放过苏东坡。端州（今肇庆）为宋徽宗潜邸所在，元符三年“置兴庆军”，成为军事重镇，戒备森严。此时，苏东坡对朝政已心灰意冷，早已厌倦官场奉迎之事，不敢也不想在端州停留。于是，登三洲岩作短暂休息后，即沿西江顺流至三水，折入北江，溯北江而上“十月十四日已复在清远矣”① ……

而德庆三洲岩因地缘偏僻，才使苏东坡题刻真迹得以保存，见证了苏东坡一生中留在岭南的最后行迹。

① 杨文骏修，朱一新纂：《德庆州志·金石·东坡年谱》，光绪二十五年刻本，第9页。

从三处石刻看真阳郑敦义、郑良父子

张致政[①]

摘　要：北宋末，英州真阳（今英德）郑敦义、郑良父子均为朝廷官员，在岭南地区颇具影响力。根据德庆三洲岩、英德碧落洞、肇庆七星岩郑氏父子相关题刻，结合文献考证，郑敦义于建中靖国元年（1101）至崇宁二年（1103）知兴庆军后罢官，出任明道宫宫观官；郑敦义长子位至尚书郎，后于郑敦义去世，郑良官至四品，掌管广南财政大权，但因奢侈贪腐，被朝廷治罪，榜笞而死，其家迁往江西；郑敦义与长子均歿于徽宗朝，次子郑良歿于靖康年间，第三子郑绎仅存姓名事迹无考。

关键词：题刻；郑敦义；郑良

北宋末，英州真阳（今英德）郑敦义、郑良父子均为朝廷官员，在岭南地区颇具影响，但以往方志载录颇简，且多乖谬。目前，德庆三洲岩、英德碧落洞、肇庆七星岩分别保存有一则郑氏父子相关的题刻，结合文献，考订其相关事迹如下。

一、郑氏父子相关题刻

根据时间顺序，肇庆七星岩郑敦义题刻最早，见图1。

① 张致政，山西平遥人，硕士，肇庆市博物馆馆员。

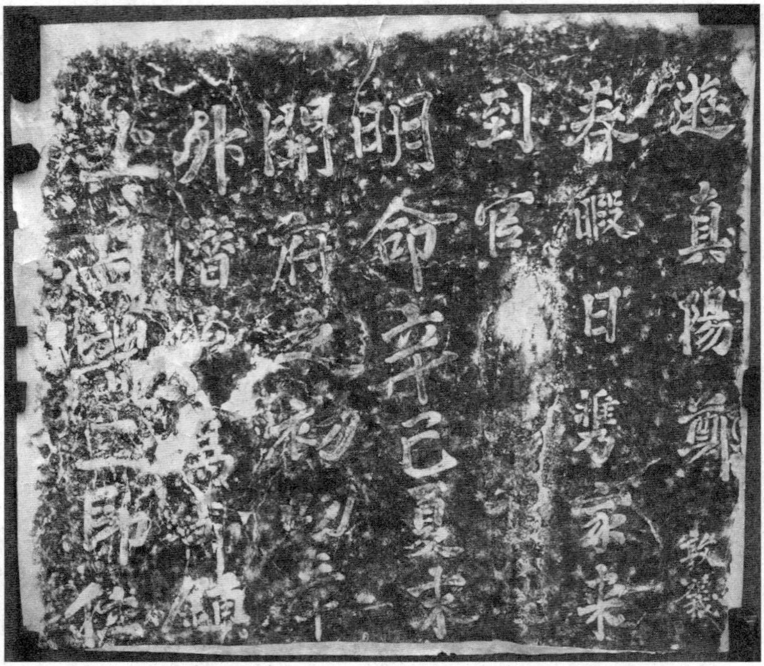

图1　七星岩郑敦义题刻拓片①

七星岩石室岩内东壁6号，崇宁元年（1102）郑敦义题题名：

上自端王即位，升潜藩为节镇。开府之初，叨奉明命，辛巳夏末到官。壬午暮春暇日携家来游，真阳郑敦义。②

此刻为行楷，竖排右行。记载了宋徽宗即位后，端州潜藩升为节镇，开府之初委任郑敦义作为节镇长官，郑敦义于宋建中靖国元年（1101）夏到端州任官，次年崇宁元年春带领家人游历七星岩。

其次为英德碧落洞郑敦义、郑良题刻，见图2。

① 本文三处题刻照片分别由肇庆星湖文管所梁烨先生、英德博物馆邝茂盛先生、德庆县文广新局刘晓烨女士协助提供，在此一并致以谢忱！

② 肇庆市文物志编辑委员会：《肇庆市文物志》，内部读物，1987年，第42页。

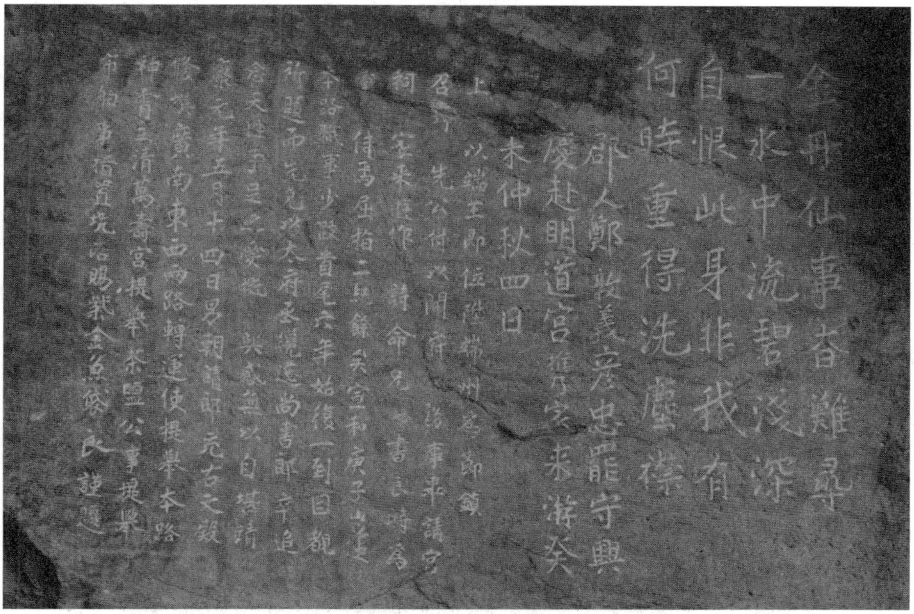

图2　碧落洞郑敦义、郑良题刻

该题刻实为两则，包括郑敦义题刻与郑良题跋。

郑敦义题名：

金丹仙事杳难寻，一水中流碧浅深，自恨此身非我有，何时重得洗尘襟。郡人郑敦义彦忠罢守兴庆赴明道宫携家来游。癸未仲秋四日。

郑敦义题刻为正书，竖排左行，包括七言绝句一首和题记，记载其罢守兴庆军赴明道宫，携家人游历碧落洞。癸未仲秋四日为崇宁二年（1103）年八月初四，题记中还出现了郑敦义的字“彦忠”。

郑良题跋：

上遥以端王即位，升端州为节镇，召封先公付以开府务。事毕请宫祠，挈家来游，作此诗，命兄瑰书。良时为童释侍焉。屈指二纪余矣。宣和庚子出使本路职事，少暇，首尾六年，始复一到，目睹所题而先兄以太府丞才迁尚书郎卒。追念天性手足之爱，概然兴感，无以自堪。靖康元年五月十四日。男朝请郎充右文殿修撰、广南东西两路转运使、提举本路神霄主清万寿宫、提举茶盐公事、提举市舶事、措置坑冶，赐紫金鱼袋良谨题。

郑良题跋为正书，竖排左行，追忆了其父亲郑敦义题名石刻的由来，并提及自己自宣和庚子（1120）起任职广东，六年后（1126）才来，又看到当年的题刻，而当时书写题刻的兄长刚去世，因感怀而留题跋。

最后为德庆三洲岩郑良题刻，见图3。

图3　三洲岩郑良题刻拓片

三洲岩东南至西南壁，编号为三洲岩石刻序号79，宋重和二年（1119）郑良题名：

重和二季正月四日，真阳郑良少张奉檄西江，瞻视神霄宫宇，同四明周冲和仲、浚仪丁钊宗康来游。弟绎季成书。宣和三年四月初一日，摄权端溪县尉严力臣刻石。

三洲岩郑良题刻为正书，竖排右行。记载郑良初任职于西江地区，同周冲、丁钊等游三洲岩，题刻为其弟弟郑绎所书。

三处四则题刻，风格各异。七星岩字体古拙，未特别标明书者，应当为郑敦义本人手迹；碧落洞处根据郑良题跋，为郑敦义长子郑總所书，郑良题跋当为郑良手迹；三洲岩处为郑敦义三子、郑良三弟郑绎手迹。

二、题刻中的郑氏父子及其官职

七星岩、碧落洞题刻都提到郑敦义，但无论是肇庆府县志还是英德地方志对郑敦义记载都很简略，且言语间多有矛盾。只记有其为英州真阳人，元丰间举文科、知潮阳县，又说仁宗时知端州，曾在端州筑石城，因而民永怀之。筑城年代府县志记为政和三年（1113），与城墙相关的披云楼、南薰亭、北门桥、桄榔亭等也被记在了郑敦义名下。

从两则题刻可以看出郑敦义应是特地被召封委以兴庆军节镇开府重任，道光《肇庆府志》卷二十一录有《端州升兴庆军诏》，《宋大诏令集》收录了《端州升为节镇诏》（元符三年十月乙卯）、《端州境内德音》（元符三年十一月丁卯），根据这些材料，可以确证元符三年（1100）十月端州升为兴庆军节镇。而根据七星岩、碧落洞的这两则题刻，我们可以明确推知，郑敦义于建中靖国元年夏末到端州就任兴庆军节度使，崇宁二年（1103）罢官赴明道宫，于是年八月四日在碧落洞留下题刻，满打满算在端州任职仅两年。七星岩还有崇宁四年（1105）二月十八日知军州事张漸题刻，时间上距离郑敦义罢守大约一年半，推测张漸当为郑敦义的直接继任者，也是郑敦义已经于崇宁间罢官离端的重要佐证。碧落洞题刻也进一步证实笔者有关肇庆古城墙包砖始于崇宁元年（1102）的观点。①

郑敦义罢官兴庆军后应该是请宫祠获准，出任明道宫宫观官一类的闲职。宋代崇奉道教，太宗时始设宫观官，真宗、徽宗时不断扩大，北宋前期，宫观官多由朝廷重臣兼任，他们经常参与宫观管理及道教活动，实理

---

① 张致政：《肇庆古城墙的选址与初建年代》，《肇庆学院学报》2017 年第 6 期，第 22－25 页。

其事。熙宁年间，由于王安石变法，宫观官成为统治者用以“佚老优贤”、处置异己的闲职。徽宗时，出现了挂空衔而食禄的祠禄宫观官与实理其事的兼职宫观官并存的局面①。考察郑敦义题诗的诗意，感叹此身非我所有，渴望早日得洗尘襟。“洗尘襟”为佛家用语，是古代落魄诗人常用语，意思为涤荡世俗羁绊，郑敦义此诗透露出落魄归隐之意。结合其任职两年罢官，推知其似乎不是任职期满，但郑良碧落洞题跋称“事毕”，则郑敦义知兴庆军似乎只是权知，即暂时委任。综合考察，郑敦义请宫祠获准赴明道宫，应当包含落职与“佚老优贤”两层含义。另外，郑敦义罢守前后正值蔡京制造元祐党人事件，300 多人被列入元祐党籍，其中的范祖禹曾提举亳州明道宫，黄庭坚曾管勾亳州明道宫。郑敦义未入党籍，但家在英州、仕于端州，请宫祠远赴亳州明道宫，似乎是无可奈何之举，若非因私被弹劾，则极有可能是受累于党争。根据郑敦义被授以开府重任到两年后罢官请宫祠，尚可千里赴任，推测其时年龄、声望均高，但还不至于衰老。

两则题刻，郑敦义都是携家来游，七星岩题刻未提及他人名姓，字体古拙，可能为郑敦义亲笔；碧落洞题刻为郑敦义长子所书，但郑良题跋中乃兄名字恰好漫泐难辨，似有一个“糹”若隐若现，有一个较小的字似乎为后补，接近“緫”。根据郑良题跋，其兄由太府丞迁尚书郎。太府丞，始置于南朝梁武帝天监七年（508），北魏、北齐、陈、隋、唐均置，品级略有不同，北宋初为寄禄官，神宗元丰（1078—1085）改制后，成为职事官，参领寺事，员二人，正八品。尚书郎，满东汉始置，取孝廉中有才能者入尚书台，在皇帝左右处理政务，初入台称守尚书郎中，满一年称尚书郎，满三年称侍郎。魏晋以后尚书各曹有侍郎、郎中等官，综理职务，通称为尚书郎。宋代文官通常都具有官、职、差遣三种职衔。郑良兄长才升尚书郎大致为从六品官阶。②

郑良的官职刻录比较详尽：“男朝请郎充右文殿修撰、广南东西两路转运使、提举本路神霄主清万寿宫、提举茶盐公事、提举市舶事、措置坑

---

① 张振谦：《北宋宫观官制度流变考述》，《北方论丛》2010 年第 4 期，第 84 - 87 页。

② 龚延明：《宋代官制辞典》，北京：中华书局，1997 年，第 7 页。

冶，赐紫金鱼袋。”“朝请郎”为正七品文散官，“充右文殿修撰”为从六品职事官。“转运使”俗称“漕司”，除掌握一路或数路财赋外，还兼领考察地方官吏、维持治安、清点刑狱、举贤荐能等职责。宋真宗景德四年（1007）以前，转运使职掌扩大，实际上已成为一路之最高行政长官。此后，设立了提点刑狱司、安抚司等，转运使的权力才有所削弱。“提举本路神霄主清万寿宫、提举茶盐公事、提举市舶事、措置坑冶”，是差遣职事，从其职事差遣看，郑良其时掌管广南财政、商贸、铸币等各项经济实权，地位极其显赫。赐紫金鱼袋，元丰改制后四品以上服紫，佩戴金鱼袋。

郑良三弟郑绎，题刻中没有提到其官职。

三、郑氏父子的归宿

靖康元年（1126），郑良题跋时，其兄刚刚去世，因称先兄，而且感怀难当，而对先公郑敦义则比较平复，推知其时郑敦义去世时间已经比较长。

根据七星岩、碧落洞题刻，郑敦义及其长子在徽宗在位时已经相继去世，所不同者，郑敦义应当是年迈致仕后寿终正寝，郑緫则是升迁后殁于任上。有人据《粤诗搜逸》《英德县志》录得郑敦义诗两首：

望仙台

一亭新构耸崖嵬，水墨屏图四面开。
洞口白云无锁钥，世人寻胜任频来。

沙汀鸿渐

远从北塞度南荒，风紧横斜落几行。
晓立讶天平积雪，夜栖倩月影清霜。
慵随孤凤鸣丹峤，耻逐群鸦噪绿杨。
莫厌生涯居此地，水多菰米即潇湘。

辑录者注释郑敦义以兴庆军节度使致仕。① 如果所据有自，也佐证了上文所述郑敦义罢守兴庆军请宫祠，准备颐养天年。上列第二首咏物诗，借雁群栖息居处表达诗人厌倦世俗聒噪、追求高洁的孤高心性，与碧落洞题诗心态志趣一致。

相较而言，郑良仕途官位超过其父兄，位高权重，但似乎未得善终。有关郑良，文献记载较少，目前可以找到的主要有两则。

一则是《宋史·李朴传》，记载李朴在广南时曾“破漕使郑良引真腊取安南之计，以息边患，人称其智”。李朴任广东路安抚司主管机宜文字，钦宗在东宫闻其名，及即位，除著作郎。李朴在广南破漕使郑良之计应在宣和年间。

另一则记载了郑良的结局，据《夷坚志》卷十九事南山寺：

郑良，字少张，英州人。宣和中，仕至右文殿修撰、广南东西路转运使，累赀为岭表冠。既奉使两路，遂于英筑大第，垩以丹碧，穷工极丽，南州未之有也。靖康元年，或诉其过于朝，朝廷遣直龙图阁陈述为漕，俾鞫之。述至英，良居家，初不知其故，盛具延述，述亦推心与饮，缔同官之好。至广州，始遣使逮良下狱，穷治其赃，榜笞不可计。奏案上，方得出狱，出之一日而良死。比断敕至，止于停官编隶，已无及矣。家人未能葬，权厝于英之南山寺。所追录宝货甚多，述遂摄帅事。建炎二年代还，以它事复为转运使许君所劾，下廷尉，削籍，编置英州。太守置之南山，时良已迁葬数日，殡宫空，欲述居之。或告以实，述曰：“吾前治其狱，王事也。今已死，何足畏?”即居之。才三四日，白昼见良，惊曰：“郑良何敢来!”即感疾死，时建炎二年也。良之宅，今三分为天庆观、州学、驿舍，其家徙江西云。②

《夷坚志》成书于南宋初，广采博收，陆游称其“岂惟堪史补，端足

---

① 黄志辉、龙思谋：《粤北历代名人诗选》（中），《韶关师专学报》1988 年第 2 期，第 33－34 页。

② 洪迈：《夷坚志》（第一册），北京：中华书局，1981 年，第 85 页。

擅文豪"①，虽然其中冤对报应之事未必如实，但相距时间不远，郑良伏法之事应该不假。根据如上记载，郑良最后因奢侈贪腐被陈述逮捕治罪，榜笞而死，尸体曾暂时安置于南山寺，直至建炎二年（1128）才迁葬。郑良家财被没收、在英州的豪宅一分为三，成为天庆观、州学、驿舍用地，家人也无法在英州再待下去，而迁往江西。

综上，郑敦义与长子郑緫均殁于徽宗朝，次子郑良殁于靖康年间，第三子郑绎仅存姓名事迹不详。

① 洪迈：《夷坚志》（第一册），北京：中华书局，1981 年，第 1－2 页。

德庆三洲岩新发现北宋元绛《闵忠诗》摩崖题刻初考

刘晓生①

摘　要：近年德庆三洲岩新发现摩崖石刻数则，其中最重要而尚未有深入研究的是北宋元绛《闵忠诗》题刻。本文首次对元绛《闵忠诗》题刻进行完整释文、校勘，对相关文献著录存在的问题进行初步考辨，并简要探讨该题刻的书法艺术价值以及石刻文物的保护问题。

关键词：三洲岩；元绛；赵师旦；曹觐；闵忠诗；校勘

德庆三洲岩位于广东省肇庆市德庆县九市镇旧圩村委会三洲村，岩内原有宋代至清代摩崖题刻近两百题，现存数量约百题。三洲岩摩崖石刻是不可多得的珍贵文化遗产，具有重要的历史、文学和艺术价值，2002 年，它被广东省人民政府列为广东省文物保护单位。

近年来，德庆三洲岩在景区开发建设过程中新发现摩崖题刻数题，其中最重要的是刻于北宋皇祐五年（1053）的元绛《闵忠诗》，它距今近千年历史但仍保存完好，十分珍贵。正如徐伟坚在《德庆三洲岩摩崖石刻的价值探讨》一文中所指出的“三洲岩摩崖石刻的研究目前处于起步阶段”②，北宋元绛《闵忠诗》题刻自新发现以来尚未见学界有深入而全面的研究。因此，本文拟首次对三洲岩元绛《闵忠诗》题刻作完整释文并校勘历代相关文献著录，并在此基础上对一些存疑问题作初步的考证，略谈该题刻的书法艺术价值以及如何妥善保护好这一珍贵的石刻文物。

---

① 刘晓生，供职于肇庆学院，肇庆名城与旅游发展研究会副会长。

② 徐伟坚：《德庆三洲岩摩崖石刻的价值探讨》，《遗产与保护研究》2018 年第 8 期，第 127 – 130 页。

一、释文与校勘

北宋元绛《闵忠诗》题刻之后，距今近千载间，该崖刻时隐时现。不管是明清时期的《德庆州志》，还是现代相关著录（如《三洲岩诗文全录》），均未完整著录过该崖刻的全部文字内容。即使有部分的著录，也存在与石刻不一致的地方。因此，很有必要对该崖刻做基础的石刻释文工作并对历代著录三洲岩元绛《闵忠诗》的文献进行细致的校勘。

1. 元绛《闵忠诗》石刻释文

闵忠诗

皇祐四年夏五月，邕獠刬库兵称乱，陈船顺江，绝数郡。郡之守臣狃忕承平，弛武备，辙委符管避贼。独封、康二州将提罢卒数十，力战以死。明年春，予传车过二州，问其吏民，皆为出涕愀然，感之，作《闵忠诗》，书于康州三洲洞石。广南东路转运使、尚书司封员外郎、直集贤院武林元绛题。[A]

赠光禄少卿康州赵使君师旦

使君亲斗城谯间，二日矢尽，军吏请避，使君麾曰："士不死敌，非壮也。"城门牡开，度必死，坚坐廷上。贼捽而害之，至绝诟詈不已。一子在褓中，其母拥树遁去，力屈蹬弃，三日还视，尚呱磃草间，闻者异之。[B]

转战谯门日再晡，空桊犹自冒戈殳。
身垂虎口方坚坐，命弃鸿毛更疾呼。
柱上杲卿余断节，绔间杵臼得遗孤。
于嗟天下英豪气，不愧山西士大夫。[C]

赠太常少卿封州曹使君觐

使君烈考、季父，皆以谠言介节有名当世，予昔介江西刺举，使君方佐章幞，尝以劲正有守荐于朝。贼之至州也，使君转战数刻，杀伤大当，已而贼合围急攻。军吏潜遁，力穷被禽，贼使之拜，又訹以伪官，皆不屈。[D]

仓卒蛮孽上水滨，使君忠愤独忘身。

平明戈剑摧城阖，俄顷衣冠落路尘。

志士一门能许国，老夫当日亦知人。

朝廷赠襚哀荣极，青骨千年合有神。[E]

笔者注：①诗题《闵忠诗》之“闵”字石刻缺损，据序文可知为“闵”字无疑。后代文献有的著录为《悯忠诗》，“闵”同“悯”，怜恤、哀伤的意思。②序文“皇祐四年”之“皇”字石刻缺损，仅剩末笔一横画，据相关文献记载不难确定为“皇”字。③《赠太常少卿封州曹使君觐》中第四句“俄顷”二字石刻略有缺损，参校嘉靖《德庆州志》录文可确知。

2. 元绛《闵忠诗》文献校勘

为便于比对三洲岩《闵忠诗》历代不同文献著录与石刻本身文字的差异，现以表格形式整理，具体如表1所示。

表1　三洲岩元绛《闵忠诗》文献著录校勘表

	石刻释文	明嘉靖《德庆州志》①	清康熙《德庆州志》②	清光绪《德庆州志》③	清《端溪诗述》④	《康州古色》⑤	《三洲岩诗文全录》⑥
《闵忠诗》序	[A]	缺载	缺载	缺载	缺载	缺载	缺载

---

① 陆舜臣纂修：（嘉靖）《德庆州志》，见广东省地方史志办公室：《广东历代方志集成》，广州：岭南美术出版社，2009年，第112－113页。

② 谭桓修，梁宗典纂：（康熙）《德庆州志》，见广东省地方史志办公室：《广东历代方志集成》，广州：岭南美术出版社，2009年，第356页。

③ 杨文骏修，朱一新纂，关棠、黎佩兰续纂：（光绪）《德庆州志》，见广东省地方史志办公室：《广东历代方志集成》，广州：岭南美术出版社，2009年，第538、591页。

④ 黄登瀛编，宋继刚、唐碧红标点：《端溪诗述》，长沙：岳麓书社，2015年，第22页。

⑤ 谢富崇、梁挺辑注，德庆县地方志编辑委员会办公室编：《康州古色——德庆历代诗钞》，1996年，第189、191页。

⑥ 欧清煜、林瑞球：《三洲岩诗文全录》，北京：中国文联出版社，2000年，第15页。

（续上表）

	石刻释文	明嘉靖《德庆州志》	清康熙《德庆州志》	清光绪《德庆州志》	清《端溪诗述》	《康州古色》	《三洲岩诗文全录》
《赠光禄少卿康州赵使君师旦》序	［B］	著录（文字略有出入）	缺载	缺载	缺载	缺载	缺载
《赠光禄少卿康州赵使君师旦》七律诗	［C］	著录。“桊”作“拳”；“冐”作“冐”；“绔”作“袴”；“于”作“吁”；“山西”作“西山”	著录。“桊”作“拳”；“冐”作“冐”；“绔”作“袴”；“于”作“吁”；“豪”作“雄”；“山西”作“西山”	著录。“桊”作“拳”；“绔”作“袴”；“于”作“吁”；“豪”作“雄”；“山西”作“西山”	著录，但出入较大。录文为：“转战焦门日再晡，空拳犹自把铁鈇。身垂虎口方安坐，命弃鸿毛更疾呼。柱下杲卿存大节，袴间杵臼得遗孤。可怜三尺英雄气，不愧西山大丈夫。”	著录。“桊”作“拳”；“嘑”作“呼”；“绔”作“袴”；“于”作“吁”；“豪”作“雄”；“山西”作“西山”	著录。“桊”作“拳”；“嘑”作“呼”；“上”作“下”；“绔”作“裤”；“于”作“吁”；“豪”作“雄”；“山西”作“西山”
《赠太常少卿封州曹使君覲》序	［D］	著录（文字略有出入）	缺载	缺载	著录（文字略有出入）	缺载	缺载

（续上表）

	石刻释文	明嘉靖《德庆州志》	清康熙《德庆州志》	清光绪《德庆州志》	清《端溪诗述》	《康州古色》	《三洲岩诗文全录》
《赠太常少卿封州曹使君觐》七律诗	[E]	著录。“鼙”作“鞞”	著录	著录。“卒”作“猝”	著录。“忘”作“亡”；“阖”作“阙”	著录	缺载

二、相关问题考辨

1．元绛《闵忠诗》的题刻时间

据1999年版《三洲岩诗文全录》，可知德庆三洲岩最早的摩崖题刻是北宋庆历三年（1043）广东转运使马寻的题名。《广东通志·金石略》也有著录，可惜该题刻今已散佚。又，《三洲岩诗文全录》的前言中指出，三洲岩“现存题刻最早的是刻于宋熙宁元年（1068）的南琴题名”①。直到2015年前后，三洲岩新发现比南琴题名更早的元绛《闵忠诗》题刻。徐伟坚《德庆三洲岩摩崖石刻的价值探讨》一文认为“宋皇祐四年（1052）元绛作《闵忠诗》”②，也就是说元绛创作《闵忠诗》的时间是北宋皇祐四年。

然而，据元绛《闵忠诗》石刻序文“皇祐四年夏五月……明年（笔者注：皇祐五年）春，予……作《闵忠诗》书于康州三洲洞石”。对于古代摩崖诗文题刻而言，诗文创作的时间一般早于或与诗文镌刻于崖壁的时间同时，故可判断徐氏说法不确。元绛《闵忠诗》的创作时间与镌刻崖壁时

① 欧清煜、林瑞球：《三洲岩诗文全录》，北京：中国文联出版社，2000年，第1－2页。

② 徐伟坚：《德庆三洲岩摩崖石刻的价值探讨》，《遗产与保护研究》2018年第8期，第127－130页。

间同时，均在北宋皇祐五年（1053）春。该题刻是德庆三洲岩目前可见时间最早的摩崖石刻。

2. 元绛《闵忠诗》所“闵”之对象

元绛（1009—1084），字厚之，北宋杭州余杭人，祖籍抚州临川。仁宗天圣八年（1030）进士，历知永新、海门县，善治狱，累擢度支判官。皇祐中，侬智高据岭南。时元绛任广东转运使，因供军饷有功，迁工部郎中。神宗熙宁中，为翰林学士，除三司使，又拜参知政事。后因坐事罢知亳州，改颍州，以太子少保致仕。卒谥章简。有文集及《谳狱集》。

清光绪《德庆州志》《端溪诗述》和《三洲岩诗文全录》中著录的元绛三洲岩《闵忠诗》仅录《赠光禄少卿康州赵使君师旦》一诗，不录《赠太常少卿封州曹使君觐》诗。[①] 由此可知，最晚自清末以来，文献著录多数认为元绛三洲岩《闵忠诗》所“闵”之对象仅赵师旦一人。

明嘉靖《德庆州志》卷二“事纪”载：“仁宗皇祐四年，以赞善大夫赵师旦知康州。广源蛮侬智高寇封州，知州曹觐死之。（详忠烈传）夏五月，智高围康州，知州赵师旦及贼战于谯门，力屈死之。（时监押马贵与焉。忠烈传及忠景祠碑）皇祐五年春二月，免广南贼至郡县田租一年，死事家科徭二年。”[②]

又，元绛《闵忠诗·序》题刻云：“明年春，予传车过二州（笔者注：封州、康州），问其吏民，皆为出涕愀然，感之，作《闵忠诗》，书于康州三洲洞石。广南东路转运使、尚书司封员外郎、直集贤院武林元绛题。”

因此，元绛三洲岩《闵忠诗》所“闵”之“忠”，实为“二忠”，即康州知州赵师旦和封州知州曹觐。

3. 清代《德庆州志》中著录的元绛《闵忠诗》问题

康熙《德庆州志》著录元绛闵赵师旦的七律诗题目拟为“吊赞善大夫赵师旦”，而其著录的明叶盛《忠景祠》七律诗文字内容（该录文后加按语：“按，《方舆览胜》误以为魏矼作，亦伪数字，幸真迹石刻三洲岩中可

① 徐伟坚文沿袭《三洲岩诗文全录》，同此。

② 陆舜臣纂修：（嘉靖）《德庆州志》，见广东省地方史志办公室：《广东历代方志集成》，广州：岭南美术出版社，2009 年，第 6 页。

考也。予既得石本，装褫之云”[①]）竟与三洲岩元绛《赠太常少卿封州曹使君觐》七律诗一致。今三洲岩元绛《闵忠诗》题刻重新面世，当以石刻文物所著录为准，可知康熙《德庆州志》将元绛闵曹觐七律诗之题目误录为“明叶盛《忠景祠》”。

光绪《德庆州志》卷十四“金石”著录元绛闵赵师旦七律诗之后，加按语：

右元绛悯忠诗，在三洲岩，为赵师旦作。阮通志、府志未著录。此见旧志祠庙。叶盛《菉竹堂碑目》“悯”作“闵”云。元绛题皇祐五年。《四库（全）书》地理类《方舆胜览》提要云“元绛石刻尚在三洲岩”。今岩内无之，当为他刻磨去。黄登瀛《端溪诗述》载此诗，方舆胜览字多小异：“谯”作“焦”，“冒殳”作“把鈇”，“坚”作“安”，“余断”作“存大”，“吁嗟天下”作“可怜三尺”，“士大夫”作“大丈夫”，当是传写之异。又元绛《闵封州守曹觐》一诗，亦刻岩中，今并佚。详见考异。[②]

又，光绪《德庆州志》卷十五“考异”云：

明叶盛忠景祠诗：“仓猝蛮䕫上水滨，使君忠愤独忘身。平明戈剑摧城阖，俄顷衣冠落路尘。志士一门能许国，老夫当日亦知人。朝廷赠襚哀荣极，青（府志作‘香’）骨千年合有神。”（旧志祠庙）考府志坛庙，载此诗为宋元绛《闵忠诗》。盖闵宋封州知州曹觐作也。觐与赵师旦同时死侬寇之难。觐谥“忠穆”，师旦谥“忠景”，封、康各有专祠，绛各有诗闵之。（师旦诗详官绩本传）《四库全书》史部地理类祝穆《方舆胜览》提要云“考叶盛《水东日记》称元绛闵忠诗石刻在康州，《方舆胜览》乃载在封州。伪数字，幸真迹石刻尚在三洲岩中”云云。案，今三洲石刻已无考。据此，则宋时两诗皆刻于三洲岩。或分刻是诗于封、康各祠。故叶云

---

① 谭桓修，梁宗典纂：（康熙）《德庆州志》，见广东省地方史志办公室：《广东历代方志集成》，广州：岭南美术出版社，2009年，第356页。

② 杨文骏修，朱一新纂，关棠、黎佩兰续纂：（光绪）《德庆州志》，见广东省地方史志办公室：《广东历代方志集成》，广州：岭南美术出版社，2009年，第686页。

在康州，祝云在封州，各就所见举其一耳。府志及黄登瀛《端溪诗述》分记两诗于各祠，不误。旧志乃以闵觐诗系诸忠景祠，又误为叶盛作，歧舛特甚。提要专云“在康州”，亦未核。①

综上，可初步判断光绪《德庆州志》所云“旧志”当为康熙《德庆州志》。尽管康熙《德庆州志》误将元绛《赠太常少卿封州曹使君觐》标题记为“明叶盛《忠景祠》”，但据志书编纂者署德庆州事、高要县知县谭桓所加按语，似乎当时元绛闵曹觐诗石刻（《闵忠诗》）尚存于三洲岩洞内。《四库全书》提要亦云“幸真迹石刻尚在三洲岩中”，则乾隆年间，元绛《闵忠诗》石刻尚存三洲岩中。然而，到光绪年间，三洲岩元绛《闵忠诗》崖刻又湮没不可见，以致光绪《德庆州志》误以为该题刻恐遭后代题刻所“压刻”而磨灭了。

此外，康熙《德庆州志》在按语中，否定了南宋祝穆《方舆胜览》关于三洲岩元绛闵曹觐七律诗作者为魏矼（1097—1151）的说法。光绪《德庆州志》则在“考异”篇中评论前代相关文献著录，认为元绛闵赵师旦、曹觐的两首七律诗均刻于三洲岩——这个判断是符合事实的。然而，这两诗并非各自独立题刻，而是同时镌刻于同一崖壁上，即属同一题崖刻。光绪《德庆州志》又根据南宋时祝穆《方舆胜览》、明代叶盛《水东日记》和清代黄登瀛《端溪诗述》等文献著录，认为当时元绛《闵忠诗》中的两首七律诗，很可能“分刻”于康州忠景祠和封州忠穆祠，甚至怀疑乾隆年间《四库全书》提要根据石刻真迹的判断。这个误解，只能归结于光绪年间三洲岩元绛《闵忠诗》石刻的隐没。

三、石刻文物的书法艺术价值及保护建议

作为省级文物保护单位，德庆三洲岩摩崖石刻的重要价值是不言而喻的。《三洲岩诗文全录》的前言对此早已有所阐发，徐伟坚在《德庆三洲

① 杨文骏修，朱一新纂，关棠、黎佩兰续纂：（光绪）《德庆州志》，见广东省地方史志办公室：《广东历代方志集成》，广州：岭南美术出版社，2009 年，第 783－784 页。

岩摩崖石刻的价值探讨》一文中作了较为全面的阐述。该文认为“三洲岩摩崖石刻蕴含了大量的历史信息，具有很高的历史价值、文学价值和书法艺术价值，是岭南优秀历史文化遗产的重要组成部分”①，而德庆三洲岩新发现的皇祐五年元绛《闵忠诗》摩崖题刻，是三洲岩目前所见最早的摩崖石刻作品，其历史、文学和书法艺术价值自不待言。

上文从历史文献的角度，对该题刻进行释文、校勘和初步考证。其文学价值如何，则非本文所能阐发，故暂付阙如。这里再略谈元绛《闵忠诗》题刻的书法艺术价值及保护建议。

一般而言，古代摩崖石刻的“题”者与“书丹”者，未必是同一人，而镌刻者多为工匠。三洲岩元绛《闵忠诗》云“元绛题”，但无另署“书丹”者，故可判断该石刻“题”者与“书丹”者实为同一人，即元绛。

元绛为北宋大臣、文学家，其传世书迹极少。据笔者所了解，不过三件：其一，福建于山景区现存的摩崖石刻，元绛题“金粟台”，篆书；其二，传世《二王手泽》卷后宋人众多题跋观款中，有元绛的题跋；其三，德庆三洲岩元绛题并书《闵忠诗》，楷书。前两则书法作品，笔者尚未见到，难以评价。而元绛所作大字楷书《闵忠诗》，用笔稳健，结体宽博，给人厚重、威严之感，十分接近唐代颜真卿晚年代表作——《颜勤礼碑》的书法风格。颜氏楷书对宋人影响深远，这在岭南摩崖石刻中宋人的题刻书法可以得到直观反映。元绛《闵忠诗》题刻是其中的典型。除了篆书大字摩崖题刻、手卷小字题跋，元绛可能还擅长其他风格的楷书笔法。而他在书写《闵忠诗》时，诗歌流露的浩然正气与刚正雄强之风，恐怕非厚重宽博的颜楷无以借由传达。因此，可以说，元绛题并书《闵忠诗》，其题诗内容与书法艺术形式是高度统一的。

元绛《闵忠诗》题刻失而复得，重现三洲岩洞中，这将是开发建设后的三洲岩景区最重要的石刻文物。目前，三洲岩洞中有不少题刻已被上漆描红。这对于榜书题刻而言，字大且深刻，尚不失石刻的书法意味；但对于小字浅刻或行草书体的题刻而言，上漆描红，极容易造成石刻书法的

---

① 徐伟坚：《德庆三洲岩摩崖石刻的价值探讨》，《遗产与保护研究》2018 年第 8 期，第 127 – 130 页。

“解构”——用笔呆滞，线条迟钝，甚至描错笔画，等等。这无异于“破坏”石刻文物，对这种行为应当慎之又慎！有鉴于此，笔者认为，由于元绛《闵忠诗》题刻近地面，游客可以一览无余地进行观摩，应当原貌保存和展示。切忌对其上漆描红，也没必要在石刻笔画中涂上“白粉”——此举纯属画蛇添足。同时，为防止该题刻被乱画、乱刻，应考虑采取适当的防护措施，如隔离石刻使游客保持一定距离观摩或在石刻壁面加一层钢化玻璃防护等，以确保石刻文物的安全。

图1　三洲岩元绛《闵忠诗》摩崖石刻全貌（刘晓生　提供）

图2　石刻局部照片（刘晓生　提供）

三洲岩摩崖石刻的佚刻、压刻与赝刻

周　军①

摘　要： 德庆三洲岩摩崖石刻，其中宋朝和明朝的最多，从方志记载来看，这些摩崖石刻有不少是真刻，而且保留至今，但是石刻中的佚刻、压刻、赝刻现象较为突出，其中佚刻18题，压刻5题，赝刻6题。佚刻的重新发现还有待于考古发掘，压刻所磨去的旧刻已无法恢复，赝刻虽然有作伪之处，但也有保存价值。

关键词： 三洲岩摩崖石刻；佚刻；压刻；赝刻

出版于1899年的光绪《德庆州志》卷一四艺文志三“金石”篇记载了宋、元、明三朝的德庆三洲岩摩崖石刻，其中宋朝和明朝的石刻居多，从方志记载来看，这些摩崖石刻有不少是真刻，而且保留至今，但这些石刻中也存在着佚刻、压刻和赝刻的现象，对这些石刻的辨别和讨论，有助于认识三洲岩摩崖石刻的历史变迁和真伪问题。

一、佚刻

佚刻主要是宋朝的石刻，也有明朝的石刻。下文中1～9题为宋刻，10～14题为明刻。德庆光绪志记载的宋朝石刻约有37题，其中散佚和被后人磨去的共有18题，应存19题。按照统计，三洲岩现存石刻宋代有9题，明代有79题②。所以，晚清以后，宋朝石刻还有被磨灭和毁损的情况。

---

① 周军，博士，肇庆学院旅游与历史文化学院副教授。

② 徐伟坚：《德庆三洲岩摩崖石刻的价值探讨》，《遗产与保护研究》2018年第8期，第127－130页。

1. 祖无择的《三洲岩铭并序》

祖无择的铭和序很受时人重视，徐伟坚和欧清煜都曾提到。据光绪《德庆州志》记载，该铭和序“阮通志、府志俱未著录，今遍索不获。此见陆志。旧志三洲岩条下不系年月，故附于题名后。考陆志，明陈贽《三洲岩记略》云，东坡题名在岩前平石上，有祖无择者，岂宋时常守袁州者耶？乃于岩前高石上篆书长篇。据此当在北岩上。同治间，土人轰北岩口石，以烧灰，此刻想在隳灭矣”①。

祖无择《三洲岩铭并序》道光间修省志、府志时未录，同治间又毁掉岩石，铭文没有对证，光绪间修志也未见。该铭与序是否真的是摩崖石刻仍然存疑。但是考虑到道光《广东通志》未收南琴题名②，另据德庆光绪志记载，宋朝范子仪题名“次于祖无择序铭前”③，说明祖无择《三洲岩铭并序》的确存在。所以，这则石刻可算作佚刻。

2. 元绛《悯忠诗》和《闵封州守曹觐》诗

光绪《德庆州志》记载：“阮通志、府志未著录。此见旧志祠庙。叶盛《菉竹堂碑目》，‘悯’作‘闵’云。元绛题皇祐五年。《四库（全）书》地理类《方舆胜览》提要云‘真迹石刻尚在三洲岩’。今岩内无之，当为他刻磨去。……又元绛《闵封州守曹觐》一诗，亦刻岩中。今并佚。”④

据媒体报道，《悯忠诗》石刻已被挖掘面世。

3. 林积等三洲岩题名

光绪《德庆州志》记载：“题名今佚，阮通志、府志均未著录。此见《菉竹堂碑目》。”⑤

4. 王彭年题名

光绪《德庆州志》记载：“右王彭年题名，正书在三洲岩，为明刻徐

---

① （光绪）《德庆州志·艺文志三》，见广东省地方史志办公室：《广东历代地方志集成》，广州：岭南美术出版社，2009 年，第 538 页。下文只注方志卷名和页码。

② （光绪）《德庆州志》记载：“右南琴题名，隶书，在三洲岩，熙字下宁字完好，不知阮《通志》何以缺之也。”（光绪）《德庆州志·艺文志三》，第 539 页。

③ （光绪）《德庆州志·艺文志三》，第 544 页。

④ （光绪）《德庆州志·艺文志三》，第 538 页。

⑤ （光绪）《德庆州志·艺文志三》，第 539 页。

璿磨去。”①

5. 党逑三洲岩留题

光绪《德庆州志》记载：“右党逑留题，今佚。阮通志、府志皆未著录。此见《菉竹堂碑目》。案，石室岩有宋党逑大观己丑诗刻。己丑即三年，岂宋误为党耶？然岩内亦无宋逑刻，想已磨灭矣。”②

6. 陈禾等三洲岩题名

光绪《德庆州志》记载：“右陈禾题名，今佚。阮通志、府志未著录。此见《菉竹堂碑目》。”③

7. 范正国三洲岩题名

光绪《德庆州志》记载：“右范正国题名，今佚。阮通志、府志未著录，此见《菉竹堂碑目》。”④

8. 郑安恭等三洲岩题名

光绪《德庆州志》记载：“郑安恭题名，今佚。阮通志、府志未著录，此见《菉竹堂碑目》。”⑤

9. 陈焘等三洲岩题名

光绪《德庆州志》记载：“右陈焘等题名在三洲岩，今佚。”⑥

10. 娄政诗

光绪《德庆州志》记载：“右娄政诗，正书，在三洲岩，沈声诗刻左，为太监傅伦诗刻磨去⑦。”

又据光绪《德庆州志》记载：“右沈声诗，正书在三洲岩李宠诗刻下。”⑧

据此，磨去的应为娄政诗。

---

① （光绪）《德庆州志·艺文志三》，第540页。
② （光绪）《德庆州志·艺文志三》，第542页。
③ （光绪）《德庆州志·艺文志三》，第542页。
④ （光绪）《德庆州志·艺文志三》，第543页。
⑤ （光绪）《德庆州志·艺文志三》，第544页。
⑥ （光绪）《德庆州志·艺文志三》，第544页。
⑦ （光绪）《德庆州志·艺文志三》，第551页。
⑧ （光绪）《德庆州志·艺文志三》，第551页。

11. 叶照等嘉靖丙申题名

光绪《德庆州志》记载:“右叶照等题名,正书,在三洲岩。案此刻磨去,前刻右上有族游字,左上有骇字,下有我字,尚可辨。”①

12. 嘉靖肇庆府知府李宠“三洲洞”题字

光绪《德庆州志》记载:“右李宠题字,正书在三洲岩。案,此刻磨去。”②

13. 贺泾题名后无名诗

光绪《德庆州志》记载:“右贺泾题名后有诗刻,磨去前人者,模糊不可辨。”③

14. 无名诗“分明数亩神仙宅”

光绪《德庆州志》记载:“右诗正书无书人年月,在三洲岩内,后幅为卢璘诗刻磨去。”④

二、压刻

所谓压刻,方志记载中多为明刻压宋刻。压刻的存在,使得石刻字迹模糊不清,辨认困难。

1. 李松、祖无择题名

光绪《德庆州志》记载:“右李松题名,正书左行,在三洲岩。今为明查应兆题名压刻。然明刻颇瘦小,故字犹具体可辨。”⑤

2. 周敦颐题名

光绪《德庆州志》记载:“右濂溪题名,正书,在三洲岩。《菉竹堂碑目》著录为熙宁元年季冬。旧志、府志载此刻,并作濂溪周敦颐茂叔熙宁元年戊申季冬廿六日游。今剥泐已甚,所见仅此耳。以旧志、府志并载,

① (光绪)《德庆州志·艺文志三》,第559页。
② (光绪)《德庆州志·艺文志三》,第561页。
③ (光绪)《德庆州志·艺文志三》,第563页。
④ (光绪)《德庆州志·艺文志三》,第565-566页。
⑤ (光绪)《德庆州志·艺文志三》,第537页。

故知为濂溪题名也。元字以下又为明李文凤题名压刻，其迹尚灭没可辨。”①

又据光绪《德庆州志》记载：“右李文凤题名，行楷书，在三洲岩。案，此刻压宋周茂叔题名上，戊戌为嘉靖十七年。”②

3. 忠景赵侯诗并序引

光绪《德庆州志》记载：“右陈禾序诗残字分书，在三洲岩，为明孙某诗压刻。序可读者仅四五句，诗可读者仅三四句。”③

又据光绪《德庆州志》记载：“右孙某残诗草书在三洲岩。案，此诗压刻宋陈禾《忠景赵侯诗序》上，故字多模糊，不可辨识。”孙某于弘治戊午年游此地④。

4. 叶照嘉靖十八年题名

光绪《德庆州志》记载：“右叶照等题名正书，在三洲岩。首行压刻宋祖无择题名。”⑤

5. 查应兆嘉靖壬寅题名

光绪《德庆州志》记载：“右查应兆题名正书在三洲岩。案，此压刻宋祖无择残字，壬寅为嘉靖二十一年。”⑥

三、赝刻

所谓赝刻指的是字迹本身非作者所写，或石刻错误。

1. 祖无择皇祐二年题名

光绪《德庆州志》记载：“右，祖无择题名，在三洲岩，今遍搜岩内祖无择题名有二，皆与此不同。想为他刻磨去矣。阮通志称，是时无择任转运判官。府志则谓，考是年惠州长寿涧题名，乃提点诸州刑狱。然《宋

---

① （光绪）《德庆州志·艺文志三》，第539页。
② （光绪）《德庆州志·艺文志三》，第560页。
③ （光绪）《德庆州志·艺文志三》，第544页。
④ （光绪）《德庆州志·艺文志三》，第555页。
⑤ （光绪）《德庆州志·艺文志三》，第560页。
⑥ （光绪）《德庆州志·艺文志三》，第560页。

史》本传云历知南康军、提点淮南广东刑狱、广南转运使，是提点兼转运。观连州大云洞题名，书广南东路水陆计度转运使，可证。但史称提点在先，转运在后，岂先以提点来，后加转运耶？盖惠州在二年，连州在四年也。”①

方志指出了祖无择题字的字体差异，并推究了祖无择任官的时间，此刻的真实性显然有疑问，应是赝刻。

2. 祖无择“嵩山樵叟”题名

光绪《德庆州志》记载：“右祖无择题名，正书，在三洲岩南山庵。春字上五字，为明叶照等题名压刻，右为祐字偏旁，则上一字，当是皇字，前同游此独游，然审其笔意，颇与前刻不类，岂后人赝作耶？”②

方志从笔意分析，疑为后人赝刻。

3. “东坡遗迹”题名

光绪《德庆州志》记载：“右苏东坡题名，正书左行，在三洲岩北岩口土面，字体欹斜，顺石势为之。《菉竹堂碑目》、翁方纲《粤东金石略》均已著录。旧亦为石所压。《通志》云，仰刊石底者，误也。光绪十六年，黎佩兰与州人李永珍、梁士杰命工□石，始能摩拓，审东坡遗迹四字，殆后人指刻者。”③

光绪十六年（1891），方志编修者黎佩兰通过实地考察，指出“东坡遗迹”为后人所刻，非真迹。

4. “玉乳岩”题名

光绪《德庆州志》记载：“右三大字，正书，无姓名年月，在三洲岩内，谢静斋题名下。掘土二尺许，始露。据《李忠定集》（详山川）。旧志山川，三洲岩下云，李纲题，亦不系年月，今刻完好，未敢必其为纲书，或原迹湮没，好事者重刻之，遂不复书姓名年月耶。末稍远，有洪武十四年数小字，当是别刻所遗。阮通志、府志均未收。惟《菉竹堂碑目》、赵灵均《金石林时地考》并著录云，建炎庚戌夏五，想旧刻年月俱全，今磨

① （光绪）《德庆州志·艺文志三》，第537页。

② （光绪）《德庆州志·艺文志三》，第537－538页。

③ （光绪）《德庆州志·艺文志三》，第540页。

灭耳。庚戌为建炎四年，今姑附此。”①

方志虽据《菉竹堂碑目》确定此刻时间，但仍怀疑三字为李纲书写，又怀疑为“好事者重刻之”，该刻应为赝刻。

5. 伍希儒诗与序

光绪《德庆州志》记载伍希儒诗序说：“戊寅四月四日，予因往八桂，过肇庆，时同行巴山王宪副虚斋，郑少参，约登三洲岩，二诗纪兴。”

又载：“右伍希儒诗，正书在三洲岩，皇甫涣诗刻左。案，王弘游在甲戌，去此已四年矣。而此题同行。……此云，戊寅往八桂，则断非甲戌游而戊寅始刻石，岂王曾再三游欤？前虞刻甲子亦云，从游。惟王记有虞名而无伍名也。戊寅为正德十三年。”②

戊寅为正德十三年，即1518年，而甲戌是1514年，方志认为“断非甲戌游而戊寅始刻石”，所以，此刻为赝刻。

6. 虞大韶正德丙子年诗“天然仙洞廓而清”

光绪《德庆州志》记载：“大明正德丙子春三月，清溪局势虞大韶，浙江义乌人，时从巴山王老先生游，因题此以识岁月云。”

又载：“右虞大韶诗，行楷书，在三洲岩南岩口东。案，上王弘记为甲戌游。此云丙子，则相去二年矣。或王再游，抑虞刻后镌也。丙子为正德十一年。”③

丙子为正德十一年，即1516年，甲戌为1514年，相去二年。其理由与伍希儒诗序一致。此刻为赝刻。

四、结语

宋朝到明朝，三洲岩摩崖石刻的保存情况并不乐观，到明朝时，已有石刻模糊不清，不可辨认。比如正德十年（1515）的一首诗“仙山奇胜一来游，草木回春瘴雾收”，“题名处已不可辨识”④。这都给研究三洲岩摩崖

---

① （光绪）《德庆州志·艺文志三》，第543页。
② （光绪）《德庆州志·艺文志三》，第557页。
③ （光绪）《德庆州志·艺文志三》，第556–557页。
④ （光绪）《德庆州志·艺文志三》，第556页。

石刻带来一些障碍。而石刻中的佚刻、压刻、赝刻现象较为突出，从文献中看，三洲岩摩崖石刻中的佚刻有 18 题，压刻有 5 题，赝刻有 6 题，这种现象的存在增加了研究难度。佚刻的重新发现还有待于考古发掘，压刻所磨去的旧刻已无法恢复，赝刻虽然有作伪之处，但也有一定的保存价值。

光绪《德庆州志·金石》著录三洲岩石刻初探

钟玉发[①]

摘　要：德庆三洲岩自宋代以来就引致众多造访者，留下了丰富的题刻资料。但是，迭经千年的自然损耗和人为损害，其数量在不断减少。晚清著名学者朱一新主持编纂光绪《德庆州志·金石》尽可能地广泛搜集、考释和著录相关石刻文字，无疑具有保护和传承历史文化遗产的重要意义。三洲岩之所以受到历代士夫学子的流连和题咏，除了其作为名胜山灵水秀、石奇洞幽之外，还与葛洪曾驻洞修炼的传说以及周敦颐、苏轼、李纲、陈献章等硕儒名士到访所形成的轰动效应密不可分。当然，三洲岩石刻保存了丰富的地方历史文化信息，具有重要的学术价值。

关键词：三洲岩摩崖石刻；光绪《德庆州志》；黎佩兰

所谓“金石”，通常指的是刻画在钟鼎彝器和碑碣石刻上的文字与图像。自宋代以至清代，经过长期酝酿和发展，形成了独具特色的金石学。清代学者缪荃孙曾将其用途分作两大类，一为书法鉴赏，二为考据，他对后者更为青睐，指出：“二家皆见重于艺林，惟考据家专注于小学、舆地、职官、氏族、事实之类，高者可以订经史之讹误，次者亦可广学者之闻见。繁称博引，曲畅旁通，不屑以议论见长，似较专主书法者有实用矣。”[②] 晚清名学者朱一新则指出：“石刻之益于史者，惟年月、地理、官制诸端，须史学通贯，乃能及之。其中真赝错出，宜加审订，未可全据

---

① 钟玉发，博士，肇庆学院旅游与历史文化学院副教授。

② 缪荃孙：《王仙舟同年金石文钞序》，见《艺风堂文续集》卷五，上海：上海古籍出版社，2002 年，第 230 页。

也。”因此，他认为：“金石可证史，不可证经。”① 今人更是充分认识到了金石文字的重要学术价值，有学者指出：“金石学是研究地方文献的头首资料，价值甚大。”②

三洲岩摩崖石刻位于今德庆县城东，自宋代以来就引致众多造访者，他们往往兴之所至，吟哦唱酬，命工刻石，留下了丰富的题刻资料。就其内容来看，既有文采飞扬的诗、铭之作，也有仅具其名的三两之言；作者之中不乏达官显贵、硕学鸿儒，也有普通士人、学子，甚至还有特殊群体如宦官等。这些题刻在当时或许仅为一时应景之作，但是在千百年后的今天看来，它们保存了丰富的历史文化信息，其中不乏极具学术价值之力作，值得认真探究。

一

德庆位处粤西要冲，历史上行政建置迭经变更，其对号称地方“百科全书”方志的编纂也较为频繁，其中光绪《德庆州志》内容充实、体例得当，颇受重视。该志卷十四就是《金石》，三洲岩摩崖石刻悉数著录其中。由于该志由名学者朱一新主纂，“金石”一门获得格外关注，其纂辑又由其得意弟子黎佩兰等具体操作，因此成书质量上乘。

朱一新（1846—1894）是浙江义乌人，曾师从诂经精舍山长俞樾（1821—1907），深受“训诂主汉学，义理主宋学”以及“中学为体，西学为用”的师训面命③。他于光绪二年（1876）成进士，选翰林院庶吉士，授编修。因上疏言事激怒慈禧太后，遭懿旨切责，罢归田里。光绪十三年（1887）八月42岁时，应两广总督张之洞邀请主讲肇庆府端溪书院，凡两

① 朱一新：《无邪堂答问·答问金石学问》，北京：中华书局，2000年，第174－175页。

② 林天蔚：《地方文献论集》，转引自冯尔康：《以方志、族谱、金石碑刻为内涵的“地方文献”新概念的提出与运用——评林天蔚教授新著〈地方文献论集〉》，《中国地方志》2005年第4期，第42－47页。

③ 缪荃孙：《俞樾行状》，转引自盛朗西：《中国书院制度》，上海：上海书店，1991年，第158页。

年。光绪十五年（1889），出任广州广雅书院山长，计五年[①]。

实际上操持光绪《德庆州志》纂修、辑刻的黎佩兰（生卒未详，字咏陔）是附城（今肇庆高要）人，“醇颖嗜学，从义乌朱一新先生学于端溪、广雅两书院，究心舆地天算之学。光绪辛卯（1891）举于乡，绝意仕进，家居授徒，从游者多文行兼饬之士”。黎佩兰因受到时代潮流和朱一新所倡导的“新学”影响，为学具有新旧学兼容并注重实用的特色。据载，他擅长天文、舆地、测量、历算等学，“尝制直倒二景晷、天体仪、地球仪、测量度板，精确不爽锱铢。著有《志陶轩笔述》一卷、《告蒙编》十卷及《肇庆城街道图》，均已梓行。其未梓者有《制日晷法》《测量法要》《经纬线发凡》等。在端溪书院，日与同里蔡家驹罗图布算，昕夕攻苦。家驹有《天算捷表》，刻入《端溪丛书》，内附高要县晷景表，（黎）佩兰所同算者也。尚有《太阳高弧方位表》《出入朦景表》《更漏中星表》，则同算而未竟者”[②]。黎佩兰还精通医术。光绪二十年（1894），岭南爆发鼠疫，死者连年。黎佩兰悉心研究罗汝兰《鼠疫汇编》，提出有效的治疗方案，救治了许多患者。后来，他据此撰写了《时症良方释疑》，成为有价值的医学专著。另外，他还著有《景教流行中国碑考》，显示了其对金石学的熟稔[③]。因此，黎佩兰其实是一位兼擅各科、学识广博的学者。

据载，光绪戊子（1888）朱一新主讲端溪书院。次年，前德庆知州杨文骏嘱修《德庆州志》，但适逢两广总督张之洞檄调广雅书院山长，因此朱一新“发例，翻辑长编，诏（黎）佩兰、泊龙君凤章、梁君廷赓、蔡君家驹任分纂”。朱一新读罢前修《德庆州志》后指出：“舆图、村镇、山川、金石，旧志略甚，奈何？”当时，黎佩兰正专注于书斋文献的“爬梳钩逸”，因此未能作答。但是，不久事情就有了进展。“其年秋，李君（案，指李永銻）挈其友梁君士杰、郭君肇勋自州来院，条说山川，辨订

---

① 马呈图纂辑：（宣统）《高要县志·人物篇三·寓贤》，台北：成文出版社，1967 年，第 1151 页。

② 马呈图纂辑：（宣统）《高要县志·人物篇一·列传二》，台北：成文出版社，1967 年，第 1008－1009 页。

③ 朱一新：《无邪堂答问·评黎佩兰的景教流行中国碑考》，北京：中华书局，2000 年，第 48 页。

形壤……先生忻快者累日，讯以三洲石刻，佥言当返州徐商。未几，书来召。（黎）佩兰黾勉鸠索，得州中羡财百金，相掎陟锦裹之巅，橅佛迹之石，盘桓岩罊者匝月，剔幽搜滞。甫竟，而西潦大至。”因此，光绪《德庆州志·金石》由朱一新亲自拟定编纂体例，并由其徒黎佩兰等结合文献记载与金石实物辑刻而成①。清人梁修也记述：“往年，朱侍御主修德庆志，采访使黎咏陔搜岩刻几遍。”②

黎佩兰等受师命编纂“金石”时，还注意吸收前贤往学的成就与方法。举例来说，乾嘉时期著名考据学家阮元（1764—1849）极为注重金石资料，编纂、辑刻有《积古斋钟鼎彝器款识》《山左金石志》等。他在两广总督任上主持编纂的道光《广东通志》以及受其檄令并经由考据学家江藩纂修的道光《肇庆府志·金石》就特别注重著录各种金石资料，在广东方志界产生深远影响。因此，黎佩兰等重修光绪《德庆州志·金石》时就注意参考道光《广东通志》与《肇庆府志》，他对相关石刻的考释更是处处以“阮通志”或“省志”“府志”为参照，或予增补，或予校正。

因此，在朱一新指导、黎佩兰等实际操持下，光绪《德庆州志·金石》著录了大量珍贵的金石资料，如元代的《德庆路镇遏万户王侯政绩碑》、明代的《进士题名记》等，保存了粤西一带的政治、军事、民族与教育等方面的资料。其中，最值得称道的就是该志还搜集、整理和著录了著名的三洲岩摩崖石刻资料。这批题刻总计有170余刻，其中属于宋代的作品约36刻，其余均为明代作品。黎佩兰等亲赴现场勘察石刻实物，并注意广征博引，详加考校，因此成书质量可靠，学术和文化价值显著。

二

千百年来，众多士夫学子对三洲岩流连忘返，热衷于在岩壁上刻铭、题诗，久盛不衰，个中原因除了其作为名胜山灵水秀、石奇洞幽之外，积

---

① 黎佩兰：《德庆州志跋》，见杨文骏修，朱一新纂：（光绪）《德庆州志》，台北：成文出版社，1974年，第1345－1346页。

② 梁修：《三洲岩记》，见欧清煜、林瑞球：《三洲岩诗文全录》，北京：中国文联出版社，2000年，第6页。

淀其上的道教文化底蕴以及历代硕儒名士到访所形成的轰动效应不容忽视。不过，三洲岩石刻的人文情怀及其题刻主题、内容前后略有不同，其中宋代遗留的题刻大多为纪事之作，而明代到访者的作品则主要为写景、抒怀以及表达对超凡脱俗的由衷向往以及先哲名士的礼敬之情。

三洲岩石刻道教文化底蕴的积淀当起始于东晋道教丹鼎派著名学者葛洪隐修于三洲岩的传说，北宋时期端溪宰萧渊言《留题三洲洞》诗就有“洞中古老传仙迹”之句，自注谓：“相传有宠眉皓首者隐是洞。”① 三洲岩之得名也与传说中的东海蓬莱、方丈、瀛洲“三神山”有关，据称：“三洲岩，在德庆州东七十里，取蓬莱第三洲之名，一名玉乳岩。中有石室，室有石乳，苍绿色，间类佛像、钟磬、玉麟、游鱼之属。相传有皓叟修真于此。”② 清人大体沿袭此说，如屈大均有曰：“古有皎叟修真于此。”③

至于明确记述说葛洪曾在三洲岩炼丹的是明朝人李逢升，他说：“勾漏令葛稚川曾炼丹于此。”④ 揆诸史实，葛洪（284—364）的确曾出任勾漏令。史载，光熙元年（306）时，葛洪受命出任广州参军，后因变乱而往广州附近的罗浮山隐修。年老后，“欲炼丹以祈暇寿。闻交趾出丹，求为句屚令”⑤。但是，“句屚”在哪里存在不同说法。一说“句屚”即“勾漏”，古勾漏县在今越南河西省石宝县，隋废。另一说，勾漏在今广西北流县境内⑥。因此，葛洪其人在三洲岩炼丹、修行之说并无确凿史实依据，充其量只能算是明朝人的传闻而已。清人梁修就对此说表示怀疑，他说：“宋以前（三洲岩）皆荆棘荒翳，无人迹，果有隐君子避地于此与否未可知，必实为稚川且侈神仙事，则凿矣。”⑦

---

① 杨文骏修，朱一新纂：（光绪）《德庆州志·金石上》，第1130页。

② 李贤等：《大明一统志·肇庆府》，明天顺五年内府刊本。

③ 屈大均：《广东新语·石语》，北京：中华书局，1985年，第115页。

④ 李逢升：《三洲岩记》，见欧清煜、林瑞球：《三洲岩诗文全录》，北京：中国文联出版社，2000年，第1页。

⑤ 房玄龄等撰：《晋书·葛洪》，长春：吉林人民出版社，1995年，第1142页。

⑥ 孔令宏：《从葛洪在岭南的史实论其道术结合的思想》，《广州大学学报（社会科学版）》2006年第2期，第23-28页。

⑦ 梁修：《三洲岩记》，见欧清煜、林瑞球：《三洲岩诗文全录》，北京：中国文联出版社，2000年，第6页。

不过，这并未妨碍人们确信葛洪曾在德庆炼丹修道。甚至有史料称德庆境内还另有一处葛洪的炼丹之处“葛仙园”，“在州东百三十里社山绝顶，有花园，相传为葛洪炼丹之所，今产踯躅花”①。直至今日，人们还信誓旦旦地宣称，始建于东晋的德庆县凤村镇北帝观就是葛洪当年修道、弘法和行医救人之所。因此，葛洪曾在三洲岩炼丹修行、著书立说的说法虽然并无明确历史证据，但是宋以来尤其明代人在其题刻之中仍然乐于把这一传说当作主题，并迭经反复题咏而形成深厚的文化底蕴，宣示了传统士夫学子共同的文化心理情结。

举例来说，景泰四年（1453），广东都指挥佥事尹通题诗谓：“山拥三洲紫翠堆，壶天深处是蓬莱。炉中丹药千年熟，洞口桃花几度开。石壁春雷龙起蛰，碧霞潭水鹤飞回。登临遍览仙家景，踏破云间一径苔。”② 看似泛泛地应景而言，但是主题终归还是围绕着“蓬莱”“丹药”“桃花”“仙家”等展开，而这几乎成为明代三洲岩题刻的通用主题和内容。

成化二年（1466）八月，广东左参议唐濩题诗曰：“三洲境上有蓬莱，此日登临亦乐哉。洗墨池干人已远，烧丹灶冷鹤还来。洞门四达青天近，石柱双擎白玉堆。览胜顿令尘虑息，倚云吟啸重徘徊。”③ 成化六年（1470）十二月，广东按察司副使涂棐自苍梧回舟抵三洲岩，登岸览胜，口占二绝，亦谓：“六丁宣力是何年？幻出三洲一洞天。洞里神仙何处去，空遗丹灶锁寒烟。”“陟涧梯云一径长，果然仙境异寻常。停骖试问岩前石，流水声中几夕阳。”④

甚至连统率大军平定“瑶乱”、戎马倥偬的两广总督韩雍于成化二年班师途经德庆时，也表示对葛洪在三洲岩“修真”之事想慕不已，其《题三洲岩》曰：“开辟分元气，陶镕属化工。一拳平地上，万象太虚中。感古思羊祜，修真慕葛洪。登临动高兴，长啸海天空。”⑤

明代人还尽其所能地进一步夯实三洲岩石刻的道教文化底色，其显例

---

① 杨文骏修，朱一新纂：（光绪）《德庆州志·考异》，第1325页。
② 杨文骏修，朱一新纂：（光绪）《德庆州志·金石下》，第1161页。
③ 杨文骏修，朱一新纂：（光绪）《德庆州志·金石下》，第1165页。
④ 杨文骏修，朱一新纂：（光绪）《德庆州志·金石下》，第1170页。
⑤ 杨文骏修，朱一新纂：（光绪）《德庆州志·金石下》，第1166页。

便是嘉靖丁未（1547）龚辉所题“瑶华洞天”之刻[①]。所谓“瑶华洞天”其实是道教神祇、著名“八仙”之一韩湘子的尊号，全称为“瑶华洞天帝主”，其居处之名就是“瑶华洞天”。龚辉虽然并未编造韩湘子曾驻洞修炼的传说，但是其隐喻意义不言自明。因此，东晋道教知名学者葛洪与唐代半人半仙韩湘子集中代言了三洲岩的丹灶炉火与仙风道骨。

三洲岩千百年来不断获得人们的流连、题咏其实还与其硕儒名士曾到访的效应密不可分，甚至许多题刻直接将此作为主题。其中，理学开山者周敦颐、大诗人苏轼等到访三洲岩及其题刻，都是后人追思、礼赞最重要的对象。

例如，明代正德十三年（1518），伍希儒题诗曰：“名岩素婴念，攀缘入洞天。平生尘累澹，独此幽赏偏。元公与坡老，余韵今流传。怅恨不同时，俯仰几千年。彩鹢讯西荡，追陪潘臬贤。徘徊共登眺，风日忽清妍。首夏气犹和，山花红欲燃。林禽杂新调，松风奏管弦。飞翠袭苎衣，落花舞离筵。遐想风云乐，细咏环滁篇。归去已忘言，孤舟月满川。”[②] 正统四年（1439），光禄寺丞李伯震游三洲岩，其题诗更是兼想慕葛洪“升仙”与礼敬周敦颐“乐道”而言之，曰：“维石岩岩紫翠连，元非禹凿自天然。旋磨崖壁镌新字，细看诗文忆古贤。茂叔南来曾乐道，葛洪西驻已升仙。老夫几度寻遗迹，云满高峰月满天。”[③]

有许多人在游览三洲岩之后并未题刻，但是其所作诗文所体现的思想倾向和文化特色其实与石刻内容并无根本差异。例如，明代岭南著名学者陈献章相关诗作便堪称典范地表达了对三洲岩道教文化底蕴的由衷赞颂和对理学开派者周敦颐的崇高礼敬。

据载，陈献章（1428—1500）于成化十七年（1481）即他54岁时到访三洲岩[④]，虽然没有在摩崖上题刻，但是事后作了数首意义深刻的诗作。其一题为“寄题三洲岩”，曰：“我行苍梧道，息桨荒江湄。连冈一以眺，

---

① 杨文骏修，朱一新纂：（光绪）《德庆州志·金石下》，第1202页。

② 杨文骏修，朱一新纂：（光绪）《德庆州志·金石下》，第1186页。

③ 杨文骏修，朱一新纂：（光绪）《德庆州志·金石下》，第1155页。

④ 阮榕龄编：《编次陈白沙先生年谱》卷二，见陈献章著，孙通海点校：《陈献章集》下册，北京：中华书局，1987年，第823页。

石室涵晚晖。前哲有题字，执炬往读之。迟回北壁下，目击元公遗。今古一相感，光风吹我衣。虫鸣丹灶中，葛仙胡不归？对之发长啸，宇宙今何时。圆蟾夜冏冏，蝙蝠秋飞飞。愿言托高栖，行矣无是非。”陈氏高足、著名心学家湛若水（1466—1560）为该诗作注解称：“赋也。苍梧，即今苍州之地。元公，周茂叔先生也。此题三洲岩之诗。言我息桨三洲，登连冈而望，则见石室涵晖，有茂叔之题名。秉烛而读之，古今相感，若光风之吹我衣也。此地旧有濂溪书院故云。然又世相传有葛仙丹灶，然仙迹渺茫，但令人发长啸而已。惟慕其景之胜，欲往栖之而无是非也。”① 陈氏《夜过三洲岩，读濂溪题名，示诸生》亦曰：“山容寂寞红叶老，江月照耀青天高。题名夜半寻周子，秉炬相随爱尔曹。”②

陈献章甚至借助三洲岩唱酬抒发寄情山林、超然物外的遁世修道情怀，其《答梅侍御见寄》曰：“群龙盛朝野，弱羽聊山林。行春忽倾盖，对榻山花深。引我一杯水，写君龙唇琴。永言歌大篇，风雅有遗音。乃知鹰鹯气，未惬鸾凤心。王事有驱迫，暮雨别江浔。离情落晚趣，再寄三洲吟。何以舒我怀，青天盼遥岑。”湛若水附注曰：“比而赋也。群龙，以比群贤。弱羽，鸟之翼弱不能远飞者，以自比。龙唇，琴名。风雅，《国风》《大雅》《小雅》也。鹰鹯，以喻击搏者。鸾凤，以喻温雅者。三洲，岩名，在德庆州。此答梅侍御之诗。言贤人满朝，而我则如弱羽之栖山林而已。今侍御行布，阳春忽来，倾盖相顾，对榻山花之深，酌我玄酒，而写心于琴，永言而歌，有《风》《雅》之音，因见鹰鹯不若鸾凤。但王事之驱迫，又将别去也。然别后又寄我三洲之吟，我但仰遥岑以怅望而已。”③

可见，三洲岩道家文化底蕴深厚，引得众多英豪流连向往，深刻地反映了传统士夫“入世”则奉行儒家信条而修齐治平，“出世”则崇尚道家情怀而逍遥自适的文化自觉与追求。

① 湛若水：《白沙子古诗教解》卷之上，见陈献章著，孙通海点校：《陈献章集》下册，北京：中华书局，1987 年，第 731 页。

② 陈献章著，孙通海点校：《陈献章集》下册，北京：中华书局，1987 年，第 548 页。

③ 湛若水：《白沙子古诗教解》卷之上，见陈献章著，孙通海点校：《陈献章集》下册，北京：中华书局，1987 年，第 730－731 页。

三

光绪《德庆州志·金石》著录三洲岩摩崖石刻主要为宋代和明代之作，其内容大多为想慕神道、礼敬先哲、题咏风光和抒发情怀，但是也有部分作品保存了丰富的历史文化信息，有助于地方历史文化研究。

1. 著录石刻资料，保存文化遗产

三洲岩石刻始自宋代，盛于明代，历经千年，不断受到损耗和大自然的侵蚀。据研究，现存石刻共计有86刻（一说90余刻），较之174人200余刻的早先统计显然减少了很多，其最主要的原因当然就是因年代久长而造成的侵蚀、损毁。因此，光绪《德庆州志》尽其可能地广泛搜集、整理、考证并著录相关题刻（大约170余刻），无疑具有保存史籍并使之“不可磨灭”的文化意义。

举例来说，今人认为，三洲岩现存“玉乳岩”三字为南宋名相李纲（1083—1140）所题原作。但是，西江潦涨时三洲岩曾遭浸泡，“题刻半湮”，“祖无择铭、李纲书遍访不可得”。[①] 因此，光绪《德庆州志》认为，李纲原作业已磨灭，今人所见“玉乳岩”三大字可能是“好事者”的重刻[②]。事实上，后世就此刻出现过误载。例如，清初屈大均记其事曰：“李纲书‘玉乳岩’三大字，祖无择铭之。”[③] 但是，其说遭到翁方纲的否定，因为北宋人祖无择不可能为南宋人李纲所题“玉乳岩”三字作铭[④]。

再如，熙宁元年（1068），周敦颐到访三洲岩，并留下题刻。光绪《德庆州志·金石》对此有详细记述，较之现存石刻原件远为完整、可靠。其言曰：“濂溪题名，正书，在三洲岩。《菉竹堂碑目》著录为‘熙宁元年季冬’，旧《志》、《府志》载此刻，并作‘濂溪周敦颐茂叔熙宁元年戊申季冬廿六日游’。今剥泐已甚，所见仅此耳，以旧《志》、《府志》并载，故知为濂溪题名也。‘元’字以下又为明李文凤题名压刻，其迹尚灭没可

① 杨文骏修，朱一新纂：（光绪）《德庆州志·山川》，第270页。
② 杨文骏修，朱一新纂：（光绪）《德庆州志·金石上》，第1131页。
③ 屈大均：《广东新语·石语》，北京：中华书局，1985年，第115页。
④ 翁方纲：《粤东金石略·肇庆府金石一·三洲岩诸石刻》，石洲草堂刊本。

辨。”又对周敦颐到访时的职衔进行了考辨：“《宋史》本传：‘熙宁初，知郴州，用赵抃、吕公著荐，为广东转运判官提点刑狱。’此殆为转运时，阳春铜石岩、高要石室大岩皆书‘转运判官’可证。”①

此外，由于年久损耗，有许多石刻原件无存，后人只能根据史籍记载予以复原。例如，北宋“名臣”祖无择（1011—1048）历官知南康军等期间，多次到访三洲岩，并留下题刻。其中之一便是《三洲岩铭并序》，但原刻早已磨灭，唯赖光绪《德庆州志·金石》从旧志转录才得以保存至今②。再如，大观三年（1109）五月“党逑三洲岩留题”以及癸巳仲春“陈禾等三洲岩题名”已佚，阮元《广东通志》、道光《肇庆府志》均未收录，光绪《德庆州志》从《菉竹堂碑目》转录，从而使该二刻重见天日③。

2. 补足缺失文字，订正误载误说

例如，皇祐二年（1050）二月祖无择来游时曾留下题名，光绪《德庆州志》记其事并考释事情的经纬说：“今遍搜岩内，祖无择题名有二，皆与此不同，想为他刻磨去矣。阮《通志》称：‘是时无择任转运判官。’《府志》则谓：‘考是年惠州长寿洞题名乃提点诸州刑狱。’然《宋史》本传云‘历知南康军，提点淮南广东刑狱、广南转运使，是提点兼转运。’观连州大云洞题名书‘广南东路水陆计度转运使’可证。但史称‘提点’在先‘转运’在后，岂先以提点来后加转运耶？盖惠州在二年，连州则四年也。”④

再如，著名诗人苏轼晚年曾贬谪儋州（今海南），后遇宋徽宗大赦北还，途经德庆时到访三洲岩，并留下题刻。光绪《德庆州志》对此高度重视，进行了详尽的记载和考证。其所著录之文为：“九月廿四日 子过叔党同至元符三年 游武陵弓允明夫东坡幼 东坡居士自海南还来 王元勋来观 黄期遇来观（俱正书在题名右）吴用之至此（行书，在题名左）东坡遗迹（正书，在题名旁）。”这显然有残损，其引阮元《广东通志》之言解释

① 杨文骏修，朱一新纂：（光绪）《德庆州志·金石上》，第1113页。
② 杨文骏修，朱一新纂：（光绪）《德庆州志·金石上》，第1110页。
③ 杨文骏修，朱一新纂：（光绪）《德庆州志·金石下》，第1124－1125页。
④ 杨文骏修，朱一新纂：（光绪）《德庆州志·金石上》，第1107－1108页。

说：苏轼之遗刻在“元祐党禁”中遭到“磨灭”，唯有此刻尚存，原因在于言：“石崩坠，覆压岩口外……此刻仰刊石底田，掘土三尺拓得之。”[①]然后又引道光《肇庆府志》的记载说，苏轼之刻未出土前人们怀疑其刻在高要石室黑岩，吴绮《七星岩志》又误将原刻所署“元符三年（1100）九月廿四日”来游改为“元符改元（案，即元符元年，1098）端午日，眉山苏轼挈家来游”，均为误载误说。其后，再简要记述该刻出土、整理、著录情况，并以按语方式考辨曰：“王文诰《苏海识余》记载，《陈白沙集·经坡亭诗》云：‘水绕寒柯雾半笼，游丝轻曳钓船风，三洲览遍题名处，间向坡亭说长公。’三洲岩在德庆峡中，坡公北还，与弓允明夫同游，其题名犹存，盖指此也。惟云岩在峡中，非是。又案，查慎行《东坡年表》云：‘七月初，至廉倳（潆）。’《东坡纪年录》云：‘庚辰（案，指元符三年，1100年）八月二十八日，刘几仲饮。十月十四日，过清远寺’。宋濂跋《乳泉赋》云：‘八月终自廉启行。’张世南《游宦纪闻》云：‘见东坡一帖云：某与儿子八月二十九日离廉，九月六日到郁林，七日遂行，不过旬日，到藤。’则到藤已九月中矣，未必特至康游三洲岩。然《东坡年谱·与郑靖老书》云：‘某留此过中秋，或至月末乃行，作木筏下水，历容、藤至梧，与迈约般家，至梧相会。’则东坡至藤后或即至梧，由梧至康，当在其时，十月十四已复在清远矣。’”[②] 不仅征引文献旁证苏轼确实到访过三洲岩，而且从时间上测定其来游的可能性，精准可信。

光绪《德庆州志》还注重对题刻的漏字进行增补，例如，嘉靖十五年（1536）九月，冯恩题刻草书诗曰：“冲虚涵远此昆仑，天作浑无斧凿痕。暗室明堂问岁月，石钟土鼓自乾坤。千年古窾嘘丹灶，六月余寒堕酒樽。便欲飡霞为鹤□，披襟吹笛□黄昏。灵岩□□落□□，石屋虚明小洞天。周子高栖窥太极，坡翁远到悟奇缘。容光几处能通月，玉树长生不论年。满目□□真太古，□□蓬岛更探□。”显然该诗叙述的是从“隐”者驻洞

① 据载，此刻由仪克中“掘土所获”。仪克中（1796—1837）曾补学海堂学长，阮元纂修《广东通志》时，他担任采访，负责搜集金石资料。他于道光元年（1821）来到德庆，在三洲岩掘土得石刻若干，苏轼所题便是其中之一。参见屠英等修，胡森、江藩纂：《肇庆府志·金石》，台北：成文出版社，1967年，第3182页；容肇祖：《学海堂考》，《岭南学报》1934年第4期。

② 杨文骏修，朱一新纂：（光绪）《德庆州志·金石上》，第1118－1121页。

炼丹到周敦颐到访、题名再到苏轼来游所形成的轰动效应等，展现了三洲岩不俗的历史。但是，由于缺失文字较多，读来颇为不便，故黎佩兰对之进行了详细的考实、补足，其言曰："诗载旧志《山川》。'鹤'下缺为'友'字，'笛'下缺为'坐'字，'岩'下缺为'北拱'字，'落'下缺为'洲边'字，'目'下缺为'洪荒'字，'更'下缺为'求仙'字。但此刻'更'字下是'探'字，非'求'字，则下'仙'字亦误，而'涵远'作'涵象'，'玉树'作'玉乳'亦非。"①

光绪《德庆州志》在著录相关题刻时还能设法考实作者的生平仕履，有助于进一步究明其人其事。举例来说，石刻中有《云窝》诗，其落款为："明嘉靖丙午冬吉参政广西张烜、参将广东武鸾同游，拟像烜题识并书。"其后，黎佩兰证实相关细节并根据他书补充相关人、事、时、地曰："张烜'云窝'二大字，正书，每字大五尺，诗草书在三洲岩。丙午为嘉靖二十五年。据《府志·职官》：烜，宜山人，进士，二十四年任分守参政，《通志》有传，翁方纲《粤东金石略》已著录。"②

由于迭经历代反复题刻，有些文字彼此覆压、混合，后人释读时难免会出现张冠李戴的现象。如题刻中有云："至人峰。峰至高，观者却步，余独乘兴至焉，因标峰名。明嘉靖己亥进士大夫岭西分巡佥事南昌东潭涂相题。"光绪《德庆州志》在著录该刻后指出，旧《德庆州志》以其作者为肇庆知府王泮显属误载③。

3. 承载历史文化信息，彰显学术价值

光绪《德庆州志·金石》还保存了部分他书失载的重要史料，其中之一就是元绛所作《闵忠诗》。史载，北宋皇祐四年（1052）广西壮族首领侬智高（1025—1055）起兵反宋，攻陷南宁、梧州等地后，顺西江东下，围攻康州（今德庆）。时任康州知州赵师旦亲率300余官兵迎战，兵败而殉节。元绛《闵忠诗》虽然意在赞颂赵师旦"殉节"，但是客观上具有保存史实的意义。该诗曰："转战谯门日再晡，空拳犹自冒戈殳。身垂虎口

① 杨文骏修，朱一新纂：（光绪）《德庆州志·金石下》，第1195－1196页。
② 杨文骏修，朱一新纂：（光绪）《德庆州志·金石下》，第1201页。
③ 杨文骏修，朱一新纂：（光绪）《德庆州志·金石下》，第1199页。

方坚坐，命弃鸿毛更疾呼。柱上杲卿余断节，袴间杵臼得遗孤。吁嗟天下英雄气，不愧西山士大夫。”黎佩兰考释曰：“元绛《悯忠诗》在三洲岩，为赵师旦作，阮《通志》《府志》未著录。此见旧《志》祠庙，叶盛《菉竹堂碑目》‘悯’作‘闵’云。元绛题‘皇祐五年’。《四库书地理类方舆胜览提要》云：‘元绛石刻尚在三洲岩。’今岩内无之，当为他刻磨去。黄登瀛《端溪诗述》载此诗，方舆胜览字多小异，‘谯’作‘焦’，‘冒殳’作‘把鈇’，‘坚’作‘安’，‘余断’作‘存大’，‘吁嗟天下’作‘可怜三尺’，‘士大夫’作‘大丈夫’，当是传写之异。”①

岭南地区民族成分复杂，时常发生动荡，战乱频仍，这在三洲岩石刻中也有反映。例如，成化十五年（1479）十月，广东按察司佥事赵瑺偕其友游三洲岩，题诗曰：“擘画应知藉六丁，石钟土鼓振空冥。诗碑苔剥年来换，石室云封夜不扃。闻道当时蛮竞触，独遗此地草无腥。游人未识避兵处，更拟摩崖为作铭。”②

颇为难得的是，三洲岩摩崖石刻中还有朱明宗室后裔与“遗臣”之作，落款为“大明楚国□□王孙朱蕴釽题”之石刻诗曰：“棱层玄石洞门前，一洞奇观一洞天。三岛十洲求未远，口游此地觅天迁。”黎佩兰后注曰：“右朱蕴（釽）诗，草书，不系年月，在三洲岩刘三房北上。”紧接其后的疑为明“遗臣”之作，题刻于南明隆武二年（清顺治三年，1646），诗曰：“胜迹三洲冠世奇，洞天百折斗□齐。何劳阆苑寻仙府，到此尘心即已离。”落款作“时大明隆武二年岁在丙戌春王正月□□。兄弟共事一方谒制台丁　恩上于端州，旋棹，登临摹石。罗定中路参将会稽傅□道、东山游击将军新安朱祚昌仝书”③。后一诗自注中有《春秋公羊传》用以表示“王者”正统的“春，王正月”一说，当为南明抗清复国者到访并留下的励志之作。

三洲岩题刻者之中，还有一些特殊群体如宦官。例如，“南琴题名隶书”之刻所记之事或为北宋仁宗嘉祐年间宦官南琴监军“靖寇”（案，

① 杨文骏修，朱一新纂：（光绪）《德庆州志·金石上》，第1110－1111页。
② 杨文骏修，朱一新纂：（光绪）《德庆州志·金石下》，第1174－1175页。
③ 杨文骏修，朱一新纂：（光绪）《德庆州志·金石下》，第1219－1220页。

“寇”指“交阯寇钦州”或“德庆瑶人乱”），其间史事隐约含糊，无法考实，但是对于本题而言更为重要的是原题刻采用的是隶书，而且所使用的字有若干个是武则天时期的“更造字”，这在书法史上极为罕见。此外，太监南琴担任监军，亦从侧面体现了宋代军事体制的特点①。

及至明代，明太祖朱元璋鉴于前代宦官专权之祸，开国之初便特立铁牌，禁止宦官“干预政事”，甚至规定宦官不得识字读书。但是，明代中后期，宦官干政愈演愈烈，甚至形成了臣民闻之色变的“厂卫”特务恐怖统治。太监不仅识字读书，而且有些人能吟诗作赋，颇显才华。这在三洲岩石刻中亦有体现，例如，钦差镇守广西都知监太监傅伦便曾游历到此，还留下诗作，其一书于正德十四年（1449）六月，曰：“鳌峰一鉴开，此处即灵台。万古中流柱，乾坤辟草莱。”其二（未署具体年月）曰：“久仰三洲岩，乘风挂片帆。泊舟来问道，秘卫请开函。”② 此刻实属罕见，极具史料价值。

① 杨文骏修，朱一新纂：（光绪）《德庆州志·金石上》，第1112－1113页。
② 杨文骏修，朱一新纂：（光绪）《德庆州志·金石下》，第1187页。

德庆三洲岩摩崖石刻文字与传世文献之互证

——以元绛《闵忠诗》及陈禾《忠景赵侯诗并序引》为例

张彩云[①]

摘　要：德庆三洲岩摩崖石刻多载风景咏诵及到此一游记录，仅少数记载史事。三洲岩摩崖宋代石刻仅有两则反映史事的诗题，即元绛《闵忠诗》及陈禾《忠景赵侯诗并序引》，两诗均涉以身殉国的康州知州赵师旦。三洲岩摩崖石刻文字与传世文献可以互为补证，石刻文字以其不朽之特征往往能纠正传世文献舛误，传世文献又反过来证明石刻文字的价值，同时还可以从石刻文字与传世文献的相同记录并证宋代特定场合下人物称谓的习惯。

关键词：德庆三洲岩石刻文字；传世文献；赵师旦

德庆是广东省的历史文化名城。它位于广东省中西部，是一座有着两千多年悠久历史的岭南古城，汉武帝元鼎六年（前111）时此处已设置端溪县，隶属苍梧郡。后苍梧郡几经废置与更名，至唐贞观十二年（638）复置州更名康州。宋绍兴元年（1131）以宋高宗潜邸升为德庆府。三洲岩位于德庆九市镇旧圩村委会三洲村，以“蓬莱第三洲”之意为名，又名仙翁岛。摩崖石刻有广义和狭义之分，广义的摩崖石刻是指人们在天然的石壁上摩刻的所有内容，包括文字、造像和图画。狭义的摩崖石刻则专指文字石刻，即利用天然的石壁刻文记事。本文所指德庆三洲岩摩崖石刻专指文字石刻。德庆金石以“三洲岩镌锲最富”[②]。据光绪二十五年（1899）《德庆州志》记载，自宋至清，三洲岩摩崖石刻约180多题，由于历史久

① 张彩云，历史学博士，肇庆学院副教授，主要从事中国古代史研究。

② （光绪）《德庆州志》影印本，上海：上海书店，2013年，第625页。

远，受自然风化和人为破坏的影响，目前尚存可见97题，其中宋代9题，明代79题，清代4题，年代不详者5题。德庆三洲岩摩崖石刻史料庞杂，内涵丰富，限于时间与精力，本文主要以宋摩崖石刻元绛《闵忠诗》及陈禾《忠景赵侯诗并序引》与现存相关纸上文献进行研究。摩崖石刻文字与传世文献本质上是一致的，都是研究历史弥足珍贵的史料。王国维先生所提倡之“二重证据法”为“以地下之新材料补正纸上之材料”，虽然石刻不算地下之材料，但其不易受后人篡改之特点亦与地下材料有同样特质，以石刻文字与传世文献互证，是重要的历史研究方法。

一、石刻文字与传世文献之相互印证

传世文献在撰著与流传的过程中难免会出现误笔和为尊者讳、为贤者讳、为亲者讳的曲笔，给学术研究带来诸多不确定性。或随着政治风向或其他因素订、改以前的文本，这些现象在中国古代不胜枚举。相对而言，摩崖石刻虽然也有后人翻录、翻刻的现象，但大多数石刻是当时或时隔不久刻上去的，属当时人记当时事，如元绛《闵忠诗》是所记事件发生的第二年所刻。陈禾《忠景赵侯诗并序引》刻题与所记事件相隔亦仅121年。尤为重要的是，刻录者通常不会故意改动底本，当然也不能排除出现误刻的情况。且金石文字是很难修改的，除非完全磨去原刻重新雕刻，否则就会被原样保留下来。由此，石刻文字通常要比传世文献更为原始，更易被视为一手材料，因此学界多以石刻文字验证传世文献。

德庆三洲岩石刻多为风景咏诵及到此一游记录，仅少数纪事咏人。按（光绪）《德庆州志》记载，三洲岩宋代石刻有36题，纪事咏人诗仅2题，即元绛的《闵忠诗》和陈禾的《忠景赵侯诗并序引》，且两诗都记叙同一史事颂扬同一人，即北宋康州知州赵师旦忠义殉国事迹。《宋史》有赵师旦传，传主要描述其壮烈殉国的事迹。可作为石刻文字验证传世文献之例。

赵师旦（1011—1052），字潜叔，山阳（今江苏淮安）人，少涉书史，尤刻意研究刑名之学，依荫试将作监主簿，步入仕途。累迁宁海军节度推官。赵师旦曾知江山县，“断治出己，吏不能得民一钱，弃物道上，人无敢取”[①]。因为政绩突出，被举荐改任大理寺丞，知彭城县，升任太子右赞善大夫，移知康州。赵师旦忠义殉国正是发生在其任康州知州时。宋皇祐四年（1052），侬智高起兵反宋，攻破邕州，顺流东下，时赵师旦刚到任二月，侬智高来攻。关于赵师旦忠义殉国的事迹，《宋史·赵师旦传》中有详细记载：开战前，师旦派人侦察敌情，探子回报“诸州守皆弃城走矣”，师旦叱骂之“汝亦欲吾走矣”。遍搜城中奸细，“得谍者三人，斩以徇”[②]。说明赵师旦在战前已下定决心与城同存亡。当敌人攻至城下时，赵师旦只有约三百兵，依然开门迎战，杀数十人。夜色降临，敌兵稍退。赵师旦拿出州印给夫人佩带在身，让她背着儿子藏匿起来。曰：“明日贼必大至，吾知不敌，然不可以去，尔留，死无益也。”此时赵师旦已知难逃死劫，但仍不愿州印落入敌手。“遂与监押马贵部士卒固守州城。召贵食，贵不能食，师旦独饱如平时；至夜，贵卧不安席，师旦即卧内大鼾。”此处以马贵对比赵师旦，更显赵师旦从容赴死之英雄气概。黎明时，敌军攻城愈急，左右请少避，赵师旦曰：“战死与戮死何如?”在赵师旦的激励下，众人皆愿为国战死，至城破无一人逃亡。弹尽粮绝后，赵师旦与马贵据堂而坐。被侬智高抓到后，赵师旦大骂曰：“饿獠，朝廷负若何事，乃敢反邪！天子发一校兵，汝无遗类矣。”[③] 侬智高大怒，把赵师旦与马贵一并杀害。侬智高一路势如破竹，相继攻破横、贵、龚、浔、藤、梧、封、康、端等州，不到两个月，直逼广州城下。在此过程中，大批朝廷命官弃城而逃，只有少数官员表现出英勇刚烈的气节与誓死护城守地的信念，赵师旦是其中之一，壮烈殉国时年四十二。

次年，广南东路转运使元绛出巡封、康二州，“愀然感之，作《闵忠诗》，书于康州三洲洞石”[④]，元绛所作《闵忠诗》有二首：《赠光禄少卿康州赵使君师旦》和《赠太常少卿封州曹使君觐》，分别缅怀赵师旦和曹觐。现据三洲岩石刻，录《闵忠诗》之《赠光禄少卿康州赵使君师旦》诗

---

① 脱脱等：《宋史》，北京：中华书局，1977 年，第 13154 页。
② 脱脱等：《宋史》，北京：中华书局，1977 年，第 13155 页。
③ 脱脱等：《宋史》，北京：中华书局，1977 年，第 13155 页。
④ 叶盛：《水东日记》卷十四，影印本，北京：中华书局，1980 年，第 140 页。

并序如下：

闵忠诗

皇祐四年夏五月，邕獠刬库兵称乱，陈船顺江，绝数郡。郡之守臣狃忕承平，弛武备，辙委符管避贼。独封、康二州将提罢卒数十，力战以死。明年春，予传车过二州，问其吏民，皆为出涕愀然，感之，作《闵忠诗》，书于康州三洲洞石。广南东路转运使、尚书司封员外郎、直集贤院武林元绛题。

赠光禄少卿康州赵使君师旦

使君亲斗城谯间，二日矢尽，军吏请避。使君麾曰："士不死敌，非壮也"。城门牡开，度必死，坚坐廷上。贼捽而害之，至绝诟詈不已。一子在褓中，其母拥树遁去，力屈蹬弃，三日还视，尚呱唬草间，闻者异之。

转战谯门日再晡，空拳犹自冒戈殳。
身垂虎口方坚坐，命弃鸿毛更疾呼。
柱上杲卿余断节，绔间杵臼得遗孤。
于嗟天下英豪气，不愧山西士大夫。

元绛《闵忠诗》题为"闵忠"，"闵"通"悯"，既敬仰英雄，又抑制不住悲悼和叹惋。《赠光禄少卿康州赵使君师旦》诗中描述了赵师旦壮烈殉国之事，"转战谯门日再晡，空拳犹自冒戈殳"反映了赵师旦兵力武器短缺，如赤手空拳对阵手拿兵器的敌人，犹自坚持抵抗到天黑。"身垂虎口方坚坐，命弃鸿毛更疾呼"说明赵师旦兵败城破，生命垂危依然面不改色，据堂而坐，在侬智高威逼利诱下大骂敌人，最终被杀害，壮烈殉国。"柱上杲卿余断节"，诗人把赵师旦比喻为参与平定"安史之乱"被俘骂贼而死的唐朝忠义之士颜杲卿。"绔间杵臼得遗孤"借春秋时期晋国公孙杵臼设计保护赵朔遗腹子逃生之典故喻赵师旦遗孤亦得逃生。诗的最后两句是颂扬赵师旦的英雄气概和士大夫气节。元绛《闵忠诗》之《赠光禄少卿康州赵使君师旦》石刻文字限于篇幅，虽不如《宋史·赵师旦传》详尽生动，但对赵师旦以身殉国的细节及气节的论述颂扬与《宋史》记载的内容大体吻合，可证传世文献真实可靠。《宋史》修撰时间仓促，卷帙浩繁，编修人员众多，考订不足，以致比较粗糙，为历代所诟病。但从三洲岩元绛《闵忠诗》之《赠光禄少卿康州赵使君师旦》石刻诗文看，《宋史·赵师旦传》还是比较可信的。

赵师旦慷慨赴死后，朝野上下作诗文歌颂。《石声编》序云："具于奏牍者二，状其行事者二，铭表其墓者三，记于祠堂者二，形于声诗者不可遽数。"[①]《诗话总龟》前集卷一引《云斋广录》云："士大夫作诗者众，而元厚之、李择思中诗最佳。"[②] 南宋刘克庄在其《重建忠景赵侯庙》中也认为："元绛《闵忠》之诗，尤悲壮。"[③] 元绛的诗能在众多歌颂赵师旦的诗文中脱颖而出，主要在于其客观述事的同时充分表现了赵师旦临危不惧、从容镇定、舍生取义的士大夫忠义气节。同一题材诗以最上乘之作题刻于三洲岩，足见三洲岩石刻诗题之质量。

二、石刻文字与传世文献之补、纠

石刻由于岁月的侵蚀和人为的破坏，许多题刻已然模糊、残缺甚而无迹可寻。石刻文字一题一刻，倘若损毁，便难以觅其原貌，而一事通常能在多种文献中留存记载。因此传世文献多能补石刻文字之阙。元绛为赵师旦作的《闵忠诗》于乾隆时修《四库全书·地理类·方舆胜览》提要中云"真迹石刻尚在三洲岩"。道光二年（1822）阮元主持修纂《广东通志》时并未著录此诗，光绪《德庆州志》中记载"今岩内无之，当为他刻磨去"[④]。即《闵忠诗》石刻乾隆时尚可见，道光时有可能已难在三洲岩觅其迹，故而阮元修通志才未著录，以致光绪时人以为此刻已被他刻磨去。1991 年，由北京大学古文献研究所编纂的《全宋诗》收录这两首诗，只能根据传世文献。据《西江日报》2015 年 12 月 2 日报道："九市镇三洲岩景

---

① 杨杰：《无为集》卷九，影印宋刻本，北京：中华书局，1991 年。

② 阮阅编，周本淳校点：《诗话总龟》，北京：人民文学出版社，1987 年，第 4 页。

③ 刘克庄撰，辛更儒笺校：《刘克庄集笺校》，北京：中华书局，2011 年，第 3864 页。

④ （光绪）《德庆州志》，影印本，上海：上海书店，2013 年，第 627 页。

区的溶洞里面进行工程建设时，从地下挖出一幅古代的摩崖石刻，其完好程度令人惊讶，……据县博物馆馆长徐伟坚介绍，这幅石刻是北宋年间，一个名叫元绛的诗人为纪念当时康州知州赵师旦带领部下抗击外敌英勇牺牲而刻。”至此，元绛题赠的《闵忠诗》消失之谜真相大白，原来石刻在乾隆之后因崩塌而湮灭，并非为他刻磨去。且重新出土之题刻保存完整，幸哉幸哉！

《闵忠诗》失而复现固然值得庆幸，但陈禾《忠景赵侯诗并序引》石刻并未如此幸运，该刻为明代孙某压刻，缺损严重，序可读者仅四五句，诗可读者仅三四句，无法窥其全貌。“案《菉竹堂碑目》有陈禾等三洲岩题名，既据以著录。”[①] 此为传世文献补充石刻佚题之范例。

传世文献对赵师旦的事迹及元绛《闵忠诗》的传录都曾出现一些争议，借助石刻文字，我们可以轻松纠正传世文献的讹误。

自宋以来，有关赵师旦记载的传世文献颇多，其中难免有抵牾之处，难以辨析。如当敌人攻至城下时，有传世文献认为其时“兵不满百”[②]。而陈禾《忠景赵侯诗并序引》石刻记有“三百羸兵”。《宋史》中记师旦只有“兵三百”，显然是采纳石刻之记载。

一些史书也对元绛《闵忠诗》的相关记载存有舛误，南宋时祝穆编撰的地理类书籍《方舆胜览》于名胜古迹多所胪列，而诗、赋、序、记，所载独备，对于了解南宋时期江南各地的风貌极具价值。但该书在记载各地名胜古迹时也有疏误之处，最有名的例子是该书记载元绛《闵忠诗》石刻在封州。明人叶盛《水东日记》卷十四：“按《方舆胜览》所载前赵师旦一诗在封州，又误以为魏砙作，亦讹数字，幸真迹石刻尚存三洲岩中可考也。予既得石本，装褫之云。”[③]《闵忠诗》石刻真迹至今留存德庆三洲岩，使文献记载的这些谬误不辩自明。

元绛为赵师旦作的《闵忠诗》后人诗集有传抄，如比元绛稍晚一点的北宋时人阮阅在其《诗话总龟·忠义门》前集卷一中收有该诗，但已出现

① （光绪）《德庆州志》，影印本，上海：上海书店，2013 年，第 633 页。

② 刘克庄撰，辛更儒笺校：《刘克庄集笺校》，北京：中华书局，2011 年，第 3865 页。

③ 叶盛：《水东日记》卷六，影印本，北京：中华书局，1980 年，第 140 页。

文字的差异："坚"作"安"，"余"作"存"，"吁嗟天下"作"可怜三尺"。[①]《全宋诗》收录该诗时应是参考了《诗话总龟》前集。清人黄登瀛的《端溪诗述》中亦载此诗，但字异更甚："谯"作"焦"，"冒殳"作"把钬"，"坚"作"安"，"余断"作"存大"，"吁嗟天下"作"可怜三尺"，"士大夫"作"大丈夫"。[②] 而三洲岩《闵忠诗》石刻的重见天日可以轻松纠正这些文字的谬误。另外，金石题识有裨于职官、年月的分辨，《菉竹堂碑目》中记陈禾等三洲岩题名时间为"癸巳仲春当为政和三年"。自政和癸巳迄乾道癸巳有六十年，时间相去不应这么远，应是"碑目误列于政和也"[③]，三洲岩石刻记"乾道癸巳"年月更合理。

20世纪90年代中期开始，德庆县博物馆收到消息：德庆县新圩镇石狮村的村民修水渠，不断挖出石俑、石羊等石雕。于是，西江网等网络媒体在2013年12月6日报道："赵师旦被杀害后被安葬在德庆县城附近的大山上。宋朝派大将狄青平定了侬智高的暴动后，朝廷追封赵师旦为光禄少卿，特许以将相规格安葬。宋朝灭亡后，赵师旦的墓葬逐渐难觅踪影。……按照这个宋墓的规格，墓葬的主人是康州知州赵师旦。"据《王介甫赠光禄少卿赵君墓志铭》："君死之后二日，而州司理谭必始为之棺殓。又百日，而君弟至，遂护其丧归葬。至江山，江山之人老幼相携扶祭哭，其迎君丧有数百里者。……而君弟以嘉祐五年正月十六日，葬君山阳上乡仁和之原。于是夫人王氏亦卒矣，遂举其丧以祔。"[④] 王安石与墓主为同时代人，且亲为其撰墓志铭，墓志铭很明确赵师旦死后二日，州司理谭必始为他进行棺殓，其后赵师旦弟弟护送其丧归葬，嘉祐五年（1060）葬赵师旦于山阳上乡仁和之原，夫人王氏死后也祔葬于此，且亦无文献显示康州有设赵师旦的衣冠冢。因此，现在德庆县新圩镇石狮村所出石雕，并非赵师旦墓前石像生。明代陆舜臣《题三洲岩顶诗》云："群羊化石倚云斜。"不知是否与此有关。虽然所出石雕并不属于三洲岩石刻文字，但是以文献推证地下出土文物，亦有异曲同工之旨。

---

① 阮阅编，周本淳校点：《诗话总龟》，北京：人民文学出版社，1987年，第4页。
② （光绪）《德庆州志》，影印本，上海：上海书店，2013年，第627页。
③ （光绪）《德庆州志》，影印本，上海：上海书店，2013年，第633页。
④ 王安石：《王临川全集》，上海：世界书局，1935年，第593页。

三、两种史料并现宋代某些特定环境下的称谓习惯

我国古代历史人物称谓有名、字、号，号还细分庙号、谥号、斋号等。中国古代的称谓较复杂，各朝各代或同或异，难以一言概之。即使同一人物，不同环境下称谓也会随之变化，倘若不了解各朝代人物称谓的习惯，很容易导致名号辨析模糊，人物混淆不清。陈禾的《忠景赵侯诗并序引》虽然残缺严重，但是在仅存的资料中也可以提取一些重要的历史信息。陈禾诗为八分书，作于宋孝宗乾道九年（1173），康州有祠祀师旦，题刻称师旦为“忠景赵侯”。这两点石刻信息史书有迹可循。康州是赵师旦忠义殉节之地，康州人向安抚使请求为赵师旦置屋以祠，率先“立庙祭之”[①]。《续资治通鉴长编》载，至哲宗元祐三年（1088），因广南东路经略司奏“请旌其忠”，朝廷“诏封州曹覲、康州赵师旦庙，载在祀典”[②]。到徽宗崇宁年间，该庙被赐额“忠景”。《舆地纪胜》载：“忠景庙，在府城东，赵师旦庙也。……崇宁，赐庙额曰‘忠景’。”[③]《宋会要辑稿》亦载：“赵师旦祠，在德庆府康州，徽宗崇宁三年九月，赐庙额忠景。”[④]赵师旦殉节后，康州人为他立庙祭祀，哲宗元祐三年朝廷把赵师旦庙纳入祀典，徽宗崇宁三年（1104）赐庙额“忠景”。《三洲岩诗文全录》中注“赵师旦谥‘忠景’”[⑤]，以为“忠景”乃师旦谥号，实则误把庙额当成谥号。谥号乃中国古代的帝王、贵族、达官显宦等死后，朝廷依其生前事迹给予一个盖棺定论性的称号，以代替生前之名字。按《建炎以来系年要录》卷一百二载“故右赞善大夫知康州赵师旦赐谥庄愍”[⑥]，师旦谥号为“庄愍”。按《谥法解》结合师旦战死殉国行迹，“庄愍”谥解为：“武而不遂曰庄，在国逢难曰愍。”[⑦]此谥既是美誉也带点儿怜悯同情。赵师旦庙

---

① 李焘：《续资治通鉴长编》，北京：中华书局，1986年，第4173页。

② 李焘：《续资治通鉴长编》，北京：中华书局，1986年，第1058页。

③ 王象之：《舆地纪胜》，北京：中华书局，1992年，第3131页。

④ 徐松：《宋会要辑稿》，上海：上海古籍出版社，2014年，第1008页。

⑤ 欧清煜、林瑞球：《三洲岩诗文全录》，北京：中国文联出版社，2000年，第29页。

⑥ 李心传：《建炎以来系年要录》，北京：中华书局，1988年，第1677页。

⑦ 朱右曾：《逸周书集训校释》，上海：商务印书馆，1930年，第96－97页。

在德庆府城东。《水东日记》卷六载："广东德庆州儒学棂星门右，像祀'护学佑善大王'，云甚灵，教官惧祸不敢撤。因出案毁之，易主赵师旦诸公云。"① 明代德庆孔庙棂星门右有"护学佑善大王"庙甚灵，因朝廷命毁之，教官惧祸不敢撤，就把它改为赵师旦诸公庙，似乎赵师旦庙位置曾有更改。光绪《德庆州志》并未载赵师旦忠景庙。西江网 2013 年 12 月 6 日报道：民国初期的三次西江特大洪涝灾害，毁坏了德庆的古城墙和"忠景"祠。……如今在石狮村的古井旁边摆放着一个石俑头，"这尊石俑应该就是赵师旦的雕像，它原本摆放在德庆城内的'忠景'祠，供当地官员和百姓拜祭"。此处报道"忠景祠"民国初期才被洪水毁坏，石狮村石俑头被视为赵师旦头像，两处记录均没有标明出处，不知考源为何。

《宋史》卷一百五："自开宝、皇祐以来，凡天下名在地志，功及生民，宫观陵庙，名山大川能兴云雨者，并加崇饰，增入祀典。熙宁复诏应祠庙祈祷灵验，而未有爵号，并以名闻。于是太常博士王古请：'自今诸神祠无爵号者赐庙额，已赐额者加封爵，初封侯，再封公，次封王，生有爵位者从其本封。'"其新立庙："封州曹觐、德庆府赵师旦、邕州苏缄、恩州通判董元亨、指挥使马遂，则死于乱贼者也。"② 神宗熙宁年间师旦立新庙，崇宁三年获赐庙额，因而师旦按礼可以封侯。靖康初，宋王朝面临危机，需激励臣民忠义报国，于是赵师旦被封为"灵惠侯"③，即到靖康之时，赵师旦有庙额"忠景"，谥号"庄愍"，爵号"灵惠侯"。宋时庙神以灵惠为封爵者甚多，因而为了区别，后人更习以姓冠爵。宋代重礼义，赵师旦被赐之谥尚属美谥，按礼，人们应该称其谥号代替生前名字。因此人们才会在见到"忠景赵侯"号时误以为是其谥号。赵师旦之谥乃追谥，离其殉国已有 84 年，在这 84 年间，对赵师旦的称谓较常见的有"赵康州"，是以其殉职时所任知康州而来，这一称谓在称颂缅怀赵师旦的诗文中最常见。另外，赵师旦殉国时为一州长官，殉国后朝廷对其加官以示褒奖，因而也有诗文据此称其为"赵使君"，如元绛的《闵忠诗》及王安石为赵师

① 叶盛：《水东日记》卷六，影印本，北京：中华书局，1980 年，第 64 页。
② 脱脱等：《宋史》，北京：中华书局，1977 年，第 2561 页。
③ 陆舜臣等修纂：（嘉靖）《德庆州志》，影印本，上海：上海书店，1990 年，第 1024 页。

旦作的墓志铭等。细审陈禾《忠景赵侯诗并序引》，陈禾有可能是在参与忠景庙的活动时题写诗文，因而称谓就因场景而改变。南宋时多次修缮忠景庙，刘克庄撰《重建忠景赵侯庙》，当亦是因场景而称谓。传世文献与石刻文字对赵师旦的称谓皆为“忠景赵侯”，亦可略窥宋时人物称谓之习惯。

三洲岩摩崖石刻文字与传世文献互证，使二者都有可能恢复其本来面貌，为历史研究提供更为可靠、准确的史料，进而加深人们对历史的认识和理解。

三洲岩题诗之证史举隅

仲秋白[①]

摘　要：德庆三洲岩目前尚存石刻180多幅，为“西江千年诗廊”仅亚于肇庆七星岩的石刻文化艺术宝库。本文试图通过三洲岩题诗以考察、证明当时诗歌创作的深刻社会内涵，从而揭示艺术创作是现实生活本原的反映。同时，也通过三洲岩题诗之证史以达佐证德庆三洲岩摩崖石刻具有丰富深厚的历史文化价值目的。

关键词：三洲岩；题诗；证史；起义；瑶民；侬智高

德庆三洲岩位于西江中游河畔北岸德庆县九市镇国道边。“义取蓬莱第三洲”，因以得名。三洲岩内有摩崖石刻众多，上自北宋马寻题名（1043），下迄民初丘逢甲题诗，悠悠近乎900年。南琴、苏东坡、周敦颐、李纲、祖无择、翁方纲等200多人登临咏赋，雅韵绵绵。虽经星霜换易，风雨沧桑，目前尚存石刻180多幅[②]，为“西江千年诗廊”仅亚于肇庆七星岩的石刻文化艺术宝库。

陈寅恪先生之《元白诗笺证稿》，开启了传统以诗证史的先河。兹就三洲岩题诗之涉史事者举隅略论。

---

① 仲秋白，副研究馆员，就职于德庆县文化馆，主要从事文艺创作、文史研究。

② 文中三洲岩石刻数据为第三次文物普查前数据。未参阅县博物馆最新数据。

一、诗证唐末游三洲岩者为德庆州第一名进士李谨微

三洲岩

唐公佐

洞里光阴经几春，洞前古木垂千寻。
不知空谷当年事，谁识庞眉处士心。
残月照入吞远徼，晚风吹梦入幽岑。
我来访得神仙宅，好听云端环佩章。①

此诗作者唐公佐为宋代人。诗中颔联“不知空谷当年事，谁识庞眉处士心”里的“庞眉处士”是指传说中长期活动在西江河畔、三洲岩边的庞眉仙翁，古时三洲岩因而又称“仙翁岛”，诗句隐含如下历史事实：

据《德庆州志》（采访册）载：“有仙翁，庞眉皓首，或樵或渔，不知其姓字。唐天佑三年春，进士李谨微赴任番禺，船泊三洲岩，夜半月高，作歌行吟，有一渔翁驾舟而来，与李共饮，谓曰：闻子笑吟，有观国之志。偶就子会，世将乱矣，宜高尚云林，以保天年。此去百年间，中原六合为一家，然后可图子孙之善福也。”相传李谨微听了渔翁的话，遂隐居不仕。907 年唐亡，后经近 60 年战乱，赵匡胤统一全国，建立宋朝。李谨微不知所踪。

科举制在唐代完善兴盛。唐代以降至清千年间实行的科举制中，德庆（康州）共产生进士 18 名，其中第一名就是唐天佑元年（904）进士李谨微，但也是身份有争议者。虽然除了方志外正史典籍未见记载，但结合当时社会环境及地理环境，李谨微的“身份档案”难以稽考，这并不足奇怪。岭南第一状元莫宣卿，史册详载，但诸多研究家也认为“彼状元”不是后世意义之状元。

唐公佐为宋人，去唐末不远，因而对“庞眉处士”的传说是清楚的；而传说中李谨微潜隐，不久赵氏宋朝建立，这些都应验庞眉翁“此去百年

① 欧清煜、林瑞球：《三洲岩诗文全录》，北京：中国文联出版社，2000 年，第 138 页。

间，中原六合为一家”的预言，符合历史事实。因此，此《三洲岩》诗印证了德庆州（康州）第一名进士李谨微的历史存在。

二、诗证北宋侬智高起义，赵师旦忠烈宋廷

悯忠诗

元　绛

转战谯门日再晡，空拳犹自冒戈殳。
身垂虎口方坚坐，命弃鸿毛更疾呼。
柱下杲卿余断节，裤间杵臼得遗孤。
吁嗟天下英雄气，不愧西山士大夫。[①]

宋仁宗皇祐四年（1052），广西壮族首领侬智高起义，五月初侬军攻陷邕州，建立“大南国”，接着又从邕州沿江东下，直逼梧州和封州。诸路守官多弃城而逃，只有封州知州曹觐率百人拒敌死节。五月十七日，侬智高军逼康州城下，到任不足两个月的赵师旦尽职守土，决心与康州共存亡。他趁侬军未立稳阵脚之时，率兵三百出城迎战。侬军稍退，赵师旦令即将临产的妻子带印与百姓逃至山中，赵妻后在乱草中产子，庆幸得活。第二日，侬军大举攻城，康州三百军士浴血奋战，无一临阵脱逃，最后全部殉难。

当时，赵师旦殉难一事震动朝野，王安石为之撰墓志，龙图阁直学士元绛作诗悼念。

元绛，字厚之，钱塘人，宋仁宗时登进士第，得范仲淹赏识。侬智高攻两广时，元绛以直集贤院为广东转运使，负责战备，以功迁工部郎中，进龙图阁直学士。晚年赞成王安石变法，卒赠太子少师。《宋史》：“侬智高叛岭南，宿军邕州而岁漕不足。绛以直集贤院为广东转运使，建濒江水寨数十，以待逋寇；缮治十五城，楼堞械器皆备，军食有余。”

元绛亲预侬智高事件，因而为赵师旦英勇殉难而慷慨激昂，誉之“不

---

① 欧清煜、林瑞球：《三洲岩诗文全录》，北京：中国文联出版社，2000 年，第 15 页。

愧西山士大夫”。诗中颈联“柱下杲卿余断节，袴间杵臼得遗孤”是指：唐安禄山谋反，颜杲卿设计杀安禄山部将，次年为史思明所俘，被安禄山肢解，杲卿骂不绝口，此喻赵师旦之忠贞；春秋晋贾岸杀赵朔，朔妻遗腹生一子，藏于裤中，后得朔门下客公孙杵臼和程婴设计保护孤儿逃匿，此喻赵师旦遗孤藏于山中得活。最后一句“不愧西山士大夫”则喻指赵师旦之气节堪与古时伯夷、叔齐相埒。

光绪《德庆州志》记录赵师旦事与《宋史》基本一致。《宋史·曹觐附传》载：“赵师旦字潜叔，枢密副使稹之从子。用稹荫……迁太子右赞善大夫，移至康州。……侬智高破邕州，顺流东下，师旦使人觇贼，还报曰：‘诸州守皆弃城走矣！’……乃大索，得谍者三人，斩以徇。……师旦止有兵三百，开门迎战，杀数十人。会暮，贼稍却。师旦语其妻，取州印佩之，使负其子以匿，曰：‘明日贼必大至，吾知不敌，然不可以去，尔留，死无益也。’……智高麾兵鼓噪争入，胁师旦，师旦大骂曰：‘俄僚，朝廷负若何事，乃敢反耶！天子发一校兵，汝无遗类矣。’智高怒，并贵害之，贼既去，州人为之立庙。……师旦遇害时，年四十二。”（据王安石撰《墓志》云“用叔祖荫入官”可知，赵师旦为稹之从孙，《宋史》误。）

元绛直接参与平侬智高事件，因而对康州赵师旦忠烈殉难事作诗以证史，固有其根源。

宋仁宗庆历年间，康卫以大理寺丞知康州，二十年后即宋神宗熙宁二年（1069），以提点刑狱、尚书郎巡察端州、康州，故地重游，人事沧桑，感慨万千，赋《过康州》诗如下：

当时曾此牧黎元，屈指光阴二十年。
别后每思佳景物，再来重睹旧山川。
因罹兵革成凋弊，忽讶闾阎尽改迁。
故吏老民皆白首，使君髭鬓亦皤然。①

此诗题刻在肇庆七星岩。诗中原注云：“皇祐中经蛮寇蹂践”，又在诗

① 《肇庆星湖石刻》编委会：《肇庆星湖石刻》，北京：红旗出版社，2005年，第61页。

末注云："再经旧游，偶成拙句，寄呈知郡殿丞。提点刑狱、尚书郎康卫上。"由康卫诗再证元绛三洲岩《悯忠诗》之证史事实确然。

三、诗证明朝中期大藤峡瑶民起义，韩雍率兵血腥镇压之西江风云

题三洲岩

韩　雍

开辟分元气，陶熔属化工。
一拳平地上，万象太虚中。
感古思羊祜，修真慕葛洪。
登临动高兴，长啸海天空。

成化二年丙戌闰三月廿有二日，予与大监陈公瑄、侍郎薛公远平两广班师回，游此。是岁九月八日，予整兵西巡，复游此，因题以纪岁月。姑苏韩雍永熙书。①

明英宗正统初年，广西武靖州（今桂平）人侯大狗（苟）领导的大藤峡瑶民起义，影响范围十分广阔，声势浩大。成化元年（1465）正月，明宪宗朱见深派遣都督赵辅为征夷将军，召韩雍为左佥都御史，赞理军务，统兵十六万，并令广西陶鲁地方势力配合，大举攻剿大藤峡。当年十二月，官军攻破瑶寨三百二十四所，擒杀了农民起义领袖侯大狗。大批起义军被俘虏诛杀，共斩首三千二百多级，掳走瑶族妇女两千七百多人，瑶民战死、溺死者不计其数。韩雍又分兵五路，继续追剿。经过两年多的围追，韩雍讨瑶终于功成奏捷。他命人将瑶壮人民数百年来赖以攀缘渡江的巨藤斩断，并将大藤峡改名为"断藤峡"。正德十一年（1516），"断藤峡"才改为"永通峡"。在整个平瑶过程中，韩雍自许功如西晋名将之羊祜。因而成化二年（1466）九月，当韩雍整兵西巡，重游三洲岩时，题下

---

① 欧清煜、林瑞球：《三洲岩诗文全录》，北京：中国文联出版社，2000年，第51页。

诗跋并勒石记录它。

在《题三洲岩》里，跋文清楚地注明了题诗目的。然而通过这跋文注脚，作者镇压大藤峡瑶壮各族农民起义的残暴事实也昭彰天下。

史载：

广西瑶、僮流剽广东，残破郡邑殆遍。成化元年，正月大发兵，拜都督赵辅为总兵官，……改雍左佥都御史，赞理军务。

雍驰至南京，集诸议方略，……雍曰："贼已蔓延数千里，而所至与战，是自敝也，当全师直捣大藤峡，南可援高、肇、雷、廉，东可应南、韶，西可取柳、庆，北可断阳峒诸路。首尾相应，攻其腹心、巢穴 既倾，余迎刃解耳。……"众曰善，辅亦知雍才足办贼，军谋一听雍。

雍等遂倍道趋全州，阳峒苗掠兴安，击破之。至桂林，……按地图与诸将议曰："贼以修仁、荔浦为羽翼，当先收二县以孤贼势。"乃督兵十六万人，分五道，先破修仁贼，……荔浦亦定。

十月至浔州，……遂长驱至峡口，……雍令总兵欧信等为五哨，自象州、武宣攻其北，自与辅督都指挥白全等为八哨，自桂平、平南攻其南，参将孙震等为二哨，从水路入，而别分兵守诸隘口。贼魁侯大狗等大惧，先移其累重于桂州横石塘，而立栅南山，多置滚木、礌石、镖枪、药弩拒官军。

十二月朔，雍等督诸军水陆并进，拥团牌登山，殊死战。连破石门、林峒、沙田、古营诸巢，焚其室庐积聚，贼皆崩溃。伐木开道，直抵横石塘及九层楼诸山，贼复立栅数重，凭高以拒。官军诱贼发矢石，度且尽，雍躬督诸军缘木攀藤上。别遣壮士从间道先登，据山顶举炮，贼不能支，遂大败。先后破贼三百二十四砦，生擒大狗及其党……峡有藤如虹，横亘两厓间，雍斧断之，改名断藤峡，勒石纪功而还。分兵击余党，林、阳江、洛容、博白次第皆定。①

---

① 转引自邹景良主编：《西华胜概——岭南乡土历史文化纵横》，广州：华南理工大学出版社，2014年，第236－237页。

“文章合为时而著，歌诗合为事而作”（白居易《与元九书》）的现实主义文论主张，也是陈寅恪《元白诗笺证稿》中诗以证史的根本依据和意义所在。正由于文章、诗歌的创作都源于对历史事实的艺术而客观的反映，它所蕴含的历史信息，只要后人据此寻幽探微，按图索骥，客观上是能够还原、重构湮灭的历史，让尘封的历史岁月重现光辉的。杜甫的诗有“诗史”之称，就是因为他耳闻目睹残酷的社会现实后创作了《三吏》《三别》等艺术而客观的重要作品。

当然，文学作品作为一种艺术体裁，它在记述历史事件的同时，必然受作者的艺术情感和创作手法等影响。因而，在某种程度上，“诗以证史”并不能完全等同于历史的真实。华兹华斯曾说：“诗是强烈情感的自然流露，它起源于在平静中回忆起来的情感。”对此，我们要客观、辩证地分析、求索，从而达到以事实说话，揭示真相的目的。

押解宁王朱宸濠的总负责人——陈辂

姚锦鸿[①]

摘　要：德庆三洲岩有陈辂的题诗石刻。陈辂，高要人，少年时在家乡已小有名气，中举后却屡试不第。以举人身份任袁州府推官，依律办案，廉洁不阿，颇有政声，与当时的许多高官大员有交往。因负责押解叛乱后被擒的宁王朱宸濠，历尽艰辛，积劳成疾。辞官归里后，逍遥林下十五载。其墓表和墓志铭的发现填补了一个重大历史事件相关方面记载的空白。

关键词：陈辂；墓表；墓志铭；解押宁王朱宸濠

《三洲岩诗文全录》载有两首署名为陈辂的诗文，第一首为：

陈辂诗（草书　存）

晓岸晴烟驻画篷，胜寻迷赏到崆峒。
香深衣袂琪花径，翠润杯觞石乳宫。
三岛远分浮岱粤，七星相□峙西东。
崔嵬万古堂虚静，翻笑人心浑不同。

嘉靖丁酉腊月十二日，守备聂挥使邀游□此。高要七星（星字缺损）陈辂。[②]

第二首为：

---

① 姚锦鸿，广东封开人，文博馆员，广东省肇庆市高要区博物馆馆长。

② 欧清煜、林瑞球：《三洲岩诗文全录》，北京：中国文联出版社，2000 年，第 94 页。

陈辂诗

三洲清玩忆年年，杖履真游兴浩然。

一幅寰中仙岛画，翠涵虚壁自开天。

陈辂：明人，高要人，明朝嘉靖年间曾任德庆推官。[①]

这两首写三洲岩的诗，第一首已刻石，第二首未刻石。据所掌握的资料知，两诗后对作者陈辂的注释都是不准确的。

万历《肇庆府志》中没有对陈辂的记载。

崇祯《肇庆府志》始有记载：

陈辂字以载，高要人。仪干魁梧，志气慷慨，以举人授袁州府推官，平狱执法，人不敢干以私。南赣都御史王守仁执宸濠，献俘行在，辂有劳焉。为忌者所中，罢归。居乡恂恂，至今学者称其纯德。卒年七十有五。子，修，以岁贡任沐阳知县。[②]（舆言增）

康熙《肇庆府志》对陈辂的记载是照抄崇祯《肇庆府志》的内容。[③]

康熙《高要县志》中对陈辂的记载也是照抄崇祯《肇庆府志》和康熙《肇庆府志》的相关内容。[④]

道光《高要县志》中对陈辂的记载仍是对上述旧志的抄录，但增加了一段按语。道光《高要县志》：

陈辂，字以载。由乡举任袁州府推官。平狱执法人不敢干以私。南赣巡抚王守仁执宸濠，献俘行在，辂与其劳。以谗罢。俱旧志。案明史王守仁传，守仁趋玉山请献俘，帝不许。至钱唐，以宸濠付太监张永，未尚献俘行在。陈或随守仁至钱唐也。[⑤]

---

① 欧清煜、林瑞球：《三洲岩诗文全录》，北京：中国文联出版社，2000 年，第 157 页。

② 陆鏊、陈烜奎等纂修：（崇祯）《肇庆府志》卷二二，崇祯八年刻本，第 596 页。

③ 史树骏、区简臣纂修：（康熙）《肇庆府志》卷二十，乾隆十二年刻本，第 451 页。

④ 广东省地方史志办公室：（康熙）《高要县志》卷十四，第 221 页。

⑤ 屠英修、叶承基纂：（道光）《高要县志》卷二十，第 271 页。

宣统《高要县志》中除了对历代府志和县志的继承外，还参考了族谱，对陈辂的记载作出补充，内容更加详细了。宣统《高要县志》中记载：

陈辂，字以载，水坑人。仪干魁梧，以乡举卒业南雍。正德间任袁州推官。时府藏失银，知府徐琏，罪戍夜，王子文等严讯，几死。辂请曰，此曹罪诚莫逭，但急之愈匿，盍缓诸。徐命辂讯鞫。辂驰其刑。不二日，得贼，王子文等咸获释。宸濠反，南赣巡抚王守仁擒之，将献俘，欲得部押者而难其人。众举辂，遂与之。发南昌，兼程间道走玉山，上书请献俘，诏不许。至杭州，遇张永。守仁付以俘，而辂犹司管押。时车驾南巡，俘不以时膺显戮。辂以宸濠骄侈，虑有不虞，途中所以慰籍而防范之者备至。迨俘达通州伏诛后，始谒吏部，请文还。凡以俘属往来者，十有七月。分宜民钟应、钟庆被诬为盗。廉使曾大有不与推问，以其罪上。部下巡按御史檄辂覆问。辂廉得其冤，请释之。副使钱如京怒曰，推官乃翻异宪断耶！司吏有袁氏者，密书示辂改之。辂曰，罪有冤，当释。上下雷同岂国之福？出处有数，杀人以媚人，吾不为也。持前议不改。在郡五年，断狱多所平反。释死罪吴尚八、林信孚、吴希固等二百余人。以病归休，提学林希元聘修通志，辞不就。老而好学，常晨夜读书、为文，不经意而自成法度。善草书，效白洲体，以其失节也，弃之。或言，晦翁亦学曹操书。辂曰，晦翁可，我则不可。吾将以不可学晦翁耳。卒年七十有一。子，修，岁贡生，官江苏沭阳县知县。辂自曾祖至其子，世皆一人。及修，有四子。据明田汝成撰墓表，林希元撰墓志铭及府志参修。

案：旧志据康熙志云，陈辂，字以载，由乡举任袁州府推官，平狱执法，人不敢干以私。南赣巡抚王守仁执宸濠，献俘行在，辂与其劳，以谗罢。而附案语曰，明史王守仁传，守仁趋玉山，请献俘，帝不许。至钱塘，以宸濠付太监张永。未尝献俘行在。陈或随守仁至钱塘也云。谨案，陈辂部押宸濠，不见于官书。而据水坑陈氏家谱载，嘉靖广西布政使司左参议、前广东按察司佥事兼提学，钱塘田汝成撰陈辂墓表及嘉靖广东按察司佥事、前广东提学、两京大理寺丞，晋安林希元撰辂墓志铭均叙押解宸濠，辂劳最著。墓表云，王公将献俘阙下，而难部押者。藩臬举公以往。

公知宸濠骄侈，骤屈辱，急之恐自尽，宽之虑不测，乃慰藉以释其惊疑，而出则严扃镝辅滕，夜不交睫。凡以俘属往来者十有七月，竟以劳勚致羸疾。而墓志铭于管押宸濠事并详载其月、日。田、林皆当时人，稔悉其事，故言之详确，乃尔足昭信录。康熙志于王守仁献俘行在，既未分晓，旧志加以驳论，亦不详秾辂事，均有未严。爰据表志订正并著辂其他行谊增辑如右。[①]

图1　陈辂墓表

经寻，水坑陈氏族谱未能得见，而陈辂墓幸好未被破坏。经努力，笔者于实地得陈辂墓表和墓志铭，现将其相关内容整理如下。

墓表材料为质地细腻的沉积岩石材。高143cm，宽75cm，无额。墓表题名和表文均为楷体竖行阴刻，字形大小相同，每字约2cm×1.5cm见方。墓表共28行，1 421字。见图1。

袁州府推官陈公墓表

予自苍梧过高要，访故人陈公，闻其卒已六月矣。改服而哀之。问后事毕。其子修稽颡泣请曰：孤不肖，不吊明神，祸先人以不禄。惟先人治行依名教，辱先生知，幸节惠而书之以表墓所，则死且不坊。予惟陈公高谊，相识有年，而修又尝与都授优等，表于我有谓，乃序之，云尔。

① 马呈图、黄登瀛、梁啸云等纂修：《高要县志》，见广东省地方史志办公室：《广东历代方志集成：肇庆府部》，广州：岭南美术出版社，2008年，第1074－1076页。

公讳辂，字以载，始祖子诚，宋绍兴间，自南雄徙高要为儒家，历十一世而生公。公自幼颖拔，治尚书，有传，为弟子宗事。弘治甲子举于乡，学益邃博，顾连不第于春官，已而叹曰：仕以行义摅志耳，何论崇卑而必进士求哉。乃正德丁丑就选部除袁州府推官。推官理刑狱，而公鞫狱详慎。以经术缘节法比，服念丕蔽，无愆民情。上官成案有未当者，必宛曲争之，棘棘不阿，多所反异。尝曰：故入者罔民，巧出者罔上，市恩徼誉，均为舞文，吾不忍也。于是上官咸谓公法吏，治辨有疑，狱者必归焉。十四年七月宸濠反，都御史王公破擒之，将献俘阙下，而难部押者。藩臬举公以往。公知宸濠骄侈，骤屈辱，急之，恐自尽，不得致法甸师，伤隐刑之义；宽之，虑不测篡取。乃千方慰藉，释其惊疑，而出则严扃镝辅滕，夜不交睫。是年十月至杭州，会权奸江彬等劝毅皇帝亲征。车驾南狩，而太阉张永、张忠继来江西诘反者。有诏还俘南昌。比至南昌，又有诏移俘就讯南京。自是宸濠忧愤不食，公苦劝之乃食。

毅皇帝闻之喜，曰：秀才能事如是！命赐文绮表里，而江彬遣人要公须数百金、叩头乃给。公谢无之，彬怒，竟格旨不给。明年十月，车驾还京师，公复以俘属。自南京从之京师，至通州而宸濠赐死，公始得旨归袁州。最凡以俘属往来者十有七月，竟劳勩致羸疾，虑不可起，便乞骸骨田园。上官慰留不许，再四乞请，乃许。归则只舸飘摇，独两苍头伶俜执爨耳。今礼部尚书严公素器重公，赠之诗，有云：世路饱经方脱险，浮名无竞早投闲。而肇庆郡守曾公喜公之归也，署其堂曰，进退得礼义之正，清白遗子孙以安。人皆以为善述也。公既归家，不复生产作业，以文字自娱，皓首不倦，诗词冲雅有烟霞泉壑之思。善草书，效白洲体，寻以逊学失节弃之，更学右军体。或言晦翁亦学曹操书，何必弃也。公曰：晦翁可，我则不可。吾将以不可学晦翁。耳闻者韪之。好艺菊莳兰，陶冶景物，尤耽山水。邑有七星岩，为岭南胜览，公时时往游，因自号曰七岩居士。又尝仿古宗法建祠堂、置祭田、定荐祼仪注以事先合族。而子弟则怡怡彬彬，咸知尊祖而好礼矣。公以成化己丑十二月十六日生，嘉靖己亥三月三日卒，年七十有一。疾革之夕，索笔书空朗吟曰：食有先人业，囊无薄宦钱，祛除难伏药，归寄总由天。掷笔而目瞑，声咯咯含糊微闻“子孙贤”三字而已，须臾而绝。配何氏，一子即修也。三女。四男孙，懋和、懋恭、懋贤、懋声。一女孙。先是公下第还自京师，中官聂某者郡人也，以族子托公携归。未几，中官物故，族子亦道死，公为棺瘗而识之。挈其四箧归县，令召其家当官发之，装直可数百金，无一遗者。其家感激以百金酬公，公却不受。以此起名，乡人谓公信义洁长者。乃公先人五世皆一子，至公而子姓独蕃，人以为阴德之征云。田汝成曰：吾闻君子之道二，义与命而已。义有可否，而命有盈虚。明义则身安，顺命则心泰，是以进不屈己，而退不损名也。乃陈公委身就秩，以绳墨自持，皎然不爽，非明义欤？急流而退，不待引年，非顺命欤？持此二者以约束其身，始终无愧，非君子欤？可以表矣！夫表以表其大者，其他小德之懿则家乘存焉。

嘉靖十有八年九月。

赐进士出身，广西布政史司左参议，前广东按察司佥事，奉敕提督校，钱塘田汝成撰。

墓志铭，材料与墓表同。高150cm，宽77cm。墓志铭碑额为横排大字篆书，写有“节推陈公墓志铭”，每字约7cm×5cm见方。碑额下面是字形大小相同的楷体竖行阴刻。题名和正文字形大小相同，每字约1.5cm×1.3cm见方。共40行3 014字。见图2。

图2　墓志铭拓片

节推陈公墓志铭

公姓陈氏，讳辂，字以载，初号东岩，以郡有七星岩复改七岩。陈之先自浙如南雄，宋绍兴中有七十一宣义郎讳字诚者，自南雄珠玑巷迁高要之水坑，是为陈氏之始祖。七传至观，任交趾县丞。国朝永乐中自水坑分居郡西之清泰坊。观娶吴氏生颢，颢娶□氏生继英，继英娶陆氏生节推。自幼颖悟出群，年十一补郡第子员。比长，寖有声。司徒绩溪康惠胡公，初备兵岭西，公从受学，甚见器重。督学岁考，辄居首选，名大起。司冠凤山聂公，初以御史按广，阅其文曰，信名下无虚士。领弘治甲子乡荐。戊辰下第，卒业南雍，因得尽友天下士，益闻所未闻。辛未下第南归，郡人开建聂太监，托以侄子。无何，聂没，其侄至江西亦病没。公为棺殓，附葬于僧寺。携其相还，召其家人归之，其家人间岁始至。交于官，封锁如故。内有贴白金叁百两，纻丝、纱绢八十余匹，衣服三十余袭。其人酬以白金二十，纻丝四匹，却不受。县官叹赏。春闱屡仆，正德丁丑始就铨选，得江西袁州府推官。携二仆之任，廉洁自持，苞苴不入，留心刑狱，期民无冤。戊寅夏，府藏失银捌百两。守徐琏罪戍夜，王子文等五十二人严讯，殆死。公疑，请曰，此曹罪诚莫追，但急之愈匿，若裴度之事可监也，盍缓诸。徐喜，嘱公讯之。公尽疏其刑法，不二日得贼。王子文等咸得释，家家生祠公。徐守谢曰，微公言，几错了事。时凤山以都御史督军南赣，闻其政声深赞赏。己卯秋宸濠造逆，都御史阳明王公起兵，分公兵事，公以不闲弓马辞。徐守乃委郡事于公，而自请行。宸濠就擒，欲得管押者，难其人，众举公。阳明曰：得人矣。随属公。九月十三日领宸濠等登舟，十四日启行。十八日至贵溪，太监张忠命取宸濠回省听讯。阳明疑，命公兼程前进，十月初七日至浙江杭州，遇太监张永，果有旨。阳明乃命公以宸濠等还江西。十月二十九日至会城，宸濠悲伤不已，公宽解之。二张太监暨总兵许泰、刘晖，每五日一临，讯反状，宸濠多噤不答。二张与阳明议相见之仪，不合，公彼此调和，阳明甚加敬重。明年庚辰正月二十二日，公以宸濠等先行。是日，宸濠悲号，绝不食饮，公多方宽解。二十九日，舟至马当山，乃食。公喜，广娱以珍羞。经历长江虑防益密。二月初九日，至大胜关，风浪猛恶。三月二十日，移泊中新河。时武庙驾在南京，北上未有期。宸濠忧惧方甚，公委曲宽慰。歌诗、写字、读书悉随所欲，外若宽纵，中实严备。故宸濠深恨曰，若见陈推官，要剜他眼睛。武庙闻之，曰，还是我这个臣子。八月初六日申牌，忽报驾幸中新河验功。酉牌有旨，命公以宸濠与其宫属数舟先候于仪真，九月初六日过扬州，遂行。十月十一日舟至直沽，河冰，命有司具车马。二十五日戌牌，自丁字沽陆行。二十七日至通州旧城，馆周章知县家。武庙嘉公之劳，欲赐以衣服。江彬使人曰，与我银数百，衣服可得也。公辞曰，车服以庸报功也，求而后得，君子鄙之。事遂寝。十二月初四日，有旨令公以宜春王等十人赴漕运总府听鞫，巳时送狱。初五日，将处宸濠，有旨令公以宸濠等赴通州抽分厂听旨。张永等虑宸濠不行，谋于公，曰，事将若何？公曰，但以周宅窄狭，移居玉虚观为辞，彼必不疑。诸公曰，善。以告宸濠，宸濠欣然，真谓移居，不知其赐死也。比至，宸濠见军马森列，方惊惧号泣。及宜春王等至，乃令宸濠下车，与宜春王等俱蒙以青布幛，令无见。左右夹而入，至厂台下。内臣左右列，令宸濠跪听旨，彼犹倔强，打一瓜槌乃跪。宣旨，各赐自尽。宸濠起，方叫屈一声，则众采下东厅，用黄绢缢之，顷刻气绝。以锦褥经被包裹，置荆条编棺，扛出厂西空地，焚之成灰，弃之水。宜春王等十人，皆然。已，乃入京献俘，候武庙，久不视朝。公乃告吏部给文回任。吏部知公之劳，甚加慰劳。明年辛巳夏始抵袁。时郡守罗辂新任，少年颇有傲气。初，公有宸濠之役，阳明令府与资费银八十两，公暂收藏之。比回，以原封还府。曰，食有廪饩，行有舟车，何用此为？罗骂曰，此阳明公盛意也，何为却之？公固辞曰，此所谓贷之也。罗敬服，由是益与亲厚。分宜民钟应、钟庆被诬强盗，廉使曾大有不与辩，奏行。巡按御史檄公辨问，公廉得其冤，释之。副使钱如京怒曰，推官胆大，敢审异宪断耶？州吏有袁氏者，密书令公改之。公曰，职理刑名，有冤当释，上下雷同，非国之福。出处有数，杀人以媚人，吾不为也。竟不改。在郡五年，断狱多所平反。前后开释凌迟死罪吴尚八、林信孚、文江三人，斩罪吴希固等二百余人。咸不避嫌，自信自誓。每与恤刑郎中蒋彬序可否。曰，辂为子孙仕，我虽不杀彼不使由我而死。古人谓，求生而不得，则死者与我皆无憾，况有可生之路而不为之求耶？抚按监司咸重公，奖劳旌异无虚，必且大起。甲申秋得病几殆，遂决志乞休。公之疾根于宸濠之役，至是始发。书三、四上，当道见其情辞恳切，乃可。乙酉三月南还，士民遮送莫不太息。抵家，郡守曾直叹曰：昔人谓，相逢尽道休官去，林下何曾见一人？今于先生见之矣。深加敬重。由是杜门不出，别营一室以居，远隔尘事，左右置图书时取展玩，兴至或吟咏自适。当世理乱付之不闻，寻常不入府县，绝不以事相干。予昔督学，纂修通志，以礼聘公，固话不就。其严于自守率此类也。当道诸公咸知敬重。乡饮大宾屡辞不赴，间或一往。居官守其常禄，外无长物；及归，勤俭自给，布衣蔬食无异寒士。念十年仕宦无以润宗族，乃捐己地建家庙一所，举钱生息以供用。仍置田以供祀事，宗族称孝。公年虽老犹好学不倦，尝夜读至二鼓，晨起继之。为文若不经意，自成一家。诗词学李杜，不落尘俗。善草书，效白洲体，因其失节，改学右军诸体。长于对联，有曰，莫作小人事，当为君子儒；又曰，养静延年处所，培兰种菊生涯，皆警句也。凡医卜音律技艺无不旁晓，尤邃于星命，缙绅传播经其推弄鲜弗证验。尝自述曰：吾貌若斯，其心熙熙。理刑袁郡，直以生之。备勤王事，履险而夷。乞归林下，乐与夫宜。若曰清风两袖，急流一人，乃三符太守之赠；对曰，浮名无竞早投闲，则介溪宗伯之赠。诗予之出处心术，而为二君之见知也耶？嘉靖戊戌仲冬至水坑祖坟拜扫，感疾归，至己亥正月遂卧床，自度不起。戒其子修谨守礼法，以毋坠家声。丁宁训戒至三、至四。丧葬令从俭约，称家有无不得过侈。因曰：我于先人，昔以贫薄不得尽心，至今缺然。于是泪下不已数日。命修取纸笔伏枕书五言诗一律，曰，不戒伤肝怒，因成抱席眠，祛除难仗药，归寄总由天，食有先人业，囊无薄宦钱，茫茫身后事，惟愿子孙贤。书毕付修曰，吾子识之。遂卒。时嘉靖十八年己亥三月三日戌时也。距所生成化四年十二月十六日子时，享年七十有一。公自致政家居，逍遥林下一十五年始卒，卒之日囊箧萧然，可以观其守矣。娶何氏同县珍之长女。生子一，即修。岁贡生，娶谢氏，卒无所出。继娶何氏，女三。长适郡庠廪膳生何高，次适崇府典膳梁汝宁教授宗器之长子，三适邑庠生严丕，尤溪丞敫之次子。孙男四，长懋和府庠生，娶钟氏监生昉之长女，次懋恭聘李氏，次懋贤、次懋声尚幼。孙女一，适高明杨希尹，府庠生司训衡之长子。外孙男一，何惠迪，邑庠生。外孙女，四。陈自县丞观至节推，五世皆一人，至修始有四子，亦公积善之庆也。公之壮也，所亲劝置妾以广嗣息，公谢曰，天若祚我，后必有昌，胡用多为。且古之益寿延年皆以节欲，其寡欲如此。己亥十二月十九日壬午，修葬公于横石都九公山之原，子其向以状求请铭。铭曰：

劳以从事，迄疾其身。廉以守官，弗救厥贫。治狱阴德，庆衍儿孙。急流勇退，林下一人。九公之原，有冢嶙峋。形久则朽，公名不泯！

嘉靖二十年岁次辛丑二月朔旦。

赐同进士出身，广东按察司佥事，前广东提学，两京大理寺丞，晋安林希元撰。

墓表的主要内容有：①姓、名、字及家世。②求学及入仕简况。③简述押解宸濠事。④辞官原因及退休后的生活。⑤临终情形和子孙情况。⑥聂太监托带财物和却金一事。

墓志铭的主要内容有：①姓、名、字、号。②祖宗、家世，求学简历。③聂太监托带财物和却金之事。④任袁州府推官释王子文等52人。⑤押解宸濠事。⑥归还王守仁预支的府银八十两。⑦开释被判凌迟死罪3人，被判斩罪200余人。⑧辞官原因和退休后的生活景象。⑨后嗣情况。

陈辂墓表和墓志铭对其生平记载的侧重点各有不同，综合研究对完整了解陈辂个人乃至其所经历的那个时代的一些重大历史事件都具有十分重要的意义。

根据墓表和墓志铭，整理出陈辂的生平如下：

陈辂（1468—1539），字以载，明代高要人，初号东岩，后改为七岩。

成化四年（戊子，1468），十二月十六日子时，出生。

成化十五年（己亥，1479），十一岁。考入肇庆府办的官学学习，成绩优秀。

弘治十七年（甲子，1504），乡试中试，成为举人。

正德三年（戊辰，1508），参加会试，落第。其间，在京城游学，结识了许多有学识的人士，极大地增长了见闻。

正德六年（辛未，1511），从京师回家。有聂太监托带财物和却金之事。

正德十二年（丁丑，1517），就铨选，任江西袁州府推官。

正德十三年（戊寅，1518），府库失银，释放被错误关押的王子文等

52人。

正德十四年（己卯，1519）六月，宁王朱宸濠造反。初代理知府一职，后又接受押解宁王朱宸濠的重大任务。九月十三日，带着宁王朱宸濠等上船，开始了荆棘满途的漫长押解之路。

正德十六年（辛巳，1521）夏天，完成任务后从京城回到袁州继续推官一职。其间，归还库银八十两；还分宜籍平民钟应、钟庆清白；开释被判凌迟死罪的吴尚八、林信孚、文江三人，被判斩头罪的吴希固等两百余人。

嘉靖三年（甲申，1524）秋天，大病一场，遂萌生了辞官回家休养的想法。

嘉靖四年（乙酉，1525），经再三再四的恳切请求被批准辞职，三月南还回老家，开始每天读书写字，种花养草，乐游家乡山水的退休生活。时任国子监祭酒严嵩赠诗：世路饱经方脱险，浮名无竞早投闲。时任肇庆知府曾直赠联：进退得礼义之正，清白遗子孙以安。

嘉靖十七年（戊戌，1538）仲冬，到祖坟拜扫后得了风寒。

嘉靖十八年（己亥，1539）正月，病情加重，卧床不起。三月三日戌时病逝。

陈辂回归田园，并非如宣统朝以前的各种史志上说的那样或“以谗罢”或“为忌者所中，罢归”，而是自己主动请辞，并经过再三再四的恳求才被批准的。陈辂墓表和墓志铭的发现，是对宣统朝以前各种志书对陈辂其人其事误载的纠正的重要材料。

陈辂主动辞官的行为所包含的深刻意蕴和他退休后的生活，均有待今后进一步探讨。

陈辂墓表和墓志铭的发现，最重要的价值是其详细记载了宁王朱宸濠造反被俘后从江西押解到通州被正法这一段历史。

宁王叛乱又称宸濠之乱、宁王之乱。这一事件虽然持续的时间不长，但带给明王朝的影响是巨大的，因此史书均有相关的记载，只是对于宁王被俘后从江西到通州被正法这一段的历史，却鲜有详细的记录。

《明史纪事本末》卷四十七“宸濠之叛”是这样记载的：“十二月，

上至通州，赐宸濠死，燔其尸。余党至京师，磔诛之。”①

《明史》这样记载：“守仁已械系宸濠等取道浙江。帝留南京……檄守仁还江西。守仁至杭州，遇张永，以俘付之，使送之行在。十五年十二月。帝受所献俘回鸾，至通州，诛之，封除。”②

陈辂墓表和墓志铭对这一段都有记载，特别是墓志铭记载得尤为详细。墓表文字为“赐进士出身，广西布政史司左参议，前广东按察司佥事，奉敕提督校，钱塘田汝成撰”；墓志铭文字为“赐同进士出身，广东按察司佥事，前广东提学，两京大理寺丞，晋安林希元撰”。他们都是“学而优则仕”的封建时代具备“进士”身份的官员，同时，正如宣统《高要县志》所说“田、林皆当时人，稔悉其事，故言之详确，乃尔足昭信录”。

可见，这是一份可补史缺、可正史误的重要历史资料。

兹据墓表和墓志铭两文，将宁王朱宸濠被俘后从江西到通州被处死这一段历史情况整理如下：

正德十四年（1519）秋天，朱宸濠起兵叛乱，都御史王守仁指挥军队平叛成功。朱宸濠被擒后，极需要一个负责管押的人，但很难找到合适的人。后来，大家一致推举由陈辂来担任此职。王守仁便把此重任交给了陈辂。

九月十三日，领朱宸濠等上船。

九月十四日，启行。

九月十八日，到达贵溪。太监张忠命令把朱宸濠押回省城听候审讯。王守仁感觉这样的命令有疑问，便命令陈辂快马加鞭赶路。

十月初七，到达浙江杭州，遇到太监张永，才知道果然有皇帝的圣旨。王守仁才命令陈辂押解朱宸濠等回江西。

十月二十九日，到达会城。朱宸濠悲伤不已，陈辂尽力宽解。张忠、张永二位太监，还有总兵许泰、刘晖，每五日一次，讯问朱宸濠反叛的情况，朱宸濠多数情况下都是闭口不答。其间，张忠、张永与王守仁之间意

① 谷应泰：《明史纪事本末》，北京：中华书局，1977 年，第 705 页。
② 张廷玉等：《明史》，北京：中华书局，1974 年，第 3596 页。

见有分歧，陈辂从中调和，王守仁对陈辂更加敬重。

正德十五年（1520）正月二十二日，陈辂和朱宸濠等先行。这一天，朱宸濠因悲伤而号啕大哭，以致绝食。陈辂只能对朱宸濠多方宽解，以使其情绪早日平复。

正月二十九日，当押解的船只行至江西省彭泽县马当山一带时，朱宸濠才开始进食。至此，朱宸濠已绝食七天，生命的耐受力已达到极限，非常危险。所以，在经过长江这一段路程时，陈辂对朱宸濠等在押犯人的防备更加用心。

二月初九，到达南京大胜关时，风浪猛恶。

三月二十日，移泊中新河。当时正德皇帝就在南京，但不知道何时北上。此时朱宸濠的忧愁恐惧加重，陈辂想方设法宽慰他，让他随心所欲地唱歌、吟诗、写字、读书。整个押解过程，陈辂对朱宸濠等人的管理采取外宽内紧的策略，使被押者能够服从配合，确保了任务的完成。

八月初六申牌（下午 4 时左右），正德皇帝驾幸中新河，验功。酉牌（下午 6 时左右）接到圣旨，命令陈辂押解朱宸濠与其宫属的几艘船先在仪真等候。

九月初六，过扬州，开始出发。

十月十一日，船队行到天津直沽，因河水被冰封而命令地方官准备车马。

十月二十五日，黄昏时分（戌牌，晚上 8 时左右）从丁字沽上岸，走陆路。

十月二十七日，到达通州旧城，住在周章知县家。

十二月初四，有圣旨命令陈辂将宜春王等十人押解到漕运总府听候处罚。巳时（上午 10 时左右）将囚犯押送到监狱。

正德十五年（1520）十二月初五，有圣旨命令将朱宸濠等押赴通州抽分厂听候圣旨。张永等忧虑朱宸濠不愿意动身，向陈辂寻求办法。陈辂想出以周宅窄狭，要移居玉虚观为借口，并告知朱宸濠要转移住处。朱宸濠欣然答应。刚到达，朱宸濠看见周围军队和马匹排列森严，才惊惧号哭起来。待宜春王等到达后，才命令宸濠下车，与宜春王等全部用青布幛蒙面，使他们无法看见周围情况。派人从两边夹着朱宸濠，将他押进厂台下面。太监们左右排列，命令朱宸濠跪下听旨。此时，朱宸濠还十分强硬，不愿意下跪，被打一瓜槌才跪下。宣布圣旨，均被赐自尽。朱宸濠起来刚叫屈一声，便被众人拖下东厅，用黄绢吊起，顷刻气绝身亡。将朱宸濠的尸体用锦褥经被包裹着，放在用荆条编织的棺材里，扛到厂西边的空地上，焚烧成灰，并将其抛洒至水里。宜春王等十人的处置方式也如此。

对比一下就可以发现，《明史纪事本末》卷四十七“宸濠之叛”记载的“十二月，上至通州，赐宸濠死，燔其尸。余党至京师，磔诛之”中的“余党至京师，磔诛之”有误。真实情况是，朱宸濠的余党宜春王等十人的处死方式和朱宸濠的一样。

《明史》记载的“守仁至杭州，遇张永，以俘付之，使送之行在”，将押解朱宸濠等俘虏的功劳完全归于太监张永的说法，也是值得商榷的。

从现有的出版物来看，宣统《高要县志》对陈辂的记载算是最详细的材料了。但如果不看陈辂的墓表和墓志铭，依然不知道陈辂的号：初号东岩居士后改七岩居士。

回到文章开头提到的陈辂题三洲岩的那两首诗。已刻石诗的备注“高要七星（星字缺损）陈辂”应该是“高要七岩居士陈辂”。未刻石诗的备注“陈辂：明人，高要人，明朝嘉靖年间曾任德庆推官”应该改为“陈辂：高要人，明朝正德年间曾任江西袁州府推官”。

根据三洲岩中陈辂已刻或未刻石的诗，即可引出上述文字或更多的关于诗文作者的考证研究，可见三洲岩确实是“一座文化的宝库”①。期待着挖掘更多的文化宝藏，使三洲岩这座文化宝库为建设新时代文化做出更多、更大的贡献。

① 欧清煜、林瑞球：《三洲岩诗文全录》，北京：中国文联出版社，2000年，第1页。

规划保护与开发利用研究

广东省文物保护单位德庆三洲岩摩崖石刻保护与开发研究

刘　业　刘益溦　王成晖①

摘　要： 三洲岩摩崖石刻是广东省文物保护单位，本文通过田野调查、查阅文献等方式，对三洲岩摩崖石刻的历史背景、文物价值进行研究，制定德庆三洲岩摩崖石刻的保护要求、展示利用手段和开发利用方式。

关键词： 三洲岩；摩崖石刻；保护；开发

三洲岩摩崖石刻位于肇庆市德庆县九市镇境内，西距县城 30 公里，东距肇庆市区 50 公里，位于 321 国道旁，屹立于西江之滨，紧邻三洲古渡。规划用地东西两侧为低山丘陵，南面有西江冲积平原阶地，东北面为鸡公山，西北面为太子山；西南面为当地村落，居住者均为农民，从事农业为主。

一、三洲岩的历史与现状

三洲岩为一座高约 30 米的石灰岩体，占地面积 9 500 平方米，洞内原有宋至清各代题刻 174 人次，近 200 刻。至今还保留有上至宋熙宁元年（1068）下至清道光二十九年（1849）的题刻 91 刻，据调查有宋刻 8 刻，明刻 74 刻，清刻 4 刻，辨不清年代的 5 刻。有诗、词、记、题字等多种体裁材，有楷、行、草、隶等多种书体。除明嘉靖陆田、周相题名，查应兆

① 刘业，博士，华南理工大学建筑学院教授；刘益溦，硕士，成都市规划设计研究院规划师；王成晖，广东省文物局文物保护与考古处副处长。

题名以及辨不清年代的题记、诗共3刻残损外，其余均基本上保存完好。

1957年，三洲岩摩崖石刻被德庆县人委会列为县级重点文物保护单位，2002年7月，被广东省政府列为第四批广东省文物保护单位。

三洲岩摩崖石刻文物本体现状维护良好，山体表面石块裸露，山体周边为原生的天然植被，植被生长状况良好。山体共有三个入口，分别在西南方向、东北方向及西北方向，东北入口处显露较多的石刻碑文，洞内岩壁石刻清晰可见。文物本体西南侧保留有古时的观音庙遗址，观音庙建筑现已损毁，仅保留了建筑基础。三洲岩摩崖石刻被列为广东省文物保护单位，具有较高的历史、文化、科学价值。自宋代以来便有不少文人墨客登临览胜，题诗作赋，据考证，最早的题刻为宋庆历三年（1043）转运使马寻与皇祐二年（1050）祖无择题刻。重要的有皇祐五年（1053）元绛记载壮族首领侬智高攻打康州的石刻，熙宁元年（1068）南琴的武后更造字、周敦颐题名，元符三年（1100）苏东坡题名等石刻。2003年出版的《中国名胜词典》中把三洲岩列为全国名胜古迹加以介绍。三洲岩拥有得天独厚的地理环境，据1997年的考古发现，在洞内发掘了包括古象牙在内的近三十种古生物化石，还有旧石器时代的人类生产工具等，为肇庆地区的古文明研究提供了基础。洞内各朝代文人墨客的碑刻，对我国古代的书法艺术研究亦具有重要的参考价值。

三洲岩区域内层峦叠嶂、清溪回流、风光秀丽。文物保护范围内没有任何开发性质的建设，山体部分保留了自然的本来面目，自然地形地貌和生态环境保存完好，现状地貌均为天然植被与果树林。山谷积水为水库，水库下游形成小溪，蜿蜒流淌于田地之间。随着德庆盘龙峡、龙母祖庙、金林水乡、花世界等一系列旅游景区的开发，此地借助县域旅游发展潮，共同打造休闲旅游景点。

“三洲”取“蓬莱第三洲”之意，又名仙翁岛，是一座孤峰。四邻的山冈多属土山，唯独三洲岩由石灰岩构成，而且形成了巨大的溶洞，岩洞幽深，内多石钟乳，滴泉甘洌，又名玉乳岩。古书记载：三洲洞内奇景异石，千姿百态；石钟地鼓，击之有声；丹灶砚池，如有烟色。三洲岩摩崖石刻地处丘陵地带，南面西江冲积平原阶地，东北面是鸡公山，西北面为太子山。此地属亚热带季风气候，冬短夏长，气候温和、雨量充沛、阳光充足。三洲岩处于低水位地区，每年4—9月为雨季、汛期，年平均降水量为1 418.0毫米，历史上每逢雨季汛期多受西江洪水淹浸。三洲岩摩崖石刻位于德庆县域内，周边文物古迹众多，有著名的德庆孔庙、龙母祖庙、盘龙峡、金林水乡等景点，共同组成了自然与人文价值都极高的旅游区域。

由于自然灾害、人为因素，以及缺乏相应的保护资金和保护措施，三洲岩摩崖石刻文物本体及周边环境近年来已出现了不同程度的损毁。由于长期暴露在空气中，三洲岩摩崖石刻表面被风化，局部石刻模糊不清，主要属于自然环境因素作用的长期效应，破坏速度较为缓慢。三洲岩摩崖石刻自被公布为县级重点文物保护单位以来，当地政府和群众自觉维护文物本体。因此，三洲岩摩崖石刻具有较好的文物保护延续性。

文物周边的农田、鱼塘和树林等，当地农民只是进行日常的农耕，整体的自然景观延续性好。三洲岩及其周边环境仍以原生态的自然环境为主，基础设施配套不完善，基本无法满足游人的需求。某种程度上可以说三洲岩目前只是作为一个历史人文景点对外免费开放。

因此，制订三洲岩摩崖石刻保护规划是保护我国珍贵文化遗产势在必行的举措。

二、三洲岩规划建设的时代背景

德庆县是广东省历史文化名城、广东旅游强县、广东旅游特色县，是一座因旅游发展而兴盛的城市。经过多年的旅游开发建设，德庆县现以龙母祖庙为龙头，打造了“龙母故乡——德庆游”五点一线［龙母祖庙、盘龙峡、德庆孔庙（学宫）、金林水乡、三元塔］的品牌，取得了良好的经济效益和社会效益。德庆县内的旅游接待设施建设完善，龙母祖庙、德庆孔庙（学宫）、三元塔等文物保护单位因合理的开发利用而得到了良好的保护。秉承德庆县旅游发展的理念，把三洲岩摩崖石刻周边环境打造成以三洲岩摩崖石刻为观光核心的旅游景区，意在宣传我国珍贵文化遗产的同时，对三洲岩摩崖石刻进行合理的保护和利用，避免其因荒置而再遭破坏。对三洲岩摩崖石刻进行保护规划，可推动当地的旅游业发展，并通过旅游项目的开发适当征收一定的费用作为文物的保护资金。

德庆县水陆交通便利，国道 321 线、省道悦怀线、西江大桥等路网遍布全县，南国“黄金水道”——西江贯穿全县，拥有 2 000 吨级货轮通航能力，建有年吞吐量 100 万吨以上的国家二类口岸集装箱码头，水路通穗港澳。德庆县将被纳入珠三角核心区 1.5 小时经济圈，建设中的南广高铁在德庆县城外环通过，规划中的柳州—肇庆客货高速铁路将通过德庆县，已纳入广东省高速公路网络规划的广佛肇高速、汕湛高速、怀罗高速经过德庆境内，并将在未来几年内建成通车。德庆三洲岩摩崖石刻位于广东省肇庆市德庆县九市镇三洲岩内，西距县城 29 公里，东距肇庆 60 公里，位于 321 国道旁，屹立于西江之滨，紧邻三洲古渡，区位优势明显。

三、三洲岩保护规划要点

1. 保护区划

三洲岩摩崖石刻已划定保护范围、建设控制地带和环境协调区。其中保护范围为以摩崖石刻所在山体的东面、南面、西面、东北面以及西北面的外围连线向外延伸 10 米所形成的封闭图形；建设控制地带的范围是以文物保护范围线为基准向北、东、南侧外移 30 米，向东侧外移 50 米所形成的封闭图形；环境协调区的范围是由建设控制地带向北延伸 259 米，向东延伸 102 米至山体边缘，向西延伸 56 米，向南延伸至 321 国道。但尚未设立建设控制地带界标，削弱了对基本保护对象的保护与利用。

2. 文物本体保护

三洲岩摩崖石刻多年来一直暴露在自然环境中，没有得到科学的保护，加上过去的采石活动等，已对岩洞及石刻造成了一定程度的损坏。三洲岩主峰属于石灰岩，易风化滑落，主体结构有待加固。文物本体的保护和利用展示尚未启动，缺乏现代保护措施和媒体技术展示手段，与旅游相关的基础设施及服务设施尚为空白，致使这一重要文物不能发挥其应有的社会效益。

3. 建筑分类处理方式

（1）建筑配置总体要求。

①展示功能设施的配置：三洲岩周边环境的整治可根据建设发展的需

要，设置相应的具有展示功能的建筑，新建筑宜充分考量三洲岩原有的史料记载，宜对史料记载的建筑进行原貌恢复，但新建筑的选址应在保护范围线以外；②游览配套设施的配置：为满足文物科学观瞻和安全游览的需求，在适当位置可修建平台栈道等游览设施，但新建构筑物的材料须为环保可逆材料，且应与文物周边环境相协调；③公共服务设置的配置：三洲岩周边环境整治应完善相应的服务设施配套建设，公共卫生间的设置宜参照《公园设计规范》（CJJ48—92）的要求，并应注意无障碍设施的建设。

（2）保护范围内建筑的处理方式。

在保护范围内，不允许进行建筑建设活动。因三洲岩特殊的地形，雨天在洞内会形成较大面积的积水，出于观瞻需求和安全游览的要求，现已于岩洞内修建了平台栈道。对于平台栈道的建设应符合以下几点要求：①可逆性：使用可逆性材料建设平台栈道，如木结构；避免使用如钢筋混凝土等不易拆除且对文物保护有一定影响的建设材料。②控制平台栈道的风貌：平台栈道的风貌应与文物本体及周围景观环境相协调，共同承担起体现历史文化价值的任务。③控制平台栈道的尺度，保证安全性：平台栈道的尺度，如平台宽度、栏杆高度都应符合人体尺度，并且满足相关建设规范的要求。此外，应保证平台栈道的修建质量，使行人的安全有保障。④不破坏文物：以上一切的建设要求都是建立在不破坏文物的基础之上的，如平台栈道的建设位置应与文物本体保持一定的距离，避免游人触摸文物本体。严格禁止任何破坏文物的建设行为。如现有已修建平台栈道有不符合以上要求的，应及时拆除。

（3）建设控制地带内建筑的处理方式。

在建设控制地带内，对周边建筑进行整修。通过整修，配合种植绿化、梳理水道等，保证文物环境整体和谐规整。据史料考察，在三洲岩所在区域附近，原有濂溪书院、三贤祠、观音庙等历史建筑，记载着三洲岩这片区域土地上的历史变迁。对濂溪书院、三贤祠、观音庙的复建，不仅能恢复历史记忆，挖掘历史价值，而且烘托了三洲岩浓厚的历史氛围，丰富了三洲岩及其周边的景观层次；同时为游人提供了展览历史文化、寻求信仰的空间，也是完善配套服务设施的要求体现。东坡亭、阅空亭、星宿亭作为场地中的观景点及供游人短暂停歇的空间，是园区内不可缺少的基本功能空间，有必要在环境协调区内修建上述建筑及构筑物。

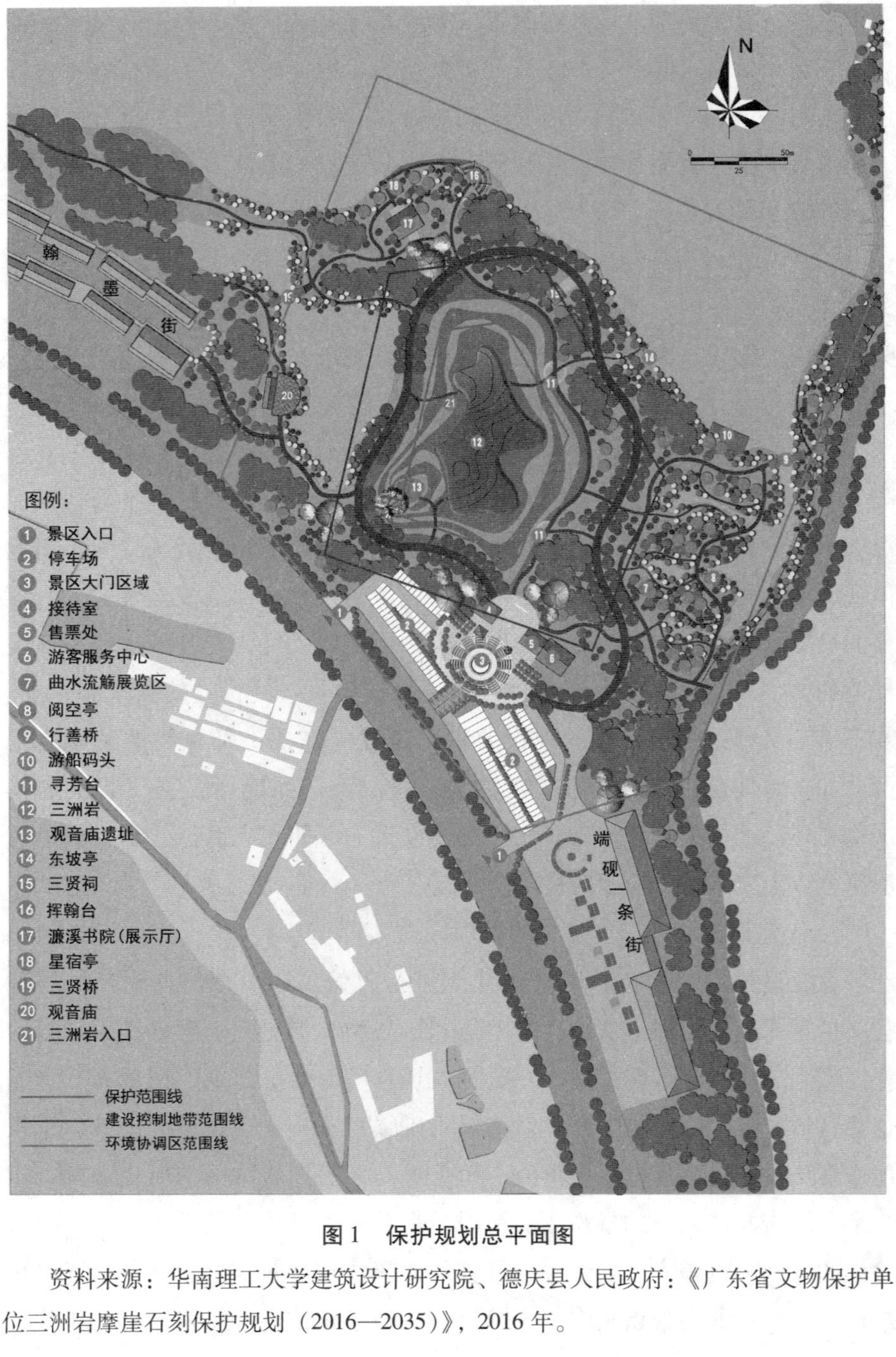

图1　保护规划总平面图

资料来源：华南理工大学建筑设计研究院、德庆县人民政府：《广东省文物保护单位三洲岩摩崖石刻保护规划（2016—2035）》，2016年。

对于建筑及构筑物的建设应符合以下几点要求：①控制高度：考虑到对文物本体的影响及与周边环境的协调性，应该对新建建筑及构筑物限高。濂溪书院（展示厅）、三贤祠、观音庙等参照原有建筑规模，单层坡屋顶，建设控制地带内的建筑檐高限7米，总高限10米。②建筑形式与风格：新建建筑及构筑物形式与风格应体现地域与年代特色，如通过研读史料，从当地民居中提取建筑形式和风格元素，采用恢复明清时期当地民居特色的方式重建濂溪书院（展示厅）和三贤祠。③建筑材料及色彩：建筑材料宜选用当地特色材料，色彩宜从当地传统建筑中提取，避免太过鲜艳，避免与整体环境不协调的色彩运用。④建筑体量：濂溪书院（展示厅）、三贤祠、观音庙等建筑体量不宜过大，可参考原有建筑规模进行恢复，根据文物保护主体及实际地形地貌，结合风貌协调性，同意在保护规划总平面图（见图1）风貌协调区定位点20位置参照原有体量（建筑面积约414平方米）修复观音庙建筑。其他历史建筑同样参考原来规模修复。若现有已修建建筑及构筑物有不符合以上要求的，应及时拆除。

（4）环境协调区内建筑的处理方式。

在环境协调区内，原有建筑应进行整修，以符合文物整体风貌和满足功能上的需求。新建的建筑形式、体量、色调都须与文物保护单位相协调。

4. 环境规划

这主要指自然环境保护与整治：①禁止开山采石，禁止对文物本体开挖凿石，保持文物本体以及山体景观风貌的完整性，营造与文物本体相协调的环境。②空间环境整治，通过对周边建筑、村落环境、道路系统、植物绿化、公共旅游服务设施的整治，保证文物环境的协调、完整、统一。景观小品与绿化植被应选择与文物风貌和文化内涵相符合的、具有景观特色的当地树种，不得对景观环境产生不和谐的干扰。③道路广场的修建和改建要充分考虑其对文物本体造成的影响，规划范围内的公共开放空间地面铺装以及步行道路、停车场铺装应简洁朴素，采用自然形态的材料。④对于环境协调区内的构筑物采取相应的整治措施，保证文物本体与周边环境风貌的整体协调。

5. 生态保护的要求

一是保持原有的地形地貌，在保护规划范围内现有山林的基础上，防止砂质岩层断裂和水土流失，并注意进行树种选择，尽量使用本地树种，在增加绿化的同时注重其观赏性与经济性。二是策划水系疏浚，对文物保护单位周边的水域进行保养维护，使水系完整流畅，在改善生态环境的同时满足景观与休闲的需要。

6. 景观保护规划

一是延续岭南园林兼容并蓄、花木繁盛、重视观赏性和实用性相结合等特点。二是对现在已有的场地环境中不符合历史环境氛围或不满足使用要求的场地予以改善。对原有生态景观和农业景观，主要通过补种或更换植被、铺装材料，增加场地环境设施。三是对环境协调区内的水塘、农田和沟渠等农业景观不做过多的干预，以维护村民的正常生活。在保护范围内的道路和场地种植绿化，优化周边环境，重点整治文物本体附近水塘的滨水环境，在保留现有绿化的基础上，选用当地植物补栽其他绿化，形成多层次的绿化景观。四是充分保留和利用三洲岩滨江的丰富自然景观，营造和谐优美、视线通畅的景观空间格局。

四、保护规划特色

1. 功能分区

整个保护规划可以划分为五个功能区，分别是主体保护区、服务引导区、文化展示区、绿化休憩区及湖泊观景区。主体保护区包括文物本体及周围绿化，其余四个区围绕主体保护区展开。分别围绕文化、观景、休憩功能进行设计，突出保护主体的重要性。

2. 展示路线

交通流线以保护本体为中心，形成“一大环两小环多支线”的道路骨架，将保护区划内的各类展品串联起来（见图 2）。大环为主园路，围绕三洲岩把五个功能区串联起来；小环为次要园路，主要引导人流至东西两侧展区，使游人能更近距离地接近岩体观赏。东侧环路展示石刻历史文化，三条环路组合使得游人不仅能直观地接触到摩崖石刻，还能通过现代展示形式的描述深入了解三洲岩的历史；各个支线连通环路，为游人提供短时经典游玩路线和悠闲游览路线，并保证各个方向人流的通达性。4 米宽的主园路符合消防通道的标准。停车场邻近 321 国道，又与入口广场相连，有利于人群的疏散和提高交通的便利性。

展示路线又可分为主要游览路线和特色游览路线。针对不同人群的不同需要，可选择适合的游览路线。一是主要游览路线。围绕三洲岩本体并串联绿化休憩区，且路线可达其他景区。沿此路线可全方位欣赏三洲岩本体风貌，同时可以欣赏到不同的景点景色。二是特色游览路线。从主入口进入景区，连接东西两侧特色景区。东侧特色游览路线以展示历史文化为主，各分支小路通向不同的小景点；西侧特色游览路线把湖泊观景区、绿化休憩区及主体保护区串联起来，展示园区幽静、舒适的空间特点。

图 2　展示路线规划图

资料来源：华南理工大学建筑设计研究院、德庆县人民政府：《广东省文物保护单位三洲岩摩崖石刻保护规划（2016—2035）》，2016 年。

3. 设施建设

在展示设施的建设上，以三洲岩本体及洞内石刻展示为主，辅以室内展厅、景观墙、公告牌等，展示三洲岩摩崖石刻的文化积淀、历史事实等。在主要入口、主要交通节点以及不损害文物本体的情况下，在洞内设置监控摄像头。照明设施包括三洲岩本体外的路灯以及三洲岩内为展示摩崖石刻而设置的彩灯。

在游客服务设施的建设上，园内共设置两个公共卫生间，结合实际男女如厕需求，合理分配男女蹲位，同时注意残疾人蹲位和无障碍设施的设计。另设置一处游客服务中心，一处监控中心，一处门卫室，一处游船码头及三处休息场所，保障游客安全的同时提供给游客休闲驻足的场所。景观建筑风格、形式、色彩等均应尊重园内整体景观风貌而设计。

为方便游客游览，在道路交叉口均设置了园区标识牌，并按需求沿路设置指示牌三处。为提醒游人游览时注意保护花草树木及岩体石刻，在草坪、花圃、历史石刻边设置警示牌。

园内所有标识牌、指示牌和警示牌的材质、色彩、样式都应与整体景观环境相协调，以体现地域特色为最佳。

4. 开发容量控制及管理

根据《公园设计规范》（CJJ48—92）对公园游人容量的计算要求，市、区级公园游人人均占有公园面积以60平方米为宜，风景名胜公园游人人均占有公园面积宜大于100平方米。本规划区建设为文物保护区，游人容量的估算参照区级公园和风景名胜公园的游人容量计算标准，故本保护区内游人人均占有公园面积取值80平方米。三洲岩保护区（含保护范围、建设控制地带和环境协调区）内建设总面积约为68 001平方米，其中扣除水体面积后的总面积约为49 140平方米。

管理目标：①使文物保护单位得到必要的日常维护，能够及时发现文物安全隐患并能及时采取有效消除或缓解措施。②文物保护单位的信息采集要全面，档案资料应完整准确。③文物保护单位应得到长期有效的保护和利用，以扩大其社会效益。

管理机构设置：由德庆县人民政府批准设置三洲岩摩崖石刻管理处，具体负责本文物保护单位及其周边规划范围内的保护和日常管理工作，设立文物保护管理、宣传教育、展示陈列、安全保卫等业务部门。

管理办法制定：①由德庆县文物行政部门制定公布《三洲岩摩崖石刻

保护管理规定》，保护管理应贯彻“保护为主、抢救第一、合理利用、加强管理”的十六字工作方针，明确保护的内容和要求，规定管理机构的责权范围与日常工作内容，提出奖励与惩处的具体办法等。②由三洲岩摩崖石刻管理处，依据《三洲岩摩崖石刻保护管理规定》和其他有关规定，制定管理处的人员管理、财务管理、岗位职责等规章制度，报上级部门批准并公布实施。③管理机构的工作人员，在上岗前必须接受文物保护法规和管理规章制度的培训，通过考核方可上岗。在岗的管理机构工作人员，应定期进行培训，学习先进的保护和管理知识，逐步提高保护和管理工作的水平。④公布文物保护单位的保护区划，设置保护标志，规范保护档案。⑤增加文物保护和管理工作中的科技含量，利用现代科技成果与手段，提高文物档案管理、日常维护、信息传播和科学展览的水平。⑥积极普及文物保护知识，宣传文物的历史、科学、艺术价值及其重要作用，提高市民的文物保护意识。

管理机构责权范围与日常工作内容：①管理机构职责以保护管理为主，明确区域内文物的管理范围和管理地位。②文物的日常管理工作有经常性保养维护工作：定期巡查，及时消除安全隐患，以保证文物的安全；日常监测，记录相关资料，做好文物管理档案；开展日常宣传教育工作，做好保卫、消防和公共安全，以及游客服务和旅游产品的开发等。

五、结语

在对三洲岩开发利用过程中，一是要注重对自然和文化资源的保护，设立管理机构，加强学术研究，推进保护规划公布，对延续历史文脉具有重要意义和作用。二是落实规划内容，严格管控建设项目，避免过度开发和低效开发，利用南粤古驿道等线性文化遗产，串联三洲岩摩崖石刻及其周边景点，有利于促进德庆旅游产业发展。

参考文献：

[1] 德庆县地方志编纂委员会：《德庆县志》，广州：广东人民出版社，1996 年。

[2] 国家文物局：《全国重点文物保护单位保护规划编制要求》，文物办发〔2003〕87 号。

[3] 华南理工大学建筑设计研究院、德庆县人民政府：《广东省文物保护单位三洲岩摩崖石刻保护规划（2016—2035）》，2016 年。

[4] 王成晖、刘业、周庆：《广东省城市总体规划中文化遗产保护规划的模块化思考》，《南方建筑》2016 年第 4 期，第 86 – 92 页。

三洲岩摩崖石刻旅游保护的方针与策略

罗　明　黄衍丽①

摘　要： 三洲岩摩崖石刻“始于宋，盛于宋、明、清”的断代已为大多数专家学者所认可。古代无数文人骚客前往题诗纪事、抒己情怀，遂成三洲岩摩崖石刻；它以具体象形的物质存于世，留下时代的烙印，蕴含着古今人类历史的相关信息；有鉴于其历史性、文化性、艺术性的多重重要性，对于三洲岩摩崖石刻保护的意义就非常重大。本文依据古人摩崖石刻制作施工的工艺方法，提出了保护现存三洲岩摩崖石刻的方针与策略，展望日后树立为地方特色旅游文化品牌，从中不仅可以让游客旅途中增加文化艺术体味及与历史沧桑触碰感，而且能体会到当代文物保护科学技术的进步；三洲岩摩崖石刻只有被完好地保存下来，才会有络绎不绝的人慕名前来考察研究，真正实现文化与旅游并举。

关键词： 三洲岩；摩崖石刻；旅游保护；方针与策略

三洲岩高三五十米，岩洞内阔可容千人，山体岩层由水成岩构成。宋代理学家周敦颐曾创办濂溪书院，时人称“濂溪先生”，教民于乐。据传他对村民说：“东海有三神山，名曰蓬莱、方丈、瀛洲，为神仙所居，故把此岩以‘蓬莱第三洲’之意命名方为最佳。”此后“三洲岩”之名沿用至今。三洲岩摩崖石刻的具体位置是在今广东省德庆县九市镇三洲村内，距离县城三十多公里。该县在汉武帝元鼎六年（前 111）时，被设置为端溪县（今德庆县），到了贞观十一年（637）改名为康州，至宋绍兴年间（约 1131 年）方改康州为德庆府。而三洲岩溶洞内则以“奇丽景观”现象

① 罗明，肇庆学院经济历史文化研究院教授；黄衍丽，华中师范大学硕士研究生。

闻名，吸引着文人骚客前来题诗纪事、抒己情怀，于是三洲岩摩崖石刻诞生了。三洲岩的摩崖石刻均是雕刻在石灰岩层上得以保存的艺术作品，故为今人留下了珍贵的文化遗产。

一、三洲岩摩崖石刻的现状

德庆自汉武帝置县起至今已有两千多年的历史，三洲岩的存在则历史更悠久，本文所提及的三洲岩均自三洲岩有摩崖石刻起而为论，后文均同于此。三洲岩摩崖石刻“始于宋，盛于宋、明、清”的断代已为大多数专家学者所认可，清光绪年间编纂的《德庆州志·金石》中收录有三洲岩摩崖石刻的绝大多数题刻，现保存有摩崖石刻九十余题刻。据记载，三洲岩摩崖石刻较早的宋庆历年间的题刻、周敦颐题名、元符年间苏东坡的题名等一些珍贵石刻，均已经损毁，现仅存南琴的题刻了，由此亦可见，外在因素对三洲岩摩崖石刻影响之严重，也愈发显现出对三洲岩摩崖石刻保护的重要性与现实意义；如果原物都已毁损殆尽了，深入研究的难度就增加了，旅游文化中的文化色彩因素就减弱了许多，所以，三洲岩摩崖石刻的保护当为深入研究和旅游文化开发、开展中的第一步。

三洲岩在古代如何呢？明代李逢升①在《三洲岩记》中记录：“州东七十里有三洲岩。闻之海有三洲，可望而不可即，仙子旅处焉。”清代梁修②曾记载：“去州治东六十里，舟江上，见水折处巨石巉然起，高可数十丈，石巅三四岐，皆俯折南向，向势欲坠，状绝肖雄鸡冠，俗谓之鸡冠石。脉延西北，隐跃起伏若草蛇。约四五百步，拔地起，是为三洲岩，高大皆数倍鸡冠石，状亦大致仿佛，而中独空，两口可入。南口绝狭而险，北口洞若巨门，容旋马，志称上有‘玉乳岩’三大字。”光绪《德庆州志》亦载有“宋刻36人38题，明刻138人152题，赋诗106首”等。

据不完全统计，至今还存有上至宋熙宁元年（1068）下至清道光二年

① 李逢升，字含真，德庆县人，明崇祯监生，崇祯四年（1631）命修葺三洲岩各景点。

② 梁修，字梅想，德庆县亭底人，清光绪举人，以诗名于省垣，有《绵石集》。本文仅见存于残页，未见《三洲岩歌》。

（1822）的题刻91题，其中大概有宋刻8题，明刻74题，清刻4题，辨不清年代的5题。

造成如今状况的原因，今人归纳为："因风雨剥落及曾遭到爆破取石的破坏，大部分石刻已毁。""已被后人破坏，很多珍贵石刻诗词已荡然无存了。"

事已至此，感叹是没有用的，必须制定出合理的、完善的、科学的针对三洲岩摩崖石刻现状的保护方针与策略，而在现代社会中"保护第一，研究第二"早已是各类文化遗产研究中默认的总体方针。那么怎样才算是合理、完善、科学的保护方针与策略呢？首先要对古人进行摩崖雕刻的施工工艺流程有一个清晰、合理的概念，这样才能针对现存摩崖石刻制定出相关保护的方针与策略。

三、三洲岩摩崖石刻保护的意义

三洲岩摩崖石刻以具体象形的物质存在于世，留下了不同时代的烙印，蕴含着古今人类历史的相关信息。而三洲岩摩崖石刻书法内容更是极具真实性与可靠性，"欲考历代种族之区别，疆域之开拓，社会之习尚，文化之变迁，宗教之流传，均宜取资金石为佐证"①。宋代赵明诚在《金石录》序中也指出："盖史牒出于后人之手，不能无失，而刻辞当时所立，可信不疑。"② 而德庆三洲岩摩崖石刻至今已有近千年历史，自然可以作为象形史料证据来研究、引用，鉴于其历史、文化、艺术的多重重要性，对于三洲岩摩崖石刻保护的意义就非常重大。

四、古人摩崖石刻施工工艺方法

古人在山体岩石摩崖上雕刻书法的施工工艺方法，实际上也是在古代环境下一种符合现代科学的施工方法。

① 陆和九：《中国金石学讲义》，北京：北京图书馆出版社，2003年。
② 转引自赵超：《中国古代石刻概论》，北京：文物出版社，1997年。

摩崖石刻采用的是在确保施工安全质量的情况下一系列合理的、科学的施工步骤与方式方法。本文试从以下几个方面还原其施工过程。

（一）对施工现场的选择步骤

1．勘验工作

首先，进行岩体安全隐患检查与排除工作。其工作范围主要在岩体顶部和工作面的活动岩体加固或排除上。其次，有效调查勘探岩体顶部排水分流导向并进行合理化的处理，以确保不影响正面垂直岩体为施工原则。

2．进行施工现场作业区的选择

一般情况下要求三通一平，并具备足够的施工作业面。另外，要有近几年的当地气象数据资料作为参考，以便根据历年天气气候变化规律制定施工进度，最大限度做好风、雨、雷电、旱涝、地震等自然灾害的预防工作。同时，要对岩体地质进行分析勘探，制订规划，撰写报告，并重点对施工工匠进行讲解，让他们充分了解山体岩石地质性质与结构，以便设计雕刻开凿方向、顺序、力度等方面的各种应对策略。除此之外，要对预防排除坍塌、漏水等诸多不安全且不利于施工的因素作出正确评价。

（二）古人对字体雕刻深度的设计与放大技术的科学性处理

首先就是对放大原纸稿的准确度掌控。书法艺术是通过各类宣纸来表现其艺术性的，而各类宣纸都有规范的格式比例，如果要放在大自然的岩石上，制作成摩崖石刻，必然要通过较为精准的放大技术支持。通常采用等比例尺放大技术，然后再按1：1定稿足尺规格运作，完成之后即可在开阔平整广场地段平铺、拼样并进行校正。一般情况下以三米见方分割，并进行编号标记，但是其间一定要注意保护编号标记并按编号进行存放，妥善保管以防错乱导致工序无法正常开展。

（三）摩崖石刻雕刻前的准备工作

一般情况下，会用到脚手架、吊篮法面等方式方法进行放线处理，由资深的专业技术人员进行操作。其主要的操作工作方法是以中线垂直线水平线定位，按三米见方空格规格大小放线，并与字样分块编号一致标记好后，把等比例分块字样对号固定并复制到岩体上，待成功复制后再用红漆涂线勾勒轮廓。

通常的观测方法是在距崖体前三四百米的观测点校对字形最佳，而且从这个位置可以有效地观测到作品是否端正、是否与原作风格背离、是否出现不一致现象等诸方面；待定位完成且由相关技术人员测定合格后，方可由工匠进入摩崖雕刻阶段。

（四）正式摩崖刻石

古人认为摩崖雕刻很神圣，是惊动山神之举。所以在开工动土之前尊礼俗、择吉时，且必须举行祭山典礼仪式，直到礼毕后方可正式开工刻石。开工也非常讲究，要求工匠必须按技术人员提供的图纸样稿进行，不能有丝毫的马虎。技术条件满足了之后，这就要看工匠的雕刻水平如何了。其难度在于，开工从上至下，必须按设计要求的深度、坡度进行雕刻，误差不能太大，否则前功尽弃。另外，必须有对工匠的安全防护措施，因为有的地方需要高空作业。所以，摩崖雕刻的工费成本可想而知，摩崖石刻的完成并非一般个人财力、物力所能实现。

古代工匠对摩崖雕刻的处理方法，一般情况下是以大型粗加工去荒，预留 5 ~ 10 厘米余量；第二步开始做细，表面处理加工到最佳的效果，达到设计施工初始的设计效果，然后依次自上向下分段雕刻制作。

（五）摩崖石刻完工后的处理方法

摩崖石刻作品完成后会有施工方或出资方前来验收，确定摩崖雕刻作品与设计样本要求一致并进行相应验收合格后，方可进行最后的工序，即清洁、填涂、刷漆。

通常情况下要做的是：首先，对岩体渗漏部分须先做防水处理；其次，清洗摩崖石刻；再次，用漆喷涂、填充字体二至三遍；最后，清理现场，拆除了脚手架，摩崖石刻即算制作成功。

五、现代三洲岩摩崖石刻旅游保护的方针与策略

了解了古人制作设计摩崖石刻的施工工艺流程之后，就可以依其手法对摩崖石刻进行还原加固处理，并制定出相应的保护方针与策略。

三洲岩摩崖石刻因所处的地理环境较为稳定，变化相对较少，所以利于保护。首要任务是研究三洲岩摩崖石刻材料表层在环境变化中的变异过程，需要作具体样本分析与仪器测试分析。三洲岩摩崖石刻保护的最终目的是抑制其主体破坏的速度，从而延长其存在的时间。故对于三洲岩摩崖石刻保护而言，因其实施对象的特殊性和复杂性，必须依靠基础学科理论的发展才可完成该阶段的任务。而岩石材料劣化分析研究的目的就在于通过评价，将研究与工程实践结合，使摩崖石刻的保护更具针对性，同时完善工程实践的科学程序。

由于三洲岩摩崖石刻所处环境与山体相通，因此使用的加固剂必须既能加固山岩岩层体，又不会受到水的反复作用影响，也不会助长霉菌的生长，同时所选加固剂的强度不宜过大，否则会在加固与未加固的界面上形成新的断层。另外，加固剂必须有足够的渗透深度，而且加固强度应该均匀地分布于渗透深度上。

对于三洲岩摩崖石刻表层材料可作物理性质分析，如颜色、孔隙率、吸水性、光泽度、粗糙度等方面，亦可作化学性质的分析，如外来附积物造成化学组分的变化、内部渗水沉淀物造成化学组分的变化等方面，以及内部结构方面的分析，如微裂隙、微缺陷等方面。由于三洲岩岩体属于矿物的集合体，因此三洲岩摩崖石刻出现的病变，均与其内部矿物和充填物质组分、结构、构造的变化密切相关。

一般选用的石质文物加固剂分为两类，即无机加固剂与有机加固剂，但对其有基本要求，也就是说，第一，材料的黏度要低、渗透性要好，可以方便使用灌浆技术。第二，材料抗老化性能要求良好，即使时间久了发生老化，也不应该产生对摩崖石刻有破坏的新物质。第三，材料与摩崖石刻岩体要有较好的黏结力和附着力。

三洲岩摩崖石刻还有风化病害的出现，而针对风化岩体最有效、最直接的保护措施是采用提高机械强度的办法，这是最为有效的一种保护方法。

对于三洲岩摩崖石刻保护的方针与策略一般有以下几种：

第一，了解摩崖石刻所依附的地质环境和摩崖石刻的病害。目前，对于三洲岩摩崖石刻的首要威胁是稳定性问题，包括整体稳定性和局部稳定性；要预防可能的整体滑移、垮塌和局部的崩塌。

第二，进行具有针对性的定量分析和评估，为三洲岩摩崖石刻保护实施提供依据。

第三，对三洲岩摩崖石刻内部的物理风化作用与岩体内部的含水作用进行科学研究。

雨水渗透和地下水以及岩层水对摩崖石刻的影响相当重要，由于水可以从多方面加剧岩石的风化，因而防水也是重要的课题。此外，经过千余年的时间，摩崖石刻表面的风化自然也会出现，如何真正将摩崖石刻表面几厘米深的文化遗存保留下来，这更是一个棘手的课题，目前已有一些经验可供借鉴。摩崖造像雕刻在石壁上，而岩石材料是地质作用的产物，岩石的变形和破坏不但与岩石的复杂成因及结构密切相关，而且受到温度、围压、孔隙水等环境因素的影响。根据不同地域，科学地分析地质背景对摩崖石刻风化的影响，对指导不同地域各自采用独特的方法与手段保护摩崖石刻具有重要的意义。

第四，防止人为破坏的发生。人为破坏即由人为的原因造成的，如拆毁、改造、敲砸、污染、失火、环境破坏等方面。其防止的方法，主要是采取宣传教育，说服劝导，执行法律、命令、规章制度，加强管理等措施来加以解决，此方面涉及的问题较多，需另作专门讨论。

第五，对于摩崖石刻自然破坏的防护。自然破坏指非人为所引起的破坏，如风雨侵蚀、暴晒、空气干湿变化，热胀冷缩、鸟兽、虫蚁、细菌以及洪水、雷电、地震的发生等。对于防止自然的破坏，主要是采取科学的方法，通过保养、维修、修理、修复以及灭菌、除虫、驱鼠、避雷、防水、防火、抗震、控制温湿度、防止紫外线等手段来加以解决。

第六，从摩崖石刻材料保护的角度进行分析处理。三洲岩摩崖石刻由于自然地质营力与人为破坏，摩崖石刻已出现不同程度的损毁，其材料性能发生衰变直至劣化，所以从摩崖石刻材料保护的角度分析方能“对症下药”。

综上所述，对于三洲岩摩崖石刻的保护可以概括为以下几个方面：

（1）前期实验，提供理论数据。

（2）对于已经出现病变的摩崖石刻的处理。

（3）对于摩崖石刻上已经出现的裂隙的加固处理。

（4）对于有预兆病变的摩崖石刻的预防处理。

（5）对于已经出现的霉变、苔藓等状态的摩崖石刻的霉菌、微生物处理。

（6）对于摩崖石刻岩体内水分的处理。

（7）对于摩崖石刻中出现的裂缝、孔洞的处理。

（8）对于山体顶部的防雨水渗漏处理。

（9）对于保护后的摩崖石刻的做旧处理。

（10）保护效果检测。

任何摩崖石刻都会是如此，一旦失去了原貌，它的价值就大大减弱了，甚至完全没有了价值。

保存现状或恢复原状，是摩崖石刻保护、修复（乃至包括所有文化遗产保护研究）中的一个重要原则，曾被多次写入文物保护管理条例和修缮办法之中，相关的文物保护法把它概括为“不改变文物原状的原则”①。

三洲岩摩崖石刻的保护目的，就是要以先进的科学技术来防止其损毁，延长其寿命，而且在保护过程中最大限度地保存其历史、艺术、科学价值。

综合三洲岩摩崖石刻保护的方针与策略，可以首先从以下几个方面入手：

第一，对三洲岩摩崖石刻岩石材料劣化进行勘察和现场检测技术分析。

第二，对三洲岩摩崖石刻岩石材料典型劣化类型特征及形成机理进行

① 国际古迹遗址理事会中国国家委员会：《中国文物古迹保护准则》，2015年。

分析处理。

第三，对三洲岩摩崖石刻岩体表层劣化特征及评价方法研究定论。

第四，文物保护经费积累，争取社会多方赞助，解决资金问题。

第五，在各方条件都容许的情况下展开局部或全面的加固修复工程。

第六，通过申报国家或者省级课题的方式进行研究型保护。

六、余论

德庆三洲岩摩崖石刻艺术终归属于中国古代摩崖石刻艺术的一部分，故而也符合自然与自身的发展规律，摩崖石刻中宋代的意蕴以及清代碑学的复兴均在三洲岩摩崖石刻书法作品中有多多少少的体现。

三洲岩摩崖石刻与当地的地域文化相互交融发展，同时，对三洲岩古代摩崖石刻书法文化的挖掘也有助于对德庆地域文化的理解与发扬。当下，三洲岩摩崖石刻尚未成为德庆地区著名的旅游中心，说明此种人文景观的文化性还未得到充分的重视，亦未充分地发掘其中的旅游经济文化价值。旅游经济文化价值研究虽不属于本文的研究范畴，但以发展眼光来看，摩崖石刻艺术是附着于山体岩层表面的，不同程度的风化在所难免，加之如果缺乏必要的保护，定将导致摩崖石刻艺术的最终损毁，从而对旅游经济文化价值产生一定的负面影响。

摩崖石刻属于自然山体上的文化印记，将文字雕刻在岩石上，是为了防止深层次损坏，创造者的原本创作初衷也是希望作品能够长长久久地保存，所以三洲岩摩崖石刻理应受到我们当代人的关怀与爱护。“谨案：题名在德庆三洲北岩。石崩坠，覆压岩口外，视石旁仅见‘东坡遗迹’四字耳。俯身而入，此刻仰刊石底田，掘土三尺拓得之。东坡遗迹，经党禁后辄遭磨灭，此刻独完，或以崩附故耳。”① 可见，损毁、崩坠事故“古已有之”，所以，有效地保护三洲岩摩崖石刻是利国利民、利于千秋万代的大好事。

本文的写作初衷就是期望三洲岩古代摩崖石刻能成为德庆当地的特色

① 阮元撰，梁中民点校：《广东通志·金石略》，广州：广东人民出版社，2011 年。

旅游文化品牌。从中，不仅可以增强游客对文化艺术的感知，增加其与历史沧桑的触碰感，也能让其体会到当代文物保护科学技术的进步，同时可以起到传播、宣传与推动作用，让古代摩崖石刻艺术得到越来越多人的喜爱，形成长期持久的、妥善的、自发的人为保护环境。三洲岩摩崖石刻只有被完好地保存下来，才会有络绎不绝的人慕名前来观赏、考察、研究，才能真正达成文化与旅游并举之气象。

摩崖有芳草　三洲建公园

——对德庆三洲岩保护与利用的思考

邱立诚[1]

摘　要： 本文对德庆三洲岩摩崖石刻简况、建设三洲岩摩崖石刻文化公园及其展示馆和三洲岩摩崖石刻文化展示馆的基本内容进行探讨，这是“让文物活起来”的具体表现，期望早日建成三洲岩摩崖石刻文化公园及其展示馆并发挥作用，使三洲岩摩崖石刻的保护和利用再上新台阶。

关键词： 三洲岩；摩崖石刻；保护利用

德庆县举办“德庆三洲岩摩崖石刻”研讨会，对三洲岩摩崖石刻的研究及保护开发等问题进行研讨，这是“让文物活起来”的具体表现。欣喜之余，笔者写下数言，请有识者指教于一二。

一、德庆三洲岩摩崖石刻简况

我们知道，曾记述德庆三洲岩的宋代唐公佐，其诗《三洲岩》可见于清代厉鹗（1692—1752）所编的《宋诗纪事》卷八十三，其实，黄佐在明嘉靖时纂修的《广东通志》卷十四已有记载。明陆鏊所修的《肇庆府志》卷四十八也曾记述此诗，可惜《宋诗纪事》已佚不存。诗曰：“洞里光阴经几春，洞前古木垂千寻。不知空谷当年事，谁识庞眉处士心。残月照入吞远徼，晚风吹梦入幽岑。我来访得神仙宅，好听云端环佩章。”这首诗

① 邱立诚，研究馆员，广东省文物保护专家委员会委员及广东省鉴定委员会委员，主要从事广东考古研究及文物保护工作。

就是专咏庞眉皓首的“仙翁”，因《德庆州志》记载：“有仙翁，庞眉皓首，或樵或渔，不知其姓名。”时称三洲岩为“仙翁岛”。但唐公佐的生卒年及其生平俱不详。

据云，宋代理学家周敦颐（1017—1073）在德庆三洲岩创办濂溪书院，认为三洲岩实属人间仙境、世外桃源，取“蓬莱第三洲”之义为名更好。周邻村民认同濂溪先生所言，便把原称为“仙翁岛”之石灰岩洞更名为“三洲岩”。此当为一说，尚需研讨。

周敦颐在德庆三洲岩创办濂溪书院，时间是在北宋熙宁元年（1068），史载，熙宁初，周敦颐知郴州。又因右谏议大夫赵抃、资政殿大学士吕公著推荐，为广东转运判官，提点刑狱。此时亦当为熙宁元年。当年十二月十六日，周敦颐在连州大云洞（今连州市第六中学校内）题“转运判官尚书驾部外郎周敦颐茂叔，尚书屯田郎中知军州事何延世懋之，熙宁元年十二月十六日同游”四十二字，至今尚见刻石。[①] 同年十二月二十六日，周敦颐至德庆三洲岩，是否在三洲岩创办濂溪书院一事并未能确认，可惜周敦颐在三洲岩的题刻亦未留存。熙宁二年（1069）正月七日，周敦颐还到肇庆七星岩游览，并留有题刻。[②] 事实上，濂溪书院在今湖南汝城，始建于宋宁宗嘉定十三年（1220），是为纪念北宋理学鼻祖周敦颐（世称濂溪先生）而建。皇祐二年至六年（1050—1054），周敦颐任桂阳（今汝城）县令。其间，“风节慈爱，吏治彰彰”，并在此写下《爱莲说》《拙赋》等千古名篇。周敦颐创立了理学理论基础，被称为“上承孔孟，下启程朱”的先贤。故汝城兴建书院永作纪念。虽经近千年的沧桑变迁，但薪火相传，保存至今。因此，周敦颐在德庆三洲岩创办濂溪书院一事并未认定。而后人在三洲岩旁建纪念性的濂溪书院（今已不存），此是后话。

熙宁元年，枢密院侍禁官南琴的题刻当略早于周敦颐的题刻，从题刻内容看，“熙宁元年仲春月，六至境内靖寇，侍禁南琴曾来三洲岩游，题于石壁也”（见图1）。可知当地于熙宁元年初已称“三洲岩”。故三洲岩

---

① 曹腾、黄道钦主编：《广东摩崖石刻》，广州：广东人民出版社，1998年，第53页；《连州文物志》编撰委员会编：《连州文物志》，北京：中国文史出版社，2014年，第326－327页。

② 曹腾、黄道钦主编：《广东摩崖石刻》，广州：广东人民出版社，1998年，第54页。

一名并非周敦颐所改。

图 1　南琴在三洲岩题刻之拓片

图 2　元绛在三洲岩题刻之拓片

三洲岩现存最早的题刻应是元绛为宋皇祐四年（1052）广西发生瑶乱围攻康州（德庆）之事所题的《闵忠诗》（见图 2），部分内容为："转战谯门日再晡，空絭犹自冒戈殳。身垂虎口方竖坐，命弃鸿毛更疾呼。柱上杲卿余断节，绔间杵臼得遗孤。于嗟天下英豪气，不愧山西士大夫。"此题刻当晚于宋皇祐四年五月。且题刻中有"三洲洞石"之称谓。这个题刻印证了当时的历史事件。

此外，还有宋治平年间（1064—1067）萧渊言的题诗（见图 3），其内容为："宰端溪萧渊言：［山势］凌空下郁迂，前森秀［岛］应台苻。洞中古老传仙迹（《图经》云，古老相传有庞眉皓首者隐是洞），望外风光接海隅。屹若臣心强谏剖，嵌如龟腹效灵刳。清幽景致仁人乐，谁为名标胜地图？"此诗开端处补文为［留题三洲洞］，依此，则此时亦已出现"三洲"二字。笔者认为，三洲岩的得名，取"蓬莱第三洲"之义是可信的，但出自何人则未能确定。

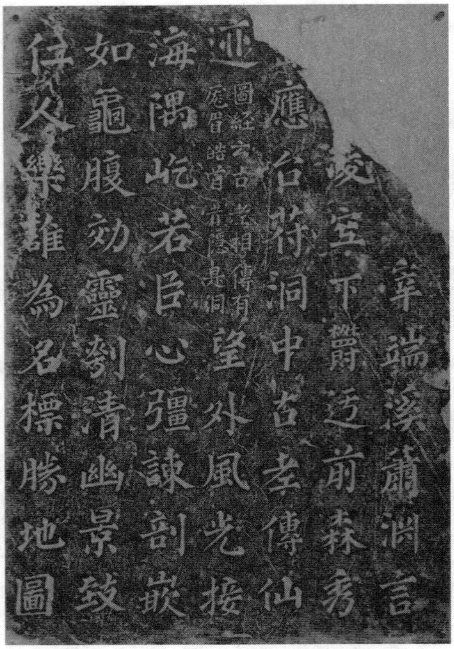

图3　萧渊言在三洲岩题刻之拓片

据光绪《德庆州志》记载，宋代马寻、祖无择、苏东坡、李纲，明代陈白沙等名人贤士都曾在三洲岩留有题刻。最早的石刻是转运使马寻所题，刻于宋庆历三年（1043），其时任广东淮南两浙转运使。祖无择的题刻当在任广南东路水陆计度转运使之时，据说是在宋皇祐二年（1050），如无误，其题刻亦属较早。祖无择在皇祐二年仲春十三日在肇庆七星岩游览并题名；皇祐二年仲冬月十九日在阳春春湾通真岩游览并题记；皇祐二年冬闰十□月二十七日在博罗罗浮山五龙潭游览并题字；皇祐庚寅孟冬十二日在连州大云洞游览并题名。[①] 由此可以推知，祖无择在三洲岩的题刻时间很可能就是皇祐二年仲春月。苏东坡的题刻是在宋建中靖国元年（1101），其时苏东坡被贬至海南儋县，元符三年（1100）四月获大赦，复任朝奉郎。北归途中，不惜绕道长途跋涉，从藤县、梧州专程前来三洲岩，留下题名而去，却未到肇庆七星岩，至三水转北江而经梅关北上，可

① 曹腾、黄道钦主编：《广东摩崖石刻》，广州：广东人民出版社，1998年，第45－48页。

见三洲岩在当时名气很大。这虽然算不上什么大事，但影响却很久远。建中靖国元年七月二十八日，苏东坡即在常州（今属江苏）逝世，享年六十五岁。清末丘逢甲虽未到过三洲岩，但知道苏东坡在三洲岩题名之事，故有诗曰："古人弃我去，留我题名处。何时我来游，亦刻数行字。"李纲的题刻应在建炎三年（1129），朝廷命其移往澧州（今湖南澧县），御史中丞王绹弹劾李纲"经年不赴贬所"，故于建炎二年（1128）十一月四日再贬谪万安军（今海南万宁），建炎三年十一月二十五日，李纲与子李宗之南渡琼州，李纲此题刻可能是在被贬路上游历德庆三洲岩时所题。

依德庆县文化广电旅游体育局统计，三洲岩现存摩崖石刻100题，其中宋刻10题，明刻79题（当中有12题仅列至明代，其余各题均有具体年号或干支年），清刻4题；石刻年代不详的7题。其年代上自宋治平年间（1064—1067），下至清道光二年（1822）。由此可知，目前已出版的书刊公布三洲岩现存摩崖石刻资料为91条及最早题刻为熙宁六年（1073）是不准确的。① 另外，欧清煜、林瑞球的《三洲岩诗文全录》中共收录三洲岩摩崖石刻181幅，这当然包括了已被毁去的部分；还收录历代未刻石的题诗57首，散文3篇。所录诗文，上至北宋马寻题名，下迄民国初丘逢甲题诗。

二、建设三洲岩摩崖石刻文化公园及其展示馆

德庆三洲岩摩崖石刻于2002年被公布为第四批广东省文物保护单位，这为保护和利用三洲岩创造了良好的条件。《广东省人民政府关于进一步加强文物工作的实施意见》（粤府〔2016〕97号）中提出"全面提升不可移动文物的保护力度，完成全省省级以上文物保护单位'四有工作'（有保护范围、有保护标志、有记录档案、有保管机构）"。因此，建立德庆三洲岩摩崖石刻管理所是当务之急。此外，建设德庆三洲岩摩崖石刻文化公

① 广东省文物局编：《广东文化遗产·石刻卷》，北京：科学出版社，2013年，第24页；欧荣生主编：《广东省肇庆市不可移动文物名录·德庆篇》，广州：世界图书出版有限公司，2013年，第152页。

园的时机也已成熟，应在保护范围和建设控制地带的基础上，“加强文物保护规划编制的实施”，“将文物保护规划相关内容纳入城乡规划，加强文物保护规划与各层次规划衔接，严格按照规划落实文物本体保护及周边环境风貌控制”①。故此，笔者提出建设德庆三洲岩摩崖石刻文化公园及其展示馆。就风貌而言，三洲岩作为文化公园之地，实至名归。三洲岩又名玉乳岩。高约50米，岩洞幽胜，洞内多石钟乳，空洞广阔，由水成岩构成各种胜景，象物命石，景色宜人；石钟地鼓，击之有声；其中倒影，堪称一绝。而摩崖石刻，保存至今不易，是不可移动文物中的精品，具有历史文献、书法艺术等文物价值，做好保护和利用，是义不容辞的责任。在公园范围内，还可以设置相关的历史名人卡通雕像，以增加游客的知识，提升他们的兴趣。

目前，全省国家级的石刻类保护单位仅4处（肇庆七星岩摩崖石刻、仁化丹霞山摩崖石刻、罗定龙龛岩摩崖石刻、东莞却金亭碑），省级石刻类保护单位32处。其中，由风景区管理处管辖的，如肇庆七星岩摩崖石刻、仁化丹霞山摩崖石刻、博罗罗浮山摩崖石刻、潮州葫芦山摩崖石刻；由寺庙管理的，如乳源云门寺南汉碑、雷州雷祖古庙碑刻、伏波祠碑刻等，更多的石刻类文物保护单位是处于无机构保护管理状态，文博单位直接管辖的可以说一处也没有。因此，对广东省高级别文物保护单位建立保管机构是迫在眉睫之事。

为贯彻执行中央和广东省建立保管机构及遗址公园的指示，各级政府应迅速行动起来。德庆县也应建设三洲岩摩崖石刻文化公园，“坚持保护为主、保用结合，坚持创造性转化和创新性发展，大力拓展文物合理适度利用的有效途径，传承中华优秀传统文化，培育社会主义核心价值观，让历史说话，让文物活起来，讲好中国故事，提升中华文化国际影响力，让宝贵遗产世代传承、焕发新的光彩，用文明力量助推发展进步”②。

---

① 广东省人民政府：《广东省人民政府关于进一步加强文物工作的实施意见》（粤府〔2016〕97号）。

② 广东省人民政府：《广东省人民政府关于进一步加强文物工作的实施意见》（粤府〔2016〕97号）。

三、三洲岩摩崖石刻文化展示馆的基本内容

关于三洲岩摩崖石刻文化展示馆的内容，如下几点是可以考虑的：

1. 展览三洲岩摩崖石刻的拓片或照片

三洲岩的摩崖石刻绝大部分都有拓片，这为展示提供了很好的资料基础，配合照片资料（含全景或特写），就可以使参观者有直观的、可以分辨的素材。此外，加上译文，虽不能保证百分之百准确无误，但有可供比较的资料。如观众、游客有新的解释或译文则更好，这也是与参观者互动的项目之一。再者，题刻的背景资料也可以展示，以便参观者更好地理解每一条题刻的内涵和意义。

2. 展示曾在三洲岩题刻，但石刻已被毁不存的历史名人

这方面的人物有宋代的周敦颐、祖无择、马寻、苏东坡、李纲和明代的陈白沙、丘濬等，这些历史名人的生平可以特别地展示。如周敦颐（1017—1073），又名周元皓，原名周敦实，字茂叔，北宋道州营道楼田堡（今湖南省道县）人，世称濂溪先生，宋朝儒家理学思想的开山鼻祖，文学家和哲学家。他所提出的理学基本概念，构成了理学范畴体系中的重要内容。

祖无择（1011—1084），字泽之，祖籍范阳，祖辈至道年间迁入上蔡。曾移提点广西东路刑狱，迁太常博士又徙荆湖北路，直集贤院、广南东路水陆计度转运使，谪吏忤权贵降知袁州。熙宁初知通进银台使。授中大夫知信阳军，卒于任上。

马寻，须城人。生卒年不详。举《毛诗》学究，累判大理寺。历提点两浙陕西刑狱、广东淮南两浙转运使，知湖、抚、汝、襄、洪、宣、邓、滑八州。终司农卿。

苏轼（1037—1101），字子瞻，世称苏东坡。眉州眉山（今四川省眉山市）人，祖籍河北栾城，北宋文学家、书法家、画家。曾任翰林学士、侍读学士、礼部尚书等职。

李纲（1083—1140），字伯纪，号梁溪先生，常州无锡人。两宋之际

抗金名臣，民族英雄。历官至太常少卿。宋钦宗时，授兵部侍郎、尚书右丞。靖康元年（1126）金兵入侵汴京时，任京城四壁守御使，团结军民，击退金兵。绍兴二年（1132），复起用为湖南宣抚使兼知潭州，旋即又遭免职。绍兴十年（1140）病逝。

陈白沙（1428—1500），原名陈献章，广东新会县都会村人，字公甫，号石斋，曾在白沙村居住，人称白沙先生，享年73岁，明代著名的思想家、教育家、书法家，被称为“一代大儒”和“岭南第一人”。他几次科举不中，一身学问但仕途无望，有《白沙子全集》传世。明成化十九年（1483）被授予翰林院检讨。

3. 搜集和展现在三洲岩留有题刻的历史人物之生平、背景

这方面的代表性人物有北宋文学家元绛、南宋著名学者詹仪之、明洪武年间刑部尚书李质、景泰年间广东都指挥佥事尹通、成化年间两广总督韩雍、广东按察使吕洪、嘉靖年间广东布政使周宣、工部左侍郎龚辉、肇庆知府李密、德庆知州陆舜臣、南京工部尚书吴廷举和清代的广东巡抚记室仪克中等。

元绛（1008—1083），字厚之，钱塘人，一说字厚之。祖籍南城县东兴乡苏源村（今江西省黎川县荷源乡苏源村），后为钱塘（今浙江杭州）人。生而敏悟，5岁能作诗。以廷试误赋韵，得学究出身。再举登第，调江宁推官。迁江西转运判官，知台州。侬智高反岭南，宿军邕州；元绛供军饷有功。皇祐四年（1052）调任广南东路转运使。累迁翰林学士，拜参知政事。后罢知颍州，以太子太保致仕。神宗元丰六年卒，享年76岁。其在三洲岩的题刻应是任广南东路转运使之时所题。《闵忠诗》是为缅怀时任康州（今德庆）知州的赵师旦而作。宋皇祐四年（1052）五月，知州赵师旦组织全城军民抵抗广西瑶民侬智高的起义军，保卫康州，终因寡不敌众，与城共亡。

詹仪之（1123—1189），字体仁，理学家。宋宣和五年（1123）六月生，淳熙十六年（1189）七月卒，享年67岁。出身官宦世家、书香名第。累官至吏部右侍郎。淳熙十六年二月，詹仪之回归故里，七月终于正寝。其题刻为：“桐庐詹仪之体仁以职事经由。淳熙丙申二月六日。”（见图4）

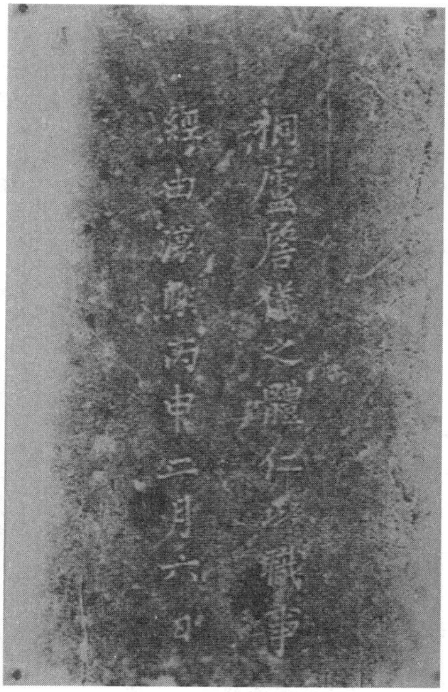

图4　詹仪之在三洲岩题刻之拓片

李质（1316—1380），字文彬，广东德庆晋康乡（今德庆九市镇）人。元至正十三年（1353），李质回德庆募集乡兵2万人，维持治安。德庆路总管陈文仲及其下属地方官员，共推李质为首，领导防务。李质领兵进城，修葺城垣，设险据守，德庆路得以安定。至正十五年（1355）李质受任检佥福建、江西等处，行枢密院事。明洪武元年（1368）4月，李质顺应历史潮流，以德庆、封川二路归降，受到朱元璋的赞扬，并授予官职，累官至刑部尚书等职。洪武八年（1375）晋升靖江王右相。洪武十三年（1380）靖江王因罪被废，李质则因“善导不得法”被赐死，年65岁。其题刻为：“游三洲岩。海外三山隔弱流，凭谁移近锦江头。天开混沌应重设，地拥穹窿不计秋。岩溜储精凝玉乳，崖松笼月走金虬。我来几度寻幽赏，谩把新诗纪胜游。正统四年孟夏九日，樵云右相李质题。孙公瓛命刻。”（见图5）以李质生平情况而论，此诗当题于洪武十三年李质被赐死之前，因死于非命，当时不敢刻凿于岩，后在正统四年（1439）由孙公瓛命刻于三洲岩，由此可知该题并非李质手迹。

图5　李质在三洲岩题刻之拓片

吕洪（1417—1485），字大正，明代中期（正统、景泰、天顺、成化四朝）政治人物。民国《平阳县志》中对其有比较详细的传记记载。景泰六年（1455）授任为都察院十三道广东道监察御史。成化八年（1472）升任广东按察使（正三品）。致仕九年后在平阳家乡去世，享年69岁。其题刻为："岩扁三洲独擅名，上方峻峭内虚明。檐楹不假工师斫，壁垒多缘造化成。云母屏前凝玉乳，猗玕洞里扣银钲。只宜邀我长春子，跨鹤频来酌巨觥。大明成化癸巳腊日广东按察使永嘉吕洪题。"（见图6）

图6　吕洪在三洲岩题刻之拓片

龚辉，生卒年不详，字实卿，浙江余姚（鹿亭）人。官至工部左侍郎，曾治理水患、荡平匪乱、平抑徭役。为官清正，敢作敢当，被后世称为“大明能臣”。龚辉所题大字为“瑶华洞天”（见图7）。左旁有小字为：“明嘉靖丁未，绩溪胡公松偕余访三洲岩洞，则见其丹碧辉映，若设色然，幻形怪迹，纵盼不暇，疑若非人世所宜有者，惜乎，生不当国之冲，泯没无闻，乃为名‘瑶华洞天’，命州守方子用□□石，呜呼！显晦潜见，物诚有幸有不幸，其于士□亦然，余□有感于兹洞且类士也，庸漫及之。余姚笑斋龚辉识。”

图7　龚辉在三洲岩题刻之拓片

陆舜臣，生卒年不详。宋嘉靖十一年（1532）知德庆州事。到任后编写《德庆州志》，并于卷内附《夷情外传》，其内容主要记载傜贼侵犯州郡的基本情况。嘉靖十四年（1535）六月大水，出现饥荒，陆舜臣即开启州郡的粮仓赈济灾民。其题刻为："千丈青崖插碧天，虚中不改太初前。石钟土鼓洪蒙器，爽气冷风沆瀣传。日螟烟迷胎鹤梦，雨晴云抱蜕龙眠。摩挲未尽来游兴，攀磴还登最上巅。嘉靖丙申春石泉陆舜臣甫。"（见图8）

图8　陆舜臣在三洲岩题刻之拓片

吴廷举（1459—1526），字献臣，梧州人。忤中官，毁淫祠二百五十余所，以葺学宫、书院，执下狱。后迁成都同知，擢广东佥事。从总督潘蕃讨平南海、清远诸盗。擢江西右参政。寻改南京工部尚书，称疾乞休。嘉靖三年（1524）十月二十日勒致仕，家居三年卒。墓在封开，曾多次被盗，《广东省肇庆市不可移动文物名录·封开篇》[①] 有载。题刻为："三洲岩（次韵二首）。混沌谁开凿，分明精化工。境地浮世表，名寄列仙中。拳石封题遍，虚堂气韵洪。何年成独往，浩啸俗尘空。三洲何洞府，十过九游观。钟鼓从天下，岩扉到眼宽。景多吟阁笔，石久坐生寒。拂拭濂溪字，先贤见面难。正德庚午秋东湖吴廷举。"（见图9）

图9　吴廷举在三洲岩题刻之拓片

仪克中（1796—1837），字协一，其先祖为山西太平（今山西汾城）人，父官广东盐运使司知事，遂为番禺（今广州）人。道光十二年（1832）广东典试官程恩泽于遗卷中发现他的文才，得中举人，任广东巡

① 欧荣生主编：《广东省肇庆市不可移动文物名录·封开篇》，广州：世界图书出版有限公司，2013年，第79页。

抚记室。道光十四年（1834）受广东巡抚祁𡎴委托，至芦苞河疏通灵州渠，积劳发背疡，小愈又主持建惠济仓，达旦不寐，疾发而卒。其题刻为：“嘉庆庚辰五月既望平阳仪克中访搨古刻来此六日。”（见图10）

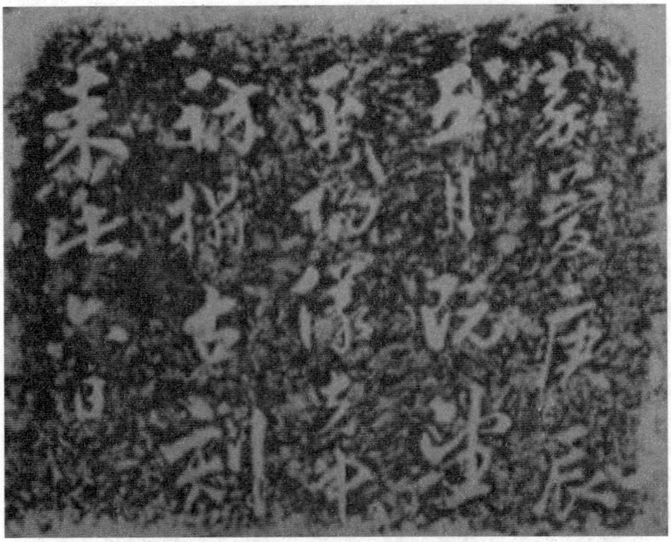

图10　仪克中在三洲岩题刻之拓片

4．展现三洲岩的地质地貌及史前考古资料

在三洲岩曾发现近三十种动物化石，还有旧石器时代的生产工具如刮削器等。因此，应将三洲岩的地质地貌文字、照片资料及考古成果向来访者展示介绍，说明依山傍水、洞内宽广的三洲岩，以其得天独厚的优越环境吸引着古人类，成为我们远祖的摇篮。它们与三洲岩摩崖石刻文化的展示互为衬托、相得益彰。

德庆三洲岩摩崖石刻文化遗产的整体性保护

刘黎明[①]

摘　要： 三洲岩摩崖石刻具有悠久的历史价值、丰富的文化价值和独特的景观价值，是德庆历史文化遗产的重要载体。本文以文化遗产保护的真实性与完整性原则为切入点，通过分析德庆三洲岩摩崖石刻文化遗产的内涵以及石刻与周边环境的内在关联性，提出三洲岩摩崖石刻文化遗产整体性保护的思路。

关键词： 三洲岩摩崖石刻；保护；真实性；完整性

一、问题的提出

三洲岩摩崖石刻具有悠久的历史价值、丰富的文化价值和独特的景观价值，是德庆历史文化遗产的重要载体。不过，三洲岩摩崖石刻因年代久远，加上受到自然风化和人为的破坏，留存至今的石刻数量已大为减少。与此同时，石刻所依存的周边人文环境也已发生巨大的改变，石刻上所刻文字日渐模糊，故此，保护石刻及其周边环境刻不容缓。

从当前的保护现状来看，三洲岩摩崖石刻作为不可移动文物已于2002年被列为广东省文物保护单位，其文物的本体价值受到重视。然而，石刻的产生、演变都与三洲岩石刻的周边环境紧密相连，因此，亟须从整体上保护石刻本体及其周边环境。

从现有的研究成果来看，三洲岩摩崖石刻的本体价值早已受到关注，比如历代地方志对摩崖石刻内容的记述，近人对摩崖石刻内容的整理、价

① 刘黎明，副教授，肇庆学院人才驿站负责人，主要从事文化遗产管理。

值探讨等，这些成果为摩崖石刻本体的研究与保护提供了参考。不过，从明清时期的《德庆州志》的相关记载来看，三洲岩摩崖石刻的产生与发展不仅得益于三洲岩独特的地理位置（濒临西江），还与三洲岩的自然景观（如石室悬乳、佛像观音、丹灶砚池）和人文景观（葛洪炼丹的传说，周敦颐与濂溪书院，苏轼、李纲的到访等）密不可分。换言之，对三洲岩摩崖石刻的保护不仅需要关注石刻本体，还需要保护其周边环境。故此，本文以文化遗产保护的真实性与完整性原则为切入点，通过分析德庆三洲岩摩崖石刻文化遗产的内涵以及石刻与周边环境的内在关联性，提出三洲岩摩崖石刻文化遗产整体性保护的思路。

二、文化遗产保护的真实性与完整性原则

早在商周时期，我国便已出现个人收藏、保存前朝遗物的行为，宋代开始对古铜器、石刻等金石材料进行专门的研究，民国时期以立法（《古物保存法》）对古物进行保护，中华人民共和国成立后，“文物”的概念得到进一步丰富和延展，至 1982 年我国颁布《中华人民共和国文物保护法》，明确规定文物的内涵、范畴及保护方针、制度等。由此，我国的文物保护体系逐渐完善起来，文物本体的价值得到了前所未有的关注。

1985 年，我国正式加入联合国教科文组织通过的《保护世界文化和自然遗产公约》。此后，“文化遗产”“自然遗产”“世界遗产”的概念及保护理念、方法等纷纷传入我国，并对传统的文物保护体系产生了深远的影响。其一，“文化遗产”概念在一定程度上拓展了我国传统的“文物”概念，使文物本体及其环境受到整体性的关注。其二，全球性的文化遗产保护为我国传统的文物保护带来了新的理念、原则、技术等。1987 年，北京故宫、长城、周口店北京人遗址、泰山、秦始皇陵及兵马俑和敦煌莫高窟等以“文化遗产”的名义被列入《世界遗产名录》。我国的文化遗产保护事业进入一个全新的时期，并为传统的文物保护带来了许多新理念。

当前，我国的文物工作贯彻“保护为主、抢救第一、合理利用、加强管理”的基本方针，以“不改变原状”为基本原则。所谓“原状”，一种

观点认为是指初始的原来面貌；还有一种观点则认为指现存的健康状态，包含其在不同历史时期和环境下所经历的维修甚至改建等。[①] 换角度而言，“不改变原状”的原则不仅强调文物本体的真实性，而且强调文物与其环境的完整性。也就是说，文物保护必须重视真实性与完整性原则。

“真实性”概念最初在 1964 年《关于古迹遗址保护与修复的国际宪章》（以下简称《威尼斯宪章》）中被提出来，其内涵包括文化遗产的“基础状态”和“所有时代留下的文化精华”，以及文化遗产所处的周围环境。“历史古迹的概念不仅包括单个建筑物，而且包括能够从中找出一种独特的文明、一种有意义的发展或一个历史事件见证的城市或乡村环境。”这说明对遗产本体与周边环境一同进行保护才足以传递文化遗产的真实性。1994 年，在日本通过的《奈良文件》对真实性的概念进行了详细阐释，指出：真实性的要素主要包括文化遗产的外形与设计，材料与材质，用途与功能，传统、技术与管理制度，地理位置和环境，语言和其他形式的非物质文化遗产，精神与情感，以及其他内在与外在的因素八个方面。[②] 以上有关真实性的解释被概述在 2008 年版《〈世界遗产公约〉操作指南》第 79～86 条中，并成为世界文化遗产评选的重要标准之一。

在文化遗产领域中，完整性不仅指文化遗产本身及与其密切关联的生存环境，还包括文化遗产所具有的历史、科学、情感、价值等方面的内涵和文化遗产形成的要素。总而言之，文化遗产保护特别强调真实性与完整性的原则，既须保护文化遗产本身，也要保护与之密切关联、不可分割的环境，否则，如《西安宣言》所言：“文化遗产是历史信息的载体，离开了环境，就将成为孤零零的标本。”[③] 由此观之，我国传统意义上保护文物本体的观念亟须更新，本体与环境之间的紧密关系亟待引起重视。

---

① 王晨、王媛：《文化遗产导论》，北京：清华大学出版社，2016 年，第 120 页。

② The Nara Documenton Authenticity, drafted and adopted at the Nara Conference on Authenticity in relation to the World Heritage Convention, co-organized by government of Japan.

③ 单霁翔：《从“文物保护”走向“文化遗产保护”》，天津：天津大学出版社，2008 年，第 21 页。

三、三洲岩摩崖石刻文化遗产的整体性保护

历史上，三洲岩摩崖石刻的价值早已受到重视，譬如光绪《德庆州志》中就有专门的“金石”篇对三洲岩摩崖石刻的内容进行逐一著录、考证，使其历史信息得以保存。近代以来，伴随我国文物保护意识的不断加强，三洲岩摩崖石刻更是得到当地政府、地方史学者的重视，并于2002年被列为广东省文物保护单位。从光绪《德庆州志》等地方史志和实地考察来看，三洲岩内原有宋至清代的各类题刻174人次，近200刻，历经千年后，至今还保留有上至宋熙宁元年（1068）下至清道光二十九年（1849）的题刻90余刻，其中又以明代题刻居多。从题刻数量的变化来看，对摩崖石刻的保护刻不容缓。

如前所述，文化遗产是历史信息的载体，必须与其周边环境一同进行保护。需要说明的是，这里论及的文化遗产环境不仅指环境的自身物质实体和人们对这个环境的视觉印象，而且包含文化遗产与周边自然环境的相互作用，以及遗产环境的文化背景及与该遗产相关的社会活动、习俗、传统知识等非物质文化遗产形式。[①] 具体到三洲岩摩崖石刻，其环境既指三洲岩摩崖石刻所处的自然环境，也指三洲岩摩崖石刻群形成的文化背景、人文景观，以及民间传说等。

从地理位置和自然环境看，三洲岩摩崖石刻位于西江沿岸的德庆县九市镇三洲村的三洲岩中。“三洲岩，在德庆州东七十里”，“泷江缭绕足底，下视烟波，茫然无际矣”（屈大均：《广东新语》卷三）。三洲岩是一座石灰岩山体，高约45米，其内洞穴开阔，岩洞幽胜，取“蓬莱第三洲”之义。据明末清初学者屈大均的记载，山岩内有洞，洞顶有一亭，“古木丛荫，丹灶砚池，仙羊窝、石柱皆在焉”。可见，三洲岩的自然景观雅致而秀丽。特定的自然环境造就了三洲岩独具特色的自然景观，并使之成为人们托物言志与咏物寄情的重要对象。

---

① 单霁翔：《从“文物保护”走向“文化遗产保护”》，天津：天津大学出版社，2008年，第21页。

顾名思义，摩崖石刻指利用天然崖壁题刻铭文的一种石刻类别（徐自强，2003），刻石内容丰富，有记事、颂功、抒怀等，形式有诗词、题记等。从三洲岩摩崖石刻的内容来看，石刻记载了从宋代至清代所留下的历史人物信息和历史事件，这些人物的历史故事和其所留下的诗词、题记一同构成了三洲岩摩崖石刻的文化内涵。举例来讲，宋熙宁元年（1068），时任广南东路转运判官提点刑狱的周敦颐到访三洲岩，并留下题刻。据光绪《德庆州志》记载："濂溪题名，正书，在三洲岩。《蒃竹堂碑目》著录为'熙宁元年季冬'，旧《志》、《府志》载此刻，并作'濂溪周敦颐茂叔熙宁元年戊申季冬廿六日游'。今剥泐已甚，所见仅此耳，以旧《志》、《府志》并载，故知为濂溪题名也。'元'字以下又为明李文凤题名压刻，其迹尚灭没可辨。"周敦颐的到访及题刻成为后人追慕的对象。后人曾在岩畔修建书院，称为"三洲书院"（有称"濂溪书院"），后改为三贤祠、五先生祠、观音庙。书院虽已不存，但足以说明三洲岩曾是传播和弘扬理学的重要场所，是摩崖石刻文化遗产中不可忽视的组成部分。

又如大诗人苏轼（1037—1101）曾到访三洲岩，后人为纪念他而在三洲岩上修建了一座东坡亭。明代著名学者陈献章诗曰："水绕寒柯雾半笼，游丝轻曳钓船风。三洲览遍题名处，间向坡亭说长公。"长公即指苏东坡，坡亭指东坡亭。

另外，宋朝名相李纲（1083—1140）因流放海南途经德庆，被德庆的奇山秀水吸引，曾写下十余首诗词。南宋建炎庚戌年（1130），李纲在三洲岩洞穴内留下"玉乳岩"三个大字，可惜该题刻后来遭到了破坏。不过，李纲游览三洲岩的事迹广为人知晓。

到明代，到访三洲岩并在此留下题刻的名人宦官越来越多。从现存摩崖石刻来看，明代共有70余题，有靖江王右相李质、左佥都御史韩雍、工部左侍郎龚辉等人的题刻，反映了德庆三洲岩在明代的重要战略位置，以及朝廷对西江流域统治的强化。

作为口头传统的民间传说虽不是信史，但从中可以发现一部分历史信息。譬如东晋葛洪（284—364）修炼于三洲岩的传说。北宋时期端溪县令萧渊言在《留题三洲洞》诗中记载道："洞中古老传仙迹。"自注谓："古老相传有庞眉皓首者隐是洞。”[1] 说明有关葛洪隐身炼丹于三洲岩的传说相传已久，并被后人传为信史。明末清初的学者屈大均载曰：“古有皎叟修真于此，李纲书‘玉乳岩’三大字，祖无择铭之，其石皆苍绿色，摩挲如玉，可爱也。其南又有亭。”[2] 这一传说反映了三洲岩的道教文化底蕴。

综上而述，三洲岩摩崖石刻文化遗产不仅包括石刻本体，还包括与之密切关联的自然环境和人文景观。从文化遗产的整体性保护来讲，首先，需要对石刻群进行全面的价值识别、评估、保护与管理，加强对石刻历史价值、文化价值、艺术价值、景观价值等方面的深入研究，完善各个题刻的解说内容。其次，建议结合现代技术多角度、多层次地展示摩崖石刻，如开设虚拟博物馆对摩崖石刻进行数字化展示（网站、3D 复原等）。此外，应以真实性与完整性为保护原则，对石刻的周边环境进行合理保护、修缮。最后，合理利用文化遗产资源，探索开展三洲岩摩崖石刻文化主题游的可行性。

---

① 杨文骏修，朱一新纂：（光绪）《德庆州志·金石上》卷十四，第 1130 页。

② 屈大均：《广东新语·山语》卷三。

宋代以降诗文中的三洲岩

杜云南[①]

摘　要：三洲岩即三洲洞，位于德庆县西江边上，宋代以降，因其交通便利、风光秀美、奇绝怪石而吸引无数文人墨客前往游历观赏，故此在三洲洞内的石壁上留下了诸多文人的诗文题字，这些诗文题字彰显了三洲岩的历史面貌。本文分类择其要者归纳，可以见出诗文中显示三洲岩作为地标景观、仙道遗存、凭吊对象的历史景观。这为我们开发德庆三洲岩风景名胜提供了充分的历史依据。

关键词：德庆；三洲岩；地标景观；仙道遗存；凭吊对象

三洲岩取“蓬莱第三洲之义”为名，又名“仙翁岛”“玉乳岩”“三洲洞”“瑶华洞天”等，它是宋代以降文人韵士旅经德庆，登临畅游边疆名胜寄情山水、咏史怀古、激发情怀的必游之所，对后世德庆县历史文化景观的形成有重要的影响。随着近年德庆县委县政府乡村旅游开发和乡村治理工作的展开，对三洲岩风景名胜和历史文化进行全面系统的挖掘与研究，越来越受到学界的关注。作为三洲岩研究的基本史料，毫无疑问应是各类史籍。遍搜各类有关三洲岩记载的史籍，以蕴含丰富的历史信息的文学作品最多。其中，价值最大者是宋代以来，文人韵士遗留下来的诗词作品。据粗略检索，其数量有两百首左右。它们或以三洲岩为主题，或内容涉及三洲岩，其中不少具有文学、历史、社会、审美等多重价值，有待深入挖掘。本文分类择其要者，试加述评，以彰显其中的历史文化内涵，推动三洲岩研究与旅游开发的全面开展。

---

① 杜云南，肇庆学院旅游与历史文化学院讲师，博士。

一、作为地标景观的三洲岩

德庆古称康州，是岭南古郡，地处粤中西部，西江中游北岸，自古就有“岭西舟车之会”之称。而位于境内的三洲岩，在距州城 70 里的西江边上，其高约 50 米，上有天然岩洞，岩内空洞广阔，可容千人。自宋代起，三洲岩就为历代文人韵士所咏赞，不仅为地方史籍所收录，而且在当时的诗文类文学作品中留下了不少痕迹。

现能见到较早的三洲岩文学描述，有北宋河南大诗人祖无择留下的三洲岩诗铭：

康州之东七十里，有山焉，高不百仞。下有石室，窿窿然洞洞然，哮豁靓深，可容数千人。两旁有隙穴，俯偻以入，而复高明。大者如堂，小者如房，若窗若户，妙达曲密，上栋下宇，得大壮之象，吾不知融结之始，有意而为之？其偶然耶？何怪奇诡异之如是！按郡牒云：三洲洞即此地也，因为之铭曰：

维山岩岩，维室恍恍，阴阖阳辟，天覆地函。我行其间，冬温夏寒，有厢有庑，有棂有枢。有高如闬，有严如键。设爵有坫，鸣琴有荐。我官幸鄙，一岁三至。清泉我有，白云我侍。其来忘疲，其乐忘饥。亦既去止，寤寐思之。凡物既久，因人不朽。召伯甘棠，羊公岘首。彼贤与仁，我岂其伦。实睎高风，于千万春。至坚者石，有时而泐。故告后来，再磨再刻。①

祖无择曾在宋仁宗皇祐年间，历知南康州，其文详细地描述了三洲洞的具体形状、大小，其后的铭文叙写了三洲岩岩石的怪奇诡异及洞穴的敞亮，并发出“至坚者石，有时而泐”的感慨。最为重要的是，他把三洲洞比作召伯的甘棠，西周大政治家文王庶子召伯，辅成王时，外出巡视于此，在棠树下休息，有人向他诉讼，召伯当即进行判断处理。他这种爱民

① 欧清煜、林瑞球：《三洲岩诗文全录》，北京：中国文联出版社，2000 年，第 12 页。

行为深受人们爱戴，过后，人们看到这棵棠树就好像看到召伯一样，把它看成召伯的象征，纷纷歌咏以示怀念，因而这个村庄就叫作甘棠。古时甘棠设有驿站。唐时，又建有甘棠馆。据传，当时这里池塘苑囿，茂林修竹，青山绿水，花木峥嵘，风景极为优美。“公馆似仙家，池清竹径斜。山禽忽惊起，冲落半岩花”①，就是当时甘棠秀美风光的真实写照。历史上名人雅士多会于此，来往游者，络绎不绝。唐代诗人刘禹锡、杜牧，宋代著名散文家欧阳修，明代兵部尚书王邦瑞，清代河南府尹张汉等都曾到这里饱览山水，凭吊古人，留下许多不朽诗篇。

继祖无择之后，名丞李纲曾被贬海南，于建炎庚戌（1130）途经德庆，登临三洲岩后，目睹洞内石钟乳的神奇百态，感叹自然的造化神功，留下题刻“玉乳岩”三个大字，并赋诗云：“鼓枻下端溪，停桡登巀嶭。呀然岩洞开，俨若栋宇设。千夫可环揖，放步随凹凸。玲珑四壁间，一一幢旆列。谁令胚浑初，凝结有罅缺。当年补天手，不顾山石裂。镌镵余旧痕，琐碎委环玦。五峰迎龙渊，列乃通贝阙。试求玉函书，何异探禹穴。涓涓乳泉滴，璨璨冰玉洁。清声落嵌窦，自中琴筑节。尝之味甘芳，涤我肺腑热。琼浆笑裴航，石髓谢王烈。峤南瘴疠乡，有此云腴冽。青葱松桂阴，景物助幽绝。岂无会心人，来游共旌别。题诗制佳名，聊以纪岁月。碧落耿相望，千里来磨灭。”② 该诗写三洲岩奇绝景观，更写乳泉如琼浆石髓，其题字与诗文使得“玉乳岩”一名沿用至今。可见，宋代三洲岩引起外来士人驻足流连的主要是其岩穴与形态百异的怪石，这也一直是后来文人韵士赞咏的重要景观。像明代李逢升的《三洲岩记》、清代梁修的《三洲岩记》均栩栩如生地描述了洞内由水、岩构成的各种胜景：如石钟地鼓，击之有声，丹灶砚池，如有烟色；金猫、白象、巨鳌、云柱、仙羊窝形象酷似；观音倒影等，堪称绝景。

明清时期，文人韵士诗文中彰显的三洲岩景观，除了对三洲岩奇异怪石的咏赞以外，更重在咏赞其自然风光秀美，人们认为其有“蓬莱第三

---

① 刘禹锡：《题寿安甘棠馆二首》，见彭定求等：《全唐诗》，北京：中华书局，2008 年。

② 欧清煜、林瑞球：《三洲岩诗文全录》，北京：中国文联出版社，2000 年，第 136－137 页。

洲”的美誉，“岭海士大夫好异者往往能言之”。故士人们在关注三洲岩独特的旖旎风光时，选取的视点无论是在地理空间还是在自然景点上，都比前代要丰富。

成化十二年（1476），广东按察使吕洪在按察广东西部时，乘舟过德庆西江，仰见三洲才咫尺，遂驻节登临，摩苔拂石，遍览古题，因见同寅江君有作，聊倚韵和之，用以纪胜：“岩扁三洲独擅名，上方峻峭内虚明。檐楹不假工师斫，壁垒多缘造化成。云母屏前凝玉乳，猗玗洞里扣银钲。只宜邀我长春子，跨鹤频来酌巨觥。”① 写的便是三洲岩壁的峻峭挺拔，以及洞内玉乳岩的千姿百态。

曾官至刑部尚书的本地士人李质有《游三洲岩》：“海外三山隔弱流，凭谁移近锦江头。天开混沌应重设，地拥穹窿不计秋。岩溜储精凝玉乳，崖松笼月走金虬。我来几度寻幽赏，谩把新诗纪胜游。”② 其中“凭谁移近锦江头”说的是三洲岩在锦水江边；“崖松笼月走金虬”描述的是三洲岩古树参天、崖松如虬的景观。

累官至南京工部尚书的王来游访三洲岩，有题诗云：“层峦叠巘参差出，洞户岩扉迤逦开。云气长随龙变化，泉声怪引鹤飞回。襟怀回与红尘远，游赏休惊白发催。却笑当年刘阮辈，何因采药入天台？”③ 描述了三洲岩四周层峦叠嶂、云雾弥漫，游三洲岩如游仙境。

清代文学家翁方纲有《三洲岩》诗二首，其一：“飞飞玉乳岩，凝结自何年？雾隐千盘磴，云生一线天。草花缠紫蔓，石臼堕青圆。已在春阴外，琮琤忽响泉。”④ 其中，“雾隐千盘磴，云生一线天。草花缠紫蔓，石臼堕青圆。已在春阴外，琮琤忽响泉”描述了云雾缭绕中的三洲岩若隐若现的山廓，山上遍野的花草藤蔓、石臼，以及泠泠淙淙的泉水声。

明清时期，地方志的修纂达到鼎盛时期⑤，在方志的形胜、山川、古迹和艺文等栏目中，通常会明确记载地方上的“八景”“十景”“十二景”

① 欧清煜、林瑞球：《三洲岩诗文全录》，北京：中国文联出版社，2000 年，第 58 页。
② 欧清煜、林瑞球：《三洲岩诗文全录》，北京：中国文联出版社，2000 年，第 36 页。
③ 欧清煜、林瑞球：《三洲岩诗文全录》，北京：中国文联出版社，2000 年，第 40－41 页。
④ 欧清煜、林瑞球：《三洲岩诗文全录》，北京：中国文联出版社，2000 年，第 171 页。
⑤ 巴兆祥：《方志学新论》，上海：学林出版社，2004 年。

等，地方志中的“八景”“十景”“十二景”等，既有自然景观，也有人文景观，从日月星辰、风雨雷电、山川河流、花草树木，到佛寺道观、名人遗迹、农耕渔樵、民居桑田，凡是当地的风景名胜、历史文化或者当时的生产生活，都是“八景”记载的对象。明嘉靖四十年（1561）《德庆州志》记载：“康（州）八景：康之为景，在昔有以香山精舍、锦石神祠、龙母佳城、葛仙丹炉、三洲洞天、伍垌秋风、程溪祀猿、温江鸣鹿为题者。”其中，“三洲洞天”即指三洲岩的自然景观，这说明早在嘉靖年间之前，三洲岩已被作为“康州八景”之一被赋以诗词。

明代高要县人陈辂于嘉靖十六年（1537）应守备聂挥使游三洲岩，留下了《三洲洞天》一诗：“晓岸晴烟驻画篷，胜寻迷赏到崆峒。香深衣袂琪花径，翠润杯觞石乳宫。三岛远分浮岱粤，七星相□峙西东。崔嵬万古堂虚静，翻笑人心浑不同。”①“三洲清玩忆年年，杖履真游兴浩然。一幅寰中仙岛画，翠涵虚壁自开天。”②其中，“晓岸晴烟驻画篷，胜寻迷赏到崆峒。香深衣袂琪花径，翠润杯觞石乳宫”描述了三洲岩边的西江水面晴烟缭绕、山上香花弥漫、洞内岩石翠润的自然景观，并与肇庆的七星岩媲美。

刘魁亦有关于“康州八景”之一“三洲洞天”的诗文：“古今奇绝说蓬莱，说到三洲更胜哉。若把三洲比三岛，不知人世有天台。”③作者把三洲岩与古人心向往之的传说中的蓬莱仙岛相比较。

值得注意的是，到了晚明时期，三洲岩成了士人归隐读书的胜地，并建造出诸多的人文景观。德庆人李逢升，崇祯年间监生，南京刑部尚书李质裔孙，李伯震嫡孙，曾掌管三洲岩外四隅田地塘圩，崇祯四年（1631）命二子修葺三洲岩各景点。李逢升写有《三洲岩记》，文中透露，他曾在三洲岩“创寺三椽，寺之西复为一庵，募慧僧以主之，捐近寺租四十石供其衣食。路径高下，悉为更辟斗室，颜之曰：小二酉。当暑肄业其中，不知有夏之酷。室旁之窟，诛凿成池，植以锦莲。从池中出岩外，下临千

① 欧清煜、林瑞球：《三洲岩诗文全录》，北京：中国文联出版社，2000年，第94页。
② 欧清煜、林瑞球：《三洲岩诗文全录》，北京：中国文联出版社，2000年，第157页。
③ 欧清煜、林瑞球：《三洲岩诗文全录》，北京：中国文联出版社，2000年，第160页。

尺，拓道百寻，翼以雕栏，栏下遍栽花卉。越二十武，又为星宿亭。下视牂牁，一带潆洄十里，而八桂山川隐见于望中矣。更上至人峰，傍依林木怪石，而为阅空亭。四顾山翠如城，游云聚散，恍若身在霄汉间而忘所归也”①。这里透露，李逢升在三洲岩上修建了寺院、书室，开凿了花池，拓建了山径，增建了亭台等。其后又有诗云：“吾看三洲景，江山一望蘋。白云村数点，菉树馆真人。闲坐亭中石，静观洞里春。青霄仰首近，竹杖欲飞尘。”② 全诗写出了在依山傍水的三洲岩上，有村庄亭阁，以及作者身处山中闲适悠然的心情。

众所周知，一般史籍文献中与三洲岩景观相关的记载较为零散，且多为抽象化语言，以上诗文中关于三洲岩的文学描述，无疑大大丰富了今人对于三洲岩景观的形象认识。尤其重要的是，上引诗章中晋康八景之一的“三洲洞天”景观信息的变化少见于史部典籍，这对于现今开发三洲岩景观具有重要的史料价值。

二、作为仙道遗存的三洲岩

南汉统治岭南长达半个多世纪，十分重视道教、佛教的发展，高祖刘龑沉迷于炼丹③，故唐代以后，岭南道教兴盛，岭南的名山大川无不增加了道教色彩，且人们往往乐于在这样的名山大川中附会一些喜闻乐道的传说。三洲岩作为德庆州的自然名胜，是神仙胜境，自然会被当地人附会一些传说。在唐代就有了仙翁传说，故三洲岩又被人们称为仙翁岛。

宋人唐公佐有《三洲岩》咏庞眉仙翁诗句：“洞里光阴经几春，洞前古木垂千寻。不知空谷当年事，谁识庞眉处士心。残月照入吞远徼，晚风吹梦入幽岑。我来访得神仙宅，好听云端环佩章。”④ 宋英宗时期的端溪县令萧渊言亦有留题三洲岩的诗：“山势凌空下郁迂，前森秀岛应台苻。洞

① 欧清煜、林瑞球：《三洲岩诗文全录》，北京：中国文联出版社，2000年，第2页。

② 欧清煜、林瑞球：《三洲岩诗文全录》，北京：中国文联出版社，2000年，第118页。

③ 罗焱英：《广州五羊传说与五仙观考论——汉晋迄宋岭南道教的微观考察》，《扬州大学学报（人文社会科学版）》2012年第2期，第104－110页。

④ 欧清煜、林瑞球：《三洲岩诗文全录》，北京：中国文联出版社，2000年，第138页。

中古老传仙迹（《图经》云，古老相传有庞眉皓首者隐是洞），望外风光接海隅。屹若臣心强谏剖，嵌如龟腹效灵刳。清幽景致仁人乐，谁为名标胜地图？”① 诗中“谁识庞眉处士心”“洞中古老传仙迹”诸句，指的是唐代三洲岩隐士传说。

关于隐士传说，光绪《德庆州志》有记载：三洲岩有仙翁，庞眉皓首，或樵或渔，不知其姓名。唐天祐三年（906）春，当地进士李谨微番禺任，泊三洲岸，时夜半月高，作歌吟声，有一渔父乘舟而赤，长揖共饮，谓曰：“闻子笑吟，有观国之志。偶就子会，世将乱矣，宜高尚云林，以保天年。此去百年间，中原六合为家，然后可图子孙之善福也。”言讫不见，逮宋一统天下，始知其言之验也。

传说中的李谨微系天祐年间（904—906）当地的进士，为德庆登第第一人，被朝廷授番禺令。在上任途中，经过三洲岩，偶遇三洲岩中的隐士，相传李听了渔父的话后，遂隐不仕。传说归传说，不足信以为真，所以光绪《德庆州志》编者将李谨微的传记归入《杂录》中。这个传说在当地广为流传，遂不断引得后世文人墨客前往凭吊。如明代德庆人学司训南昌罗沂题三洲岩诗：“胜境常思独眺难，偶陪骢马遂游观。乔松耸壁春巢鹤，修竹当岩夜宿鸾。风度恍疑琼佩响，云深空琐石床寒。仙翁一去知何在，惆怅令人久驻鞍。”② 诗中的“石床”“仙翁”是传说中庞眉仙翁的遗迹，诗文表达了诗人寻幽访仙、追思仙翁的惆怅心情。

在元代文人韵士书写的三洲岩诗文中，又出现了关于葛洪炼丹的遗迹，本地士人戴元有《游三洲岩》诗：“几泛仙舟访洞关，弱流原不隔尘寰。书台露冷人何在？丹灶烟消鹤自还。洞口碧桃春烂漫，崖边瑶草日斑烂。我来检点平生事，顿觉壶天日月闲。”③ “丹灶”即传说是东晋葛洪炼丹的遗迹。关于“壶天”，《云笈七签》说施存学道家法术，为云台治官，常悬一壶，里面变化为天地，中有日月，夜宿其内，自号壶天。而诗句“顿觉壶天日月间”，是说顿时觉得三洲岩洞像是神异的壶天仙界一样。

---

① 欧清煜、林瑞球：《三洲岩诗文全录》，北京：中国文联出版社，2000 年，第 24 页。
② 欧清煜、林瑞球：《三洲岩诗文全录》，北京：中国文联出版社，2000 年，第 32 页。
③ 黄雨、丘均、刘伟铿：《肇庆历代诗选》，广州：广东人民出版社，1986 年，第 110 页。

明代大学士丘濬从《德庆州志》中了解到三洲岩有“蓬莱第三洲”之名，慕其名而与当时的肇庆知府黄瑜同游三洲岩，并将三洲岩景观赋名“古仙”，并有《游三洲岩》：“群山势宠嵸，一穴空谽谺。滴乳成物象，峭壁绣藓花。土鼓有函音，丹灶无遗砂。谁云蓬莱洲？此名殊不佳。我来恣清赏，疑是古仙家。惜哉奇绝景，落此穷海涯。摹写不能尽，归去凤池夸。”① 其中“丹灶”指的是传说东晋道教代表人物葛洪炼丹的灶台，“丹灶无遗砂”意谓岩中传说的道士炼丹灶并无存留的丹砂，暗示丹已经全部炼成，仙家已远去。丹砂即丹朱、朱砂，炼丹的原料。“古仙家”说的是这里原是古代修道求仙者的住处。丘濬以硕学通儒、朝廷重臣的气度，在描述三洲岩的瑰奇之后，指出“蓬莱第三洲”的名称不雅，并指出这是古代炼丹的仙洞，是仙人居住的地方，对其奇绝缥缈的景观地处岭南偏远之地，深感惋惜，决意返京后推介三洲岩景观以遂心愿。

三、作为凭吊对象的三洲岩

入明后，三洲岩作为德庆州的地标景观，不仅自然景观幽胜奇绝，人文景观也丰富浓郁，而三洲岩边的西江又是往来两粤滇黔地区的交通要道，遂不断引得往来两粤滇黔地区的文人韵士游览瞻仰这一地标景观，前往凭吊，发思古之幽情，抒伤今之遗恨。以三洲岩为主题的怀古咏史诗文甚多，其中明清时期的不少作品具有较高的思想内涵和艺术魅力，略举数例如下：

明代以三洲岩为主题的怀古诗歌比较多。如董应奎有题诗：“绣使观风到岭陲，乘舆览胜遇佳期。碧崖有谱先题品，玄石新镌右赋诗。云带岚光连缑岭，月笼江色若瑶池。林泉多藉高文贲，千古流名未息时。”又李质的后裔李伯震有诗云：“维石岩岩紫翠连，原非禹凿自天然。旋磨崖壁隽新字，细看诗文忆旧贤。茂叔南来曾乐道，葛洪西驻已升仙。兴游几度寻遗迹，云满高峰月满天。” 以岭南大儒陈献章《游三洲岩》最为著名：“我

① 黄雨、丘均、刘伟铿：《肇庆历代诗选》，广州：广东人民出版社，1986年，第127页。

行苍梧野，息桨荒江湄。连冈一以眺，石室涵晚晖。前哲有题字，执炬往读之。迟回北壁下，目击元公遗。今古一相感，光风吹我衣。虫鸣丹灶中，葛仙胡不归？对之发长啸，宇宙今何时。圆蟾夜炯炯，蝙蝠秋飞飞。愿言托高栖，行矣无是非。”诗中怀古抚今，蕴含了其哲理思想。

值得重视的是，许多诗词在抒发怀古伤今情感的同时，也保存了一些有价值的历史信息。如明代佛山的区大相诗云：“闻说岩林胜，西浮锦水春。云归瑶径失，雨洗石苗新。折桂期山客，攀萝蹑羽人。居然成独往，何用记来津。洞启烟扉湿，林悬暮蹬斜。藏书空有穴，封灶久无砂。叩石闻天乐，褰衣动涧霞。一从灵景秘，春事长瑶华。”其中，“藏书空有穴”指的是宋代理学家周敦颐在三洲岩办学藏书。熙宁元年（1068），周敦颐新任广南东路转运判官。三洲岩有周敦颐题刻“濂溪周敦颐茂叔熙宁元年戊申季冬廿六日游”为证。后来三洲岩中又有“濂溪读书台”“濂溪洗砚池”，还有奉祀周敦颐、苏轼和李纲的“三贤祠”，岩旁另建有濂溪书院。

其后湛若水也有《游三洲岩》一诗凭吊周氏遗迹，诗云：“昔欲访名岩，匪为恣盘游。闻有先哲踪，因兹仰前修。野云埋古院，光风满层丘。伊人不可见，顿令我心忧。溪莲有佳实，欲采渺无由。”[①] 湛若水，弘治十八年（1505）进士，增城县新塘（今广州市）人，曾选为翰林院庶吉士，诗中“古院”即指濂溪书院。而“伊人不可见，顿令我心忧。溪莲有佳实，欲采渺无由”表达了追思古贤人而不得的遗憾。

成化年间任广东按察司的赵瑶诗：“擘画应知藉六丁，石钟土鼓振空冥。诗碑苔剥年来换，石室云封夜不扃。闻道当时蛮竟触，独遗此地草无腥。游人未识避兵处，更拟磨崖为作铭。”“闻道当时蛮竟触，独遗此地草无腥。游人未识避兵处，更拟磨崖为作铭”透露出明成化年间，德庆州瑶乱频繁，兵祸连连，三洲岩成为当地百姓避难之所。

张瑄的题诗：“天地初分有此山，蓬莱移得在人间。雄吞远水归三岛，势控名州镇百蛮。洞里云深龙蜕骨，岩前雾隐豹成斑。我来重睹征南迹，直上层巅纪颂还。”“雄吞远水归三岛，势控名州镇百蛮。洞里云深龙蜕骨，岩前雾隐豹成斑。我来重睹征南迹，直上层巅纪颂还。”写的是三洲

① 黄雨、丘均、刘伟铿：《肇庆历代诗选》，广州：广东人民出版社，1986年，第141页。

岩位处要冲险碍之地，其周边生活着诸多少数族群，诗人曾参与朝廷镇压岭南少数民族。

元代刘中孚曾在德庆为官，有《蓬莱夜失第三山》："蓬莱夜失第三山，飞落城东锦水湾。汹涌滩场朝雨后，参差岩影夕阳间。野花隔崖自开落，仙子与人相往还。坡老已归诗句在，空留名胜刻巉顽。"晚清岭南爱国诗人丘逢甲有《题东坡三洲岩题名石刻》："东坡渡海归，游此玉乳岩。曾题数行字，鬼神护镌崄。古人弃我去，留我题名处。何时我来游，亦刻数行字。玉乳千年温，洞天散花雨。"证实了北宋大文学家苏轼曾路经德庆，游览了三洲岩，并留有数行题字。

通过对三洲岩诗文的分析，我们发现，这些诗文体现了三洲岩地理、水域、植被等自然景观，以及遗址遗迹、建筑与设施、人文活动等人文景观，以至于若干年后的我们，仍能通过这些诗文，依稀复原此地当初作为地标景观的客观场景，还能够追溯三洲岩的山川、河流、植被等生态环境的历史演变踪迹。

德庆三洲岩摩崖石刻与旅游关系探究

燕明亮①

摘　要：广东省肇庆市德庆县三洲岩现存有宋代石刻 9 题，明代石刻 79 题，清代石刻 4 题，其他 6 题，这些摩崖石刻集历史价值、文学价值、艺术价值等于一体，是肇庆市珍贵的旅游资源。本文通过对三洲岩摩崖石刻的历史文献以及现状进行系统梳理和深入研究，以期阐述三洲岩摩崖石刻的特征以及与旅游的基本关系，对于整合肇庆市历史古迹旅游资源，提升肇庆市旅游文化品位有着重要的意义。

关键词：三洲岩；摩崖石刻；旅游文化

2002 年 7 月，广东省人民政府确定“三洲岩摩崖石刻”为广东省文物保护单位。三洲岩取“蓬莱第三洲之义”为名，又名三翁岛，位于广东省肇庆市德庆县九市镇三洲村，西距县城约 30 公里，东距肇庆约 50 公里，屹立于西江之滨，以其奇丽景观闻名于世。三洲岩摩崖石刻现存 90 余题，或纪事，或抒怀，或言志，成为肇庆这座历史文化名城的重要组成部分，而这些摩崖石刻的内容更是研究肇庆历史的重要文献。随着社会经济的发展，游客已不满足于仅体验自然风光，更对各地历史文化表现出浓厚的兴趣。对于三洲岩摩崖石刻的研究除见于《德庆州志》和《德庆县志》记载外，还见于欧清煜和林瑞球合编的《三洲岩诗文全录》一书，德庆县博物馆徐伟坚也撰有《德庆三洲岩摩崖石刻的价值探讨》一文，以及其他零星资料的研究。前贤对于三洲岩摩崖石刻的研究丰富翔实，但是笔者发现从旅游视角探讨三洲岩摩崖石刻与肇庆市旅游二者关系的文章，并不多见。

---

① 燕明亮，肇庆学院教师。

深入探讨二者关系，对于深化肇庆历史文化名城文化内涵具有重要的意义。

一、三洲岩摩崖石刻的特征

1. 历史悠久、史料价值突出

三洲岩摩崖石刻现存有宋皇祐四年（1052）至清道光二年（1822）间题刻98题，内容不但包含了苏东坡、李纲、周敦颐、祖无择、陈白沙、李质、尹通、韩雍等文人墨客抒发情怀、题诗纪事、咏物言志等，还反映了当时社会政治、经济、文化、军事、民族关系等方方面面①，对于后人研究社会变迁具有极高的史料价值，起到了了解历史、考证历史、补充历史、更正历史的作用。例如，三洲岩一方题刻“成化二年丙戌闰三月廿有二日，予与太监陈公瑄、侍郎薛公远平两广班师回，游此。是岁九月八日，予整兵西巡，复游此，因题以纪岁月。姑苏韩雍永熙书”。这段文字记载明成化二年（1466）明宪宗时为左佥都御史的韩雍游三洲岩题刻，是对领兵镇压广西大藤峡瑶、壮民起义史实的有力印证。除记载史实外，还有名人被贬谪数题，如：“东坡居士自海南还来游，武陵弓允明夫、东坡幼子过叔党同至。元符三年九月廿四日”，“自晋康顺流六十里，有山岭然，临江下有岩洞，可容千人。轩豁平坦，景极幽邃，石罅间滴泉，厥味甘冽，因目之曰玉乳岩，赋诗以纪其事。鼓枻下端溪，停桡登巖薛。呀然岩洞开，俨若栋宇设。千夫可环揖，放步随凹凸。玲珑四壁间……”② 这些史料是研究苏东坡、李纲等历史名人生平事迹的重要途径，且对于研究以名人为载体的社会变革有着重要的意义。

2. 文学价值不容忽视

三洲岩摩崖石刻，书法艺术底蕴深厚，是研究各时代字体演变与发展的例证，三洲岩摩崖石刻汇聚了各种书体和书法流派，其中许多为政治家

---

① 徐伟坚：《德庆三洲岩摩崖石刻的价值探讨》，《遗产与保护研究》2018年第8期，第127－130页。

② 欧清煜、林瑞球：《三州岩诗文全录》，北京：中国文联出版社，2000年，第136页。

和文人墨客所题，以《留题三洲洞诗》（见图1[①]）、《南琴题名》（见图2[②]）、《滕祐题名》（见图3[③]）、《金君卿题名》（见图4[④]）为代表的题刻，字体极为丰富，包含楷书、行书、草书、隶书等[⑤]，形神兼备，有着深厚的文化内涵。石刻文字的演变及其书法成就是研究古代书法艺术和书法流派的珍贵资料。

三洲岩摩崖石刻的价值，包含文学、史学、金石学、民俗学、文化学等诸方面的价值，在此不能也不必一一罗列，它们是岭南无比丰富而又不可估量的文化遗产。

图1 《留题三洲洞诗》拓片

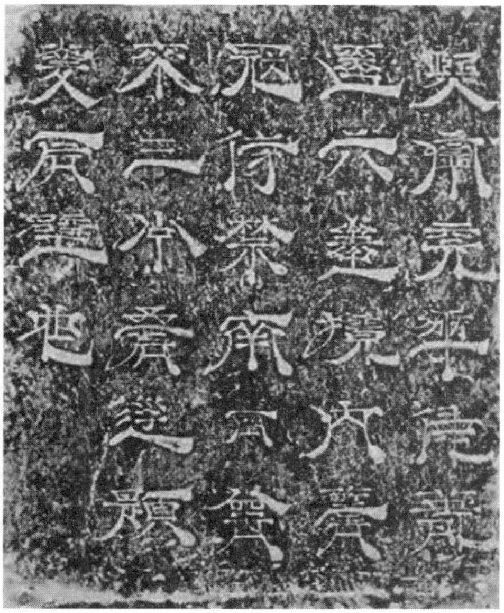

图2 《南琴题名》拓片

① 图片来源于德清县博物馆。
② 图片来源于德清县博物馆。
③ 图片来源于德清县博物馆。
④ 图片来源于德清县博物馆。
⑤ 曹腾飞、黄道钦：《广东摩崖石刻》，广州：广东人民出版社，1998 年。

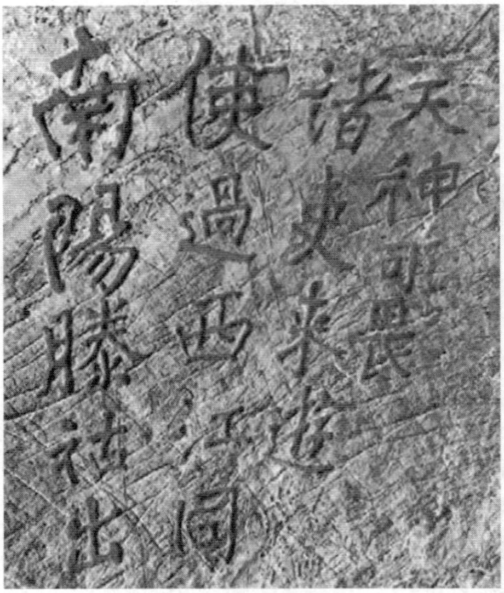

图3 《滕祐题名》照片

图4 《金君卿题名》拓片

二、三洲岩摩崖石刻和旅游之间的关系

1. 三洲岩摩崖石刻旅游现状

对肇庆地区而言，自然景区的开发和利用已经落实到位，为肇庆当地旅游业带来了良好的经济效益，而三洲岩摩崖石刻却鲜为人知，原因在于旅游部门的宣传主要是宣传肇庆的山水风光，对三洲岩摩崖石刻的宣传材料很少，更缺乏整体包装。由于三洲岩摩崖石刻的宣传力度不够，知名度不高以及开发层次低，可旅游性不强等，三洲岩摩崖石刻在外界缺乏影响力，旅游经济效益欠佳，导致极具历史和人文特色的三洲岩摩崖艺术未得到足够的重视和研究，这对全面展示肇庆历史文化和当地人文旅游来说无疑是一大遗憾。

2. 欣赏摩崖石刻，可提高游客的旅游品质

历史上三洲岩曾以其独特的魅力吸引迁客骚人到此一游，并留下墨宝题刻，三洲岩摩崖石刻题材众多，游客游览于此，在欣赏自然风光之余，关注摩崖石刻，在一定程度上可大大提高旅游品质。

孔子曰："不学诗，无以言。"文人墨客游览三洲岩期间，感叹三洲岩

美景，以咏诗赞叹，并题刻之。他们的诗文带给游客的是视觉冲击，是艺术享受，更是思想启迪。例如，皇祐二年（1050）祖无择游至三洲岩并题刻《祖无择三洲岩铭并序》："康州之东七十里，有山焉，高不百仞。下有石室，窿窿然洞洞然，哮豁靓深，可容数千人。两旁有隙穴，俯偻以入，而复高明。大者如堂，小者如房，若窗若户，妙达曲密，上栋下宇，得大壮之象，吾不知融结之始，有意而为之？其偶然耶？何怪奇诡异之如是！按郡牒云：三洲洞即此地也，因为之铭曰：维山岩岩，维室恍恍，阴阖阳辟，天覆地函。我行其间，冬温夏寒，有厢有庑，有棖有枢。有高如闬，有严如键。设爵有坫，鸣琴有荐。我官幸鄙，一岁三至。清泉我有，白云我侍。其来忘疲，其乐忘饥。亦既去止，寤寐思之。凡物既久，因人不朽。召伯甘棠，羊公岘首。彼贤与仁，我岂其伦。实睎高风，于千万春。至坚者石，有时而泐。故告后来，再磨再刻。"① 此铭写三洲岩怪奇诡异令人忘疲忘饥的奇趣，绘形绘影，读此诗文，令人陶醉美景而身心放松，赞叹古人文辞优美，若长期熏陶，则无疑可提高文化品位。

欣赏摩崖石刻，可丰富游客的文化素养，三洲岩摩崖石刻的文学、史学、金石学、民俗学、文化学等诸方面的价值，在游客游览之时，无疑会提升其文化素养。其一，三洲岩由石灰岩构成，独特的地质地貌引起无数地质爱好者的兴趣，人们欣赏三洲岩的同时，可丰富地理文化常识。其二，人们游览于三洲岩山水之间，若能适当地了解一些重要的摩崖石刻所记载的史料，无疑能丰富自己的历史文化知识。例如，元绛题刻《闵忠诗》曰："转战谯门日再晡，空拳犹自冒戈殳。身垂虎口方坚坐，命弃鸿毛更疾呼。柱下杲卿余断节，袴间杵臼得遗孤。吁嗟天下英豪气，不愧山西士大夫。"读此题刻，游客不仅了解了康城知州赵师旦为保护康州城，率领兵丁奋勇抵抗广西侬智高的史实，而且为赵师旦的大无畏精神所折服，双方激战犹如在眼前，精神上的洗礼更为深远。

3. 三洲岩摩崖石刻，有助于丰富肇庆的城市文化内涵

华夏大地，山川秀美，自然风光千奇百怪，但是具有悠久历史摩崖石刻的城市不是很多。从肇庆七星岩的"千年诗廊"到三洲岩的摩崖石刻，

---

① 欧清煜、林瑞球：《三洲岩诗文全录》，北京：中国文联出版社，2000 年，第 12 页。

都带有别具一格的表现张力和醇厚质朴的民族风情，宋代摩崖虽简练但不失雄劲；明代摩崖华美却不失高雅，摩崖石刻均做工精致，线条流畅而富有动感，与自然合而为一，带有一种摄人心魄的艺术魅力，令无数游客流连忘返。三洲岩摩崖石刻的存在，无疑有利于丰富肇庆的城市文化内涵。

例如，李纲在《玉乳岩诗》题刻中咏叹道：

自晋康顺流六十里，有山巉然，临江下有岩洞，可容千人。轩豁平坦，景极幽邃，石罅间滴泉，厥味甘冽，因目之曰玉乳岩，赋诗以纪其事。

鼓枻下端溪，停桡登巘嶭。呀然岩洞开，俨若栋宇设。
千夫可环揖，放步随凹凸。玲珑四壁间，一一幢旆列。
谁令胚浑初，凝结有罅缺。当年补天手，不顾山石裂。
镌镵余旧痕，琐碎委环玦。五峰迎龙渊，列乃通贝阙。
试求玉函书，何异探禹穴。涓涓乳泉滴，璨璨冰玉洁。
清声落嵌窦，自中琴筑节。尝之味甘芳，涤我肺腑热。
琼浆笑裴航，石髓谢王烈。峤南瘴疠乡，有此云腴冽。
青葱松桂阴，景物助幽绝。岂无会心人，来游共旌别。
题诗制佳名，聊以纪岁月。碧落耿相望，千里来磨灭。①

此类诗歌，在三洲岩98处题刻中，不胜枚举，分明是古人们对肇庆山水的热情讴歌。正是这些诗歌作品提升了肇庆旅游资源的文化含量，丰富了肇庆的城市文化内涵。相对今人游览景区随意刻画“到此一游”来说，古人在游访肇庆山水时，他们却以自己的行踪，以自己所抒发的感慨，以自己题署并勒石的手迹，以自己诗歌的文化品位，极大地提升了肇庆的文化品位。

---

① 欧清煜、林瑞球：《三州岩诗文全录》，北京：中国文联出版社，2000年，第136－137页。

三、结语

随着众多贤者的深入研究，三洲岩摩崖石刻逐渐揭开其神秘的面纱，三洲岩以其独特的自然景观和丰富的文化内涵而大放异彩，成为人们或寻幽探胜或追寻古文化遗迹新的旅游景点。三洲岩摩崖石刻的大放异彩，无疑会不断丰富肇庆的旅游文化内涵，不断增加肇庆旅游业的经济效益。笔者才疏学浅，对于三洲岩摩崖石刻和旅游的关系探究比较粗陋，今后，随着三洲岩的开发，会有更多的贤人对此课题进行深入探讨，取得更多成果，促进摩崖石刻的文化传承与发展。

地方石刻与区域文化的构建

——以德庆县三洲岩摩崖石刻为例

车翔宇[①]

摘　要：地方石刻以其实证作用与审美意义实现了文献史料价值和文化景观价值的统一，在区域文化构建中的作用值得重视。通过保护地方石刻景观、整理石刻文献等方式能有效突出地方文化特征、提升地方文化影响力。重视地方石刻的历史文化内涵是加强区域文化竞争力的高效路径，而凸显地方石刻的视觉审美价值则是提升区域文化吸引力的精准办法。在此过程中，需注意地方石刻与其他类型资源的整合，以促进区域文化的整体构建，而当下地方石刻的发现、保护、研究、宣传等具体环节仍有较大完善空间。

关键词：三洲岩；摩崖石刻；区域文化

新时期以来，随着文物保护工作的开展，地方石刻重新得到地方政府与文化工作者的重视，对石刻文献的收集、整理、汇编与研究等工作在此基础上逐步展开。其中，德庆三洲岩石刻的搜集整理工作起步较晚，与那些历来具有金石文化收录传统的区域相比而言基础薄弱，相关研究专著与学术论文等成果较少，有待进一步的发掘。当地在原有石刻资源保护基础上，目前正逐渐尝试通过开发、推广石刻文化元素等方法，将地方石刻与区域文化构建相结合，对石刻的保护与利用进行了一些有效探索。

① 车翔宇，山西晋城人，肇庆学院旅游与历史文化学院辅导员，硕士研究生，研究方向为中国近现代史。

一、三洲岩现存石刻的基本情况

三洲岩石刻位于广东省德庆县九市镇三洲村，山体由石灰岩构成，高约30米，“三洲岩”取自“蓬莱第三洲”，以其奇丽景观闻名于世，千百年来，吸引着无数文人墨客前来游玩。据清光绪二十五年（1899）《德庆州志》记载，自宋至清，苏东坡、李纲、周敦颐、祖无择、陈白沙、李质、尹通、韩雍等众多名人雅士在三洲岩石壁上留下大量题诗、题名、纪事、游记等题刻，共计174人次，180多题。由于历史久远，受到自然风化和人为的破坏，现保留下来的石刻有宋皇祐四年（1052）至清道光二年（1822）的题刻98题。其中宋代石刻9题，明代石刻79题，清代石刻4题，没记载年代的6题。①

二、当地在区域文化构建中对石刻的保护与利用

1. 重视石刻景观以突出地方文化特征

三洲岩石刻有诗词、纪事、游记等多种题材，草书、隶书、楷书、行书等多种字体，为后人留下了珍贵的文化遗产，因此于2002年被广东省人民政府列为广东省文物保护单位。2002年，德庆县加大了对当地旅游景区、景点的开发建设力度，其中三洲岩摩崖石刻被列入重点建设对象。随着文物保护工作的进行，对三洲岩摩崖石刻及景区整体定位与宣传工作同时跟进。

2. 围绕三洲岩开发旅游区以提升地方文化影响力

德庆当地为了保护三洲岩石刻，同时让世人更多地看到石刻，2014年三洲岩文化旅游区项目正式动工。据悉，该项目占地2 600亩，总投资上亿元，内容包括修复三洲岩摩崖石刻、濂溪书院、三贤寺等文化古迹，建设书山文化淘学游、西江历史文化游等，开发休闲度假酒店、古工艺品商

---

① 徐伟坚：《德庆三洲岩摩崖石刻的价值探讨》，《遗产与保护研究》2018年第8期，第127－130页。

业街等，力求建设成为集游、购、吃、住、研于一体的乡村文化型旅游休闲度假区。整合当地旅游资源，不仅为三洲岩石刻提供了专业的修复条件与保存场所，而且能够促进地方文化的传播。自景区开放以来，除吸引了大量普通观众之外，也受到了专家学者的特别关注，屡有赴当地考察观摩、研究论证者。相关研究活动的展开有利于丰富区域文化内涵，提高区域文化品位，促进区域文化交流，进而提升当地的文化辨识度与影响力。

三、地方石刻的内涵、价值及其在区域文化构建中的作用

地方石刻承载着丰富的历史文化内涵与独特的视觉审美价值。从文献留存角度来看，地方石刻的文字内容记载了当地历史进程中的重要事件，是传世文献重要的实物印证对象，弥补了史志对地方信息缺载的部分。以三洲岩摩崖石刻为例，北宋元绛为纪念当时康州知州赵师旦，将其带领部下抗击外敌而英勇牺牲的事迹刻于石壁之上，成为今天研究北宋地方史的重要材料。

再从视觉审美角度来看，地方石刻中存留大量造像、岩画、摩崖等作品，其图像、布局、形状、纹饰均是地方独特审美范式的体现，既为文字学、美术学、文化人类学等相关学科研究提供了重要依据，又以其生动多样的艺术形象为大众提供了观摩学习的范型。

1. 重视地方石刻的历史文化内涵是加强区域文化竞争力的高效路径

作为历史遗存的地方石刻，既具有文物观赏价值，又具有可深层发掘的历史文化内涵，是地方优质文化产业的孵化温床。地方优质文化产业的出现和发展壮大有利于扩大地方文化影响，而地方文化影响力的提升则能有力地推动区域文化竞争力的提高。因此，重视地方石刻的历史文化内涵，将其视为地方文化优势资源进行整合开发，是加强区域文化竞争力的高效路径。

三洲岩摩崖石刻保存完整，记录了历代文人雅士的足迹，承载着地方历史文化的深厚内涵。对于它的研究与开发，首先，需要政府部门对包括石刻在内的地方历史文化内涵加大重视，在保护文物的基础上整体布局，

因地制宜地制定利好政策。其次，对三洲岩摩崖石刻的良性开发离不开对石刻本身的精准解读。这就需要当地文化事企业单位与涉及相关研究领域的高校进行深度合作，在尊重历史真实、避免误读戏说的前提下进行创意开发。

2. 凸显地方石刻的视觉审美价值是提升区域文化吸引力的精准办法

地方石刻给予人直观的视觉审美体验，因此对其代表性图像文字的准确解读与多样化宣传，有利于加强本地居民的区域文化认同感与自豪感。三洲岩对当地居民而言，不仅仅是一个风景秀美的旅游景区，也是民间信仰的归宿地。每年农历六月十九日为观音诞，当地村民和邻近信众纷纷前往三洲岩的观音庙烧香拜佛，祈求风调雨顺、家庭幸福。三洲岩的观音庙和摩崖石刻成为民间记忆的一部分，增强了本地居民的区域文化自信心与社会凝聚力。

此外，地方石刻具有独特的文物观赏价值，其艺术造型、手法工艺、选料取材均极具地方特色，与该区域的历史文化渊源直接相关，既有利于其地方石刻文化资源的传播，也有利于吸引外来游客。这种有别于其他地方的“区域独特性”应充分予以突出和强调，使其成为地方文化的重要标识。三洲岩必将成为德庆县一张亮丽的名片，成为外界了解德庆文化的一扇窗。

四、地方石刻在区域文化构建中的局限与不足

地方石刻在区域文化构建中具有显著促进作用，在突出地方区域文化特色的同时，地方石刻本身及其衍生的文化极大地提升了地方景观文化的辨识度与含金量。但在区域文化景观构建中，地方石刻也有其自身的局限以及发展不足等问题，亟须得到重视与解决。

1. 地方石刻需与其他类型资源共同整合才能促进区域文化的整体构建

区域文化的构建是多层次、多样化的，地方石刻资源仅是其中一个方面，从客观上讲，地方石刻的内容相对单一，难以完全涵盖区域文化的所有特色，区域文化的整体构建需要各种地方文化类型的互相推动。三洲岩

摩崖石刻所载内容较为单一，多为文人骚客的即兴之作，史料价值有限，故以三洲岩为中心的区域文化构建就必须同其他地方文化资源相融合，才能起到应有的作用。这一发展模式的启发性在于，地方石刻作为地方文化遗留的载体，必须与其他类型的地方资源配合，才能最大限度地促成该区域文化的整体构建。

2. 地方石刻的发现、保护、研究、宣传等环节仍有较大完善空间

近二十年来，各地对辖区内现存石刻的重视与抢救工作才陆续展开，由于区域经济发展不均衡等客观原因，目前各地对石刻的保护主要有赖于当地政府的重视程度以及财政收入分配的多寡。同时由于地方石刻所处位置具有分散性、隐蔽性以及各种客观现实因素的限制，现阶段的勘测、发现、收集与保护工作仍面临各种困难，许多地方石刻仍然处于自然放置甚至散落流失的状态，未能得到有效保护。三洲岩摩崖石刻同样面临着此类问题，前往欣赏石刻的交通极为不便，由于自然和人为原因石刻残缺较多，保护与开发工作需要双管齐下，共同进行。

从解读石刻、整理石刻角度来讲，地方文化又因其边缘性、疏离性特征，与传统的文化中心区域相比，较少引起当下学界的关注。目前，接触地方石刻、研究地方石刻的人员主要是当地文化事业单位的工作人员及民间爱好者，但石刻本身所承载的文化信息量较为丰富，涉及考古学、史学、文学、文献学、民俗学等多学科，如何提高“第一线”石刻研究人员的专业化程度并完善其多学科知识结构，以及如何进一步吸收、培养后继高水平研究人员已经成为当下地方石刻保护与研究领域一个亟待解决的问题。

三洲岩摩崖石刻就像一块有待开发的瑰宝，地方政府近年来正着力于构建以三洲岩为核心的区域文化，需要特别指出的是，在创意开发的过程中一定要处理好开发与保护的关系，以及摩崖石刻与其他文化资源的关系。

德庆三洲岩摩崖石刻的价值探讨

徐伟坚①

摘　要：广东省肇庆市德庆县三洲岩是广东现存较多摩崖石刻的山体，自宋以来就有苏东坡、李纲、周敦颐、祖无择、元绛、南琴、金君卿及至明代陈白沙、李质、尹通、韩雍、李宠、陆舜臣等达官贵人、放臣迁客、文人雅士来游三洲岩并留下题刻。本文就三洲岩摩崖石刻的历史价值、文学价值、书法艺术价值方面进行了探讨。

关键词：三洲岩摩崖石刻；历史；文学；书法艺术价值

德庆于汉武帝元鼎六年（前111）设置端溪县，是一个有2 100多年历史的古县。唐贞观十二年（638）称康州，宋绍兴元年（1131）改康州为德庆府。三洲岩摩崖石刻位于广东省德庆县九市镇旧圩村委会三洲村，是一座高约30米的石灰岩山体，岩内洞穴开阔。“三洲岩”取自“蓬莱第三洲”，以其鬼斧神工般的奇丽景观闻名于世，千百年来，吸引着无数文人前来游玩，题诗纪事，或咏物言志，或抒发抱负，为后人留下了珍贵的文化遗产。三洲岩摩崖石刻于2002年，被广东省人民政府公布为广东省文物保护单位。

一、三洲岩摩崖石刻独有的文化内蕴

据清光绪二十五年（1899）《德庆州志》记载，自宋至清，苏东坡、

① 徐伟坚，德庆县博物馆馆长，文博副研究馆员，主要研究方向为文物保护、地方文献资料研究。

李纲、周敦颐、祖无择、陈白沙、李质、尹通、韩雍等众多名人雅士在三洲岩石壁留下的大量题诗、题名、纪事、游记等题刻，共计 174 人次，180 多题[①]。由于历史久远，受到自然风化和人为的破坏，现岩内保留下来的石刻有宋皇祐四年至清道光二年的题刻 100 题。其中宋代石刻 10 题，明代石刻 80 题，清代石刻 4 题，无记载年代的 6 题。

三洲岩摩崖石刻有诗、词、纪事、游记等题材，草书、行书、楷书、隶书和异体字等书体种类多样，内容涉及理学思想、宗教迷信、百姓疾苦、少数民族抗争等[②]。这些石刻，无不与当时当地的政治、经济、文化、军事、民族关系息息相关，其内容印证了重要历史事件，既是正史有力的佐证，也是研究当时社会、文化、历史名人及书法艺术极其珍贵的实物资料，具有重要的历史、科学和文学艺术研究价值。

二、历史文化信息丰富

三洲岩地理位置特殊，溶洞千姿百态，形成了独有的优雅与美丽，留下了士大夫们或怀才不遇或宦途失意的慨叹，更有记述历史事件的诗句及历史名人行踪的题名。

1. 记述农民起义的历史事件

（1）宋皇祐四年转运使元绛作《闵忠诗》："转战谯门日再晡，空拳犹自冒戈殳。身垂虎口方坚坐，命弃鸿毛更疾呼。柱上杲卿余断节，袴间杵臼得遗孤。吁嗟天下英雄气，不愧西山士大夫。"[③]

元绛《闵忠诗》石刻释文："皇祐四年夏五月，邕獠刦库兵称乱，陈船顺江，绝数郡。郡之守臣狃忲承平，弛武备，辙委符管避贼。独封、康二州将提罢卒数十，力战以死。明年春，予传车过二州，问其吏民，皆为出涕愀然，感之，作《闵忠诗》书于康州三洲洞石。广南东路转运使、尚书司封员外郎、直集贤院武林元绛题。"

---

① 杨文骏修，朱一新纂：《德庆州志·艺文志第三》，光绪二十五年本。

② 曹腾飞、黄道钦：《广东摩崖石刻》，广州：广东人民出版社，1998 年。

③ 杨文骏修，朱一新纂：《德庆州志·职官志第二》，光绪二十五年本。

这首诗是元绛为缅怀时任康州（今德庆）知州的赵师旦而作，刻在三洲岩洞内石壁。宋皇祐四年，赵师旦为抵抗广西侬智高的起义军，保卫康州城，保护康州的黎民百姓，率领300兵丁抗击起义军，终因寡不敌众，与城共亡。

（2）明成化二年（1466），韩雍《题三洲岩》："成化二年丙戌闰三月廿有二日，予与太监陈公瑄、侍郎薛公远平两广班师回，游此。是岁九月八日，予整兵西巡，复游此，因题以纪岁月。姑苏韩雍永熙书。"①

这段文字记述明宪宗成化年间（1465—1487）为左佥都御史的韩雍，领兵镇压广西大藤峡瑶、壮民起义的历史事件。班师回途中，游三洲岩题刻，以为自矜得意，是对这一历史事件记载的有力印证。

2. 名人贬谪途经三洲岩题名

（1）"东坡居士自海南还来游，武陵弓允明夫、东坡幼子过叔党同至。元符三年九月廿四日。"②

宋绍圣四年（1097）六月，苏东坡遭贬到海南儋州。元符三年（1100），苏东坡遇赦北归，坐船从广西沿西江顺流而下，途经康州（今德庆）三洲岩，见其山岩幽胜，遂下船游览并题记。这题刻对研究苏东坡在广东的历史及其生平史迹都有重要意义。

（2）南宋名相李纲，于宋高宗建炎四年（1130），在三洲岩题"玉乳岩"③ 和《玉乳岩诗》。

李纲于建炎元年（1127），受到殿中侍御史张浚弹劾，罢观文殿大学士，留提举洞霄宫之职。建炎二年（1128），被贬谪海南岛万安军。建炎四年（1130），流放遇赦北归，途经康州（今德庆），在三洲岩题"玉乳岩"和《玉乳岩诗》，应是他从海南岛流放回来途经三洲岩时所题，这对研究李纲在广东的历史及其生平史迹有重要价值。

3. 宦途失意的慨叹

明嘉靖二十六年（1547），龚辉题字"瑶华洞天"，"明嘉靖丁未，绩

---

① 欧清煜、林瑞球：《三洲岩诗文全录》，北京：中国文联出版社，2000年，第51页。
② 杨文骏修，朱一新纂：《德庆州志·艺文志第三·金石》，光绪二十五年本，第689页。
③ 杨文骏修，朱一新纂：《德庆州志·艺文志第三·金石》，光绪二十五年本，第694页。

溪胡公松偕余访三洲岩洞，则见其丹碧辉映……惜乎生不当国之冲，泯没无闻……呜呼！显晦潜见，物诚有幸有不幸，其于士□亦然，余□有感于兹，洞且类士也……”① 从中可看到在封建社会，不同阶层或不同层次的知识分子宦海仕途的沉浮起落。

龚辉，字实卿，号笑斋，浙江余姚（鹿亭）人。明嘉靖二年（1523）进士，官至工部左侍郎，死后赠右都御史。他一生曾从事采办皇木、治理水患、荡平匪乱、平抑徭役等工作。为官清正，敢作敢当，被后世称为“大明能臣”。

三、较高的文学价值

历史上三洲岩的题刻有近200题，至今保存题刻还有98题，有铭，有题名、题诗、纪事、纪功、记游等题材，有五言、七律等多种形式的诗词体裁，承载与蕴含着大量的历史文化、文学信息。

1. 直抒胸臆，赞叹自然之美景

（1）萧渊言，北宋英宗时（1064—1067）任端溪（德庆）县令，曾在此题七言律诗《留题三洲洞》：“山势凌空下郁迂，前森秀岛应台苻。洞中古老传仙迹（《图经》云，古老相传有庞眉皓首者隐是洞），望外风光接海隅。屹若臣心强谏剖，嵌如龟腹效灵刳。清幽景致仁人乐，谁为名标胜地图。”抒发了作者赞美三洲岩美景为仁人所乐之感。

（2）祖无择《祖无择三洲岩铭并序》：“康州之东七十里，有山焉，高不百仞。下有石室，窿窿然洞洞然，哮豁靓深，可容数千人。两旁有隙穴，俯偻以入，而复高明。大者如堂，小者如房，若窗若户，妙达曲密，上栋下宇，得大壮之象，吾不知融结之始，有意而为之？其偶然耶？何怪奇诡异之如是！按郡牒云：三洲洞即此地也，因为之铭曰：

维山岩岩，维室恍恍，阴阖阳辟，天覆地函。
我行其间，冬温夏寒，有厢有庑，有棂有枢。
有高如闬，有严如键。设爵有坫，鸣琴有荐。

① 德庆县地方志编纂委员会：《德庆县志》，广州：广东人民出版社，1996年，第647页。

我官幸鄗，一岁三至。清泉我有，白云我侍。
其来忘疲，其乐忘饥。亦既去止，寤寐思之。
凡物既久，因人不朽。召伯甘棠，羊公岘首。
彼贤与仁，我岂其伦。实睎高风，于千万春。
至坚者石，有时而泐。故告后来，再磨再刻。

祖无择（1011—1084），字择之，河南上蔡人。进士高第。历知南康州、广东刑狱，广东转运使，官至秘书监、集贤院学士。于北宋皇祐三年（1051）游三洲岩时题铭。“铭”是一种文体，此铭及小引写三洲岩怪奇诡异令人忘疲忘饥的奇趣，绘形绘影；“至坚者石”的议论，令人回味。①

（3）李纲《玉乳岩诗》：“自晋康顺流六十里，有山巉然，临江下有岩洞，可容千人。轩豁平坦，景极幽邃，石罅间滴泉，厥味甘冽，因目之曰玉乳岩，赋诗以纪其事。

鼓枻下端溪，停桡登巘嶭。呀然岩洞开，俨若栋宇设。
千夫可环揖，放步随凹凸。玲珑四壁间，一一幢旆列。
谁令胚浑初，凝结有罅缺。当年补天手，不顾山石裂。
镌镵余旧痕，琐碎委环玦。五峰迎龙渊，列乃通贝阙。
试求玉函书，何异探禹穴。涓涓乳泉滴，璨璨冰玉洁。
清声落嵌窦，自中琴筑节。尝之味甘芳，涤我肺腑热。
琼浆笑裴航，石髓谢王烈。峤南瘴疠乡，有此云腴冽。
青葱松桂阴，景物助幽绝。岂无会心人，来游共旌别。
题诗制佳名，聊以纪岁月。碧落耿相望，千里来磨灭。

李纲（1083—1140），字伯纪，宋高宗时为宰相，以擅招兵马的罪名罢相，贬海南，途经德庆，多有题咏。此诗写三洲岩的奇绝幽绝，别有新意，更写乳泉如琼浆石髓，使玉乳岩一名得以流传千古。而想象奇丽，描摹生动，更令三洲岩增辉，为他诗所不及。②

---

① 欧清煜、林瑞球：《三洲岩诗文全录》，北京：中国文联出版社，2000 年，第 12 – 13 页。
② 欧清煜、林瑞球：《三洲岩诗文全录》，北京：中国文联出版社，2000 年，第 136 – 137 页。

2. 借景抒怀，感叹百姓疾苦

明成化五年（1469）《黄浩诗》：“问俗时巡粤水滨，双旌拂破素岩云。俯观清瘦岩头石，犹逾苍生肉几分。”“成化己丑夏五月、同知德庆州事、南海黄浩题。”

黄浩，字浩然，广东南海人，明成化年间（1465—1487）举人，授德庆州同知。此诗是三洲岩题咏中唯一一首由山石联想百姓疾苦的诗。作者毫无游赏雅兴，看到“清瘦岩头石”，联想到“犹逾苍生肉几分”。读后叫人悚然惊悟，也对这位游玩时亦心念百姓的州官产生几分敬意。

四、书法艺术和书法流派各具特色

三洲岩摩崖石刻现存的题刻多出自名家之手，各具特色，颇具后世学习和借鉴价值。

（1）宋熙宁元年（1068 年）《南琴题名》（见图 1、图 2）。

图 1 《南琴题名》拓片（来源：德庆县博物馆）

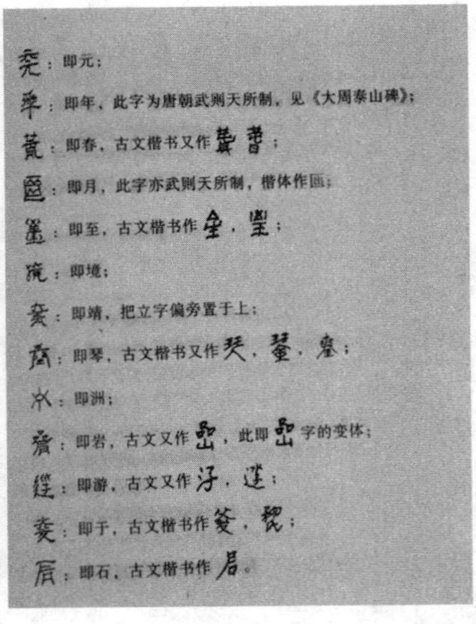

图 2 《南琴题名》异体字①

① 林瑞球：《德庆旧事》，北京：中国致公出版社，2001 年，第 85 页。

释文：“熙宁元年仲春月，六至境内靖寇，侍禁南琴曾来三洲岩游，题于石壁也”。

南琴，宋神宗时（1068—1085）为内侍省宦官。该题刻书体奇谲，隶中带篆，犹如九叠篆文一样。据《通志·六书略》：“武后更造字。”字体以增笔加强装饰，使之灵动飘逸，艺术效果更佳，体现了作者与众不同的书艺功力和创造精神。

（2）宋端溪县令萧渊言《留题三洲洞诗》（见图3）。

萧渊言，宋英宗时为端溪（今德庆）县令，该题刻为楷书，行气舒朗，用笔圆润，刚劲有力，妍丽生姿，是楷书中的典范。

（3）宋熙宁八年（1075）《金君卿题名》（见图4）。

金君卿，北宋进士，累官度支郎中。题刻书体结字端庄严谨，瘦劲舒扬，纵横得体，开合自如，楷中颇带隶意。

图3 萧渊言《留题三洲洞诗》拓片（来源：德庆县博物馆）

图4 《金君卿题名》拓片（来源：德庆县博物馆）

(4) 宋崇宁四年(1105)《滕祐题名》(见图5)。

此题刻书体结构奇险峻拔，古朴浑厚，灵动飞逸，颇有北朝“石门铭”字意韵。

(5) 明成化二年(1466)《韩雍题诗、题记》(见图6)。

韩雍，明正统进士，成化年间任两广总督。其题三洲岩诗记，书体工整圆浑，端庄秀雅，骨健肉腴，风姿潇洒，疏密匀称适宜，堪称正书范例。

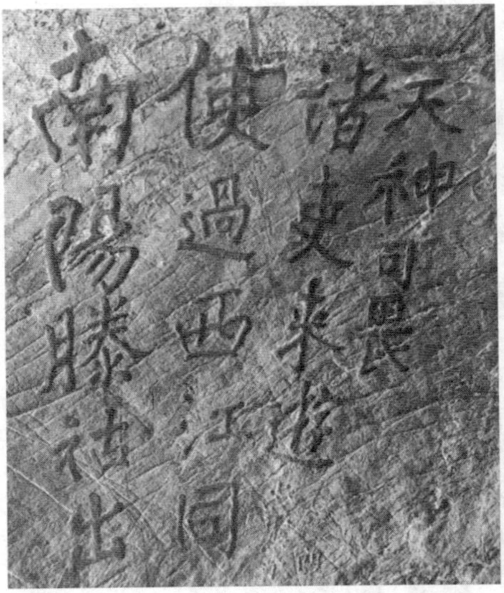

图5 《滕祐题名》照片(来源：德庆县博物馆)

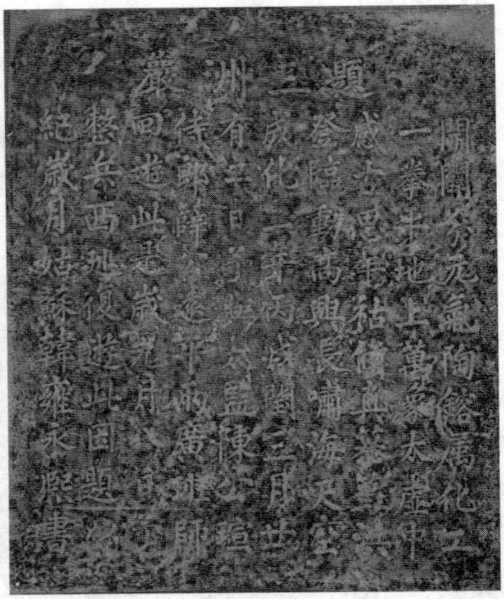

图6 《韩雍题诗、题记》拓片(来源：德庆县博物馆)

五、结语

总体上来看，三洲岩摩崖石刻有以下两个特征：

(1) 历史文化信息浓厚，具有广阔的研究空间。

三洲岩摩崖石刻的研究目前处于起步阶段，历史上三洲岩的题刻有174人次，180多题，至今保存题刻98题，这些题刻不乏历代名人所作。题刻有题名、题诗、纪事、纪功、记游，有五言、七律等多种形式的诗词体裁，承载与蕴含着大量的历史文化、文学信息。这些题刻对研究我国文学史和历史都有很高的研究价值。

（2）具有丰富的书法艺术价值。

三洲岩摩崖石刻汇聚了各种书体和书法流派，有楷、行、草、隶等书体。题刻中的书法，有很多出自名家手笔，堪称后人习字的范例，对研究古代书法艺术和书法流派都有很高的研究价值。

三洲岩摩崖石刻蕴含了大量的历史信息，具有很高的历史价值、文学价值和书法艺术价值，是岭南优秀历史文化遗产的重要组成部分，是一个文学宝库、书法艺术宝库，更是一本历史教科书。

古代三洲岩口碑分析

刘忠桂[①]

摘　要：古时德庆三洲岩虽然地处岭南，但是知名度高，有众多摩崖石刻为证。摩崖石刻和相关传世历史文献表明，虽然三洲岩历史传说悠久，可追溯到两晋之间的葛洪，但不可考，确切的历史还只能是从北宋仁宗时期开始。三洲岩的石刻和相关传世文献产生于宋元明清朝代，其中以明朝为最。这些石刻文献一部分是简单的“到此一游”的游识，其他的大都是赞颂性质的诗文，这些诗的流传提升了三洲岩的知名度。通过对明代口碑分布的简单归纳，可以展示古代三洲岩的盛名远播。

关键词：三洲岩；口碑；石刻；知名度

三洲岩是肇庆市德庆县的一处历史名胜，位于州府（古代）市县（现今）之间，且处于其主要通途——水路西江（古代）、321 国道（现今）的岸边。按说这一名胜的地理位置不算偏僻，交通也是便捷，但它现今的知名度不高，知道的人并不太多。然而，只要对它做一个深入考察，一个不一样的三洲岩就会呈现在我们面前——古代三洲岩的知名度出人意料，可谓誉满神州。

古代三洲岩的知名度具体如何，如今不好度量比较，但是不妨借用“口碑”一词来界定。《现代汉语词典》（第 7 版）对“口碑”解释为：“指群众口头上的称颂（称颂的文字有很多是刻在碑上的），有时也指群众口头上的评价。”现代传播学和管理学也非常重视对这种现象的研究，并把它概念化、理论化。只不过当代的“口碑”概念已经得到了很大的扩

① 刘忠桂，历史学博士，肇庆学院旅游与历史文化学院讲师。

展，不仅指正面的评价，也包括负面的评价；不仅指口耳相传的语言和碑刻文字，也包括录音、视频等各种传播方式。①

由于受古代社会发展水平的限制，没有当下先进的记录方式和传播手段，只有最基本的传说、诗文、碑刻存在。古代关于三洲岩的“口碑”也是这样一种情况，只剩下诗文、碑刻的文字记载。虽然如此，但这不妨碍我们对其进行研究。本文不揣冒昧，就以下几个问题提出拙见。

一、三洲岩的现世

虽然古代岭南有人类生活的历史很早，秦汉开始汉化乃至开发的历史也不短，但是现有关于三洲岩的文字记载表明，其现世是比较晚的。

关于它的最早说法是两晋时期的葛洪在此炼丹修道。葛洪（283—364）为东晋炼丹者、医药学家，字稚川，自号抱朴子，汉族，丹阳郡句容（今江苏句容县）人。根据葛洪年表，葛洪曾因为社会政治原因在岭南工作生活过并游历、修道，最远去过扶南（今中南半岛一带），晚年时在罗浮山隐居直至去世。② 三洲岩距离广州不远，且在去交趾、扶南必经之路的西江岸边；葛洪完全有可能到此驻足修道。但遗憾的是，三洲岩关于葛洪的传说没有留下确切的文字记载或文物证据，仅是传说而已。

现存关于三洲岩的诗文石刻最早也是见于北宋仁宗时期（以欧清煜、林瑞球编著《三洲岩诗文全录》为准）。之所以如此，主要应该是宋代以前，岭南地区的开发不够，人口较少，特别是汉民还没有大规模迁移和开发西江的中上游地区，否则三洲岩不至于没有被“发现”和记载。但是，三洲岩的真正最早发现者肯定是早于汉文字记载之时的，至于是什么人，现在已无法考证；如果是古越人或岭南少数民族，则因为他们文化和社会发展水平的低下，也难以有相关的遗存和记录。

另外，古代社会人们虽然存在游玩的兴趣和想法，但是由于社会政治

---

① 刘卫梅、林德荣：《基于信任的旅游目的地的口碑推荐机制研究》，《旅游学刊》2018 年第 10 期，第 63－74 页。

② 丁宏武：《葛洪年表》，《宗教学研究》2011 年第 1 期，第 10－16 页。

的封闭性以及经济发展水平不高，无法产生现代社会意义上的旅游业。在正常的社会秩序下，能够自由旅行的人员大多属于特殊阶层。首先是官僚阶层，他们因为工作的原因需要去往他处；其次是有一定人力、物力和财力的商旅、地主阶层，他们有能力去往他处。而这些特殊阶层往往又都是社会精英，有相当的知识文化，更容易留下旅行的痕迹。

二、古代三洲岩的口碑

根据现有文献的文字记录①，我们知道三洲岩自北宋开始就广为人知，并成为风景名胜。但是经过对现有相关石刻诗文的统计可以发现，不同朝代，其口碑发展水平也是不一样的。

宋代流传下来的石刻诗文创作者现有 32 人左右，但是其中只有 5 人用诗文赞颂了三洲岩，其他都是最简单的“到此一游”类“游识”，显然其传颂的作用和效果要大打折扣。

而元代，由于时代特殊：一是时代比较短，不足百年；二是元朝前期，岭南地区遭受严重破坏；三是外族统治，南人地位非常低。这导致岭南的社会发展水平无法迅速恢复和活跃。在这个时间段里，只有两份诗文赞颂了三洲岩。

到了明代，局面就发生了巨大的改变。明朝人对三洲岩的兴趣和关注度暴增。综合来看，共产生 143 人的诗文石刻，其中赞颂诗文达到 121 份，另有 22 份是“到此一游”式的“游识”。口碑的暴涨，特别是美誉度的增加，使三洲岩在当时就成了游览胜地。

到了清代，虽然也是少数民族统治政权，但是清政权与汉族的融合度高，社会政治经济也保持了较长时间的稳定和发展，岭南地区也相应得到稳定和发展。有清一代，三洲岩继续有相当的知名度，保持着比较好的口碑。这个时期关于三洲岩的诗文石刻总共有 25 人次左右，其中 15 个是赞颂诗文，8 个是“到此一游”的“游识”。

---

① 本文主要依据和统计分析的文献是欧清煜、林瑞球：《三洲岩诗文全录》，北京：中国文联出版社，2000 年；杨文骏修，朱一新纂：（光绪）《德庆州志》。

值得指出的是，在清代关于三洲岩的诗文中，有两份不是赞颂的文字，而是表达了批评和不满。这两份是清代未刻诗文：一份是作者卫淇的诗文，另一份是李屺云的鸡冠石诗，两位作者生平都不详。前者感慨三洲岩的景物十年过去了，大不如前，一片落寞；后者抱怨三洲岩周边的景观遭到破坏，呵护无方，警醒后人。

经过统计分析可知，古代各个时期关于三洲岩口碑的主要“感知价值”比较稳定和统一。其主要内容包括四个方面：一是整个山岩的俊伟，包括风景区当时拥有的幽深林木和植被；二是关于神仙的传说，特别是道教里“三个仙岛”的说法，以及葛洪曾经在此修仙练道的传说；三是巨岩下的溶洞形状怪异，让人遐想；四是岩洞中历代士大夫和文人雅客游玩后留下的诗文墨宝石刻，反而也成为游览的主要对象之一，从而使三洲岩成为一个十足的探奇览胜之地。

三、古代三洲岩的口碑分布

前面总结分析了三洲岩历代口碑的规模和水平，与此同时，借用已有的这些文献，我们还可以大致知道其口碑传播的分布和范围。以明代为例，我们按照口碑发布者的籍贯，就可以得出这些口碑可能的分布地区和传播范围。

明代这些游览三洲岩并留有诗文石刻的游客，他们的籍贯是这样分布的：

广东：德庆（10）　长乐（1）　南海（2）　高要（2）　新会（1）　增城（1）　罗浮（1）　端州（1）

江西：南昌（2）　广昌（1）　新喻（1）　丰城（2）　泰和（1）　进贤（2）　新建（1）　弋阳（1）　庐陵（1）

海南：具体出生州不详（1）　琼山（1）

安徽：凤阳（2）　三山（2?）　古歙（1?）　新安（1）　庐州（1）

山东：济宁（1）　东鲁（1）

浙江：慈溪（1）　浯溪（1）　余姚（1）

湖南：衡阳（1）　常德（1）

湖北：孝感（1）

江苏：具体出生州不详（1）　姑苏（3）　宜宾（1）　武进（1）　会稽（2）　吴郡（1）　江浦（1）　金陵（1）

福建：具体出生州不详（1）　侯官（1）　建宁（1）　晋江（2）　南安（1）　福州（2）　建安（1）

浙江：永嘉（1）　天台（1）　义乌（1）　山阳（1）　姚江（1）　安城（1）

河北：南陵（1）

广西：苍梧（2）　桂林（1）　横州（1）　宜山（1）

上海：松江（1）

湖北：钟祥（1）　麻城（1）

四川：具体出生州不详（1）　蜀西（1）　富顺（1）

河南：宜阳（1）

还有部分诗文石刻作者籍贯不详，否则规模和范围应该还会更大。

可见，古代时三洲岩一度得到广泛的认识和了解，有比较高的知名度。

谈三洲岩摩崖石刻的文化价值和保护利用

陆妍梅①

摘　要：石刻是千百年来人们用来记载当时社会生活的载体，它有着明显的纪实性，最能真实地反映出史实和社会环境。三洲岩摩崖石刻目前保留着从宋至清各朝代的题刻共100题，这些题刻的内容揭示了当时发生的历史事件，蕴含了各种流派的书法艺术，也描述了当时三洲岩周边的环境和胜景等，有着丰富的历史文化内涵。这样珍贵的文化瑰宝，对其应该加以保护和利用，将其价值和底蕴充分地展现出来。

关键词：摩崖石刻；文化价值；保护利用

三洲岩摩崖石刻位于广东省肇庆市德庆县九市镇的三洲岩，三洲岩是一座高约30米的石灰岩山体，取“蓬莱第三洲”之义为名。西江自古被称为“黄金水道”，三洲岩屹立于西江之滨，历代都是名胜古迹。因此，三洲岩的石壁上也留下了大量的摩崖石刻。

一、三洲岩摩崖石刻的文化价值及现状

德庆，历史上被称为“岭西舟车之会”，自秦汉以来，中原地区和岭南地区的往来，多取汉水、漓江，经由西江到达广东沿海各地。② 西江河畔的三洲岩，也以其神奇的魅力吸引着南来北往的众多仕宦商贾。

三洲岩摩崖石刻的文化价值主要体现在以下三个方面：

---

① 陆妍梅，文博馆员，德庆县博物馆副馆长，主要研究方向为文物保护和地方文史资料研究。

② 陈以良：《人文德庆》，广州：广东旅游出版社，2011年。

1．历史悠久、数量众多

据考古发掘表明，三洲岩的岩洞里曾经出土过旧石器时代晚期的打制石器，这证明在远古时代，三洲岩就已经有人类活动的痕迹。目前，三洲岩还保留有从宋皇祐四年（1052）至清道光二年（1822）的题刻100题。其中，宋刻10刻，明刻79刻，清刻4刻，辨不清年代的7刻。《德庆州志》中，也有对三洲岩摩崖石刻的描述："宋、元、明题刻甚富。"

2．体裁多样、内容丰富

三洲岩摩崖石刻的题刻，体裁种类繁多，包括题诗、题记、题名、题字、和诗等。题刻内容也很丰富，或纪事件，或纪人物，或纪胜迹，或纪游历等。这些题刻对研究当时发生的事件，名人官宦的仕途沉浮，以及三洲岩不同年代的风景胜迹等，都具有较高的研究价值。

3．字体各异、规模不一

三洲岩摩崖石刻所刻的书体种类繁多，有楷书、草书、隶书、行草、行楷及古人自创的异体字等，同时囊括了许多名人及文人大家的作品，其书法艺术风格各有千秋。这对研究各种流派的书法艺术，非常有参考价值。题刻的规模大小不一，有的石刻形制巨大，如"明嘉靖丙午张烜、武鸾题字、题诗"①，宽高皆达数米，也有的石刻篇幅小，如"清道光己酉梁炳然、梁炯然题名"②，宽仅几厘米。

据《德庆州志》的记载，宋代苏东坡、周敦颐、祖无择、李纲等人都在三洲岩留有题刻。原三洲岩有宋至清各朝代的题刻174人次，近200题③。但由于20世纪90年代以前，村民"轰石燔灰"的现象持续不断，因此，三洲岩摩崖石刻遭受损坏，现存石刻只有100题。三洲岩的变迁是一曲文化悲歌，令人扼腕叹息。为了避免更多的损失，对三洲岩摩崖石刻的保护刻不容缓。

二、三洲岩摩崖石刻的保护

近年来，三洲岩摩崖石刻由于人为取石而导致损坏的现象已经基本控

① 欧清煜、林瑞球：《三洲岩诗文全录》，北京：中国文联出版社，2000年，第100页。
② 欧清煜、林瑞球：《三洲岩诗文全录》，北京：中国文联出版社，2000年，第132页。
③ 参见杨文骏修，朱一新纂：（光绪）《德庆州志·艺文志第三》。

制，但是自然风化、植物破坏、雨水侵害、环境污染等，则是目前三洲岩摩崖石刻的“天敌”。从保护和利用三洲岩摩崖石刻的实际出发，必须加强对石刻的保护，才能达到对其进行开发规划和利用的目的。保护措施包括：

1. 对摩崖石刻进行存档式保护

为记录和保护摩崖石刻的数据资源，应为其建立石刻保护数据信息系统。一是通过对石刻进行拓片和拍照，建立石刻存真档案。二是可以利用高科技手段，采取高分辨率的微距摄影技术，对摩崖石刻进行三维激光扫描，把每一题石刻的细节和字体等数据都储存在系统内，用准确的数据信息来更好地记录历史，保存艺术。要定期对石刻进行扫描，并和历史数据进行比对，如发现有变化可以及时地采取措施，进行修复和保护。

2. 利用科学技术对摩崖石刻进行修复性保护

由于三洲岩摩崖石刻年代久远，而且长期暴露在自然环境下，风吹、日晒、雨淋，加上南方天气潮湿，导致石刻出现了不同程度的风化、松散、渗水、裂隙、生水锈、出苔藓等现象。这样不仅影响观赏，而且对石刻本身的保护带来威胁。运用现代科技手段对石刻进行抢救性保护和修复，既是保护和传承的需要，也是日后对其进行开发利用的基础。

针对这些存在的问题，应由具备相关资质的文物修复机构制订科学的修复方案，对三洲岩摩崖石刻进行保护性维修。其中包括：①防风化处理。对受风蚀作用产生裂隙的石刻进行修复。如三洲岩摩崖石刻的西北至东北壁的石刻，受风蚀的程度比较明显，要进行针对性加固。②防渗水处理。针对由于渗水而造成影响的石刻，对渗水缝隙进行灌浆堵漏，并在不影响文物本体的情况下，改善岩体的排水系统，引导雨水远离石刻。如三洲岩摩崖石刻岩洞内和靠近两边洞口位置的石刻，大部分都存在渗水的现象，需重点进行防渗水处理。③防植物病害处理。对于危害岩体的攀爬类植物，要采取措施抑制其生长或清理，对在阴暗潮湿的地方容易滋生的青苔、地衣、藻类植物及其他微生物等，要定期进行科学的清理。

3. 加强对摩崖石刻的日常性保护

除了气候条件会对摩崖石刻造成破坏，平时的日常维护和管理也是非常重要的。一是在不影响文物本体的情况下，通过设置一定范围的保护性围栏，防止公众出于好奇而对石刻进行直接的触碰，避免观众手中的汗液等对石刻本体造成损伤。二是对石刻定期进行地衣、苔藓清理，合理规划排水系统并按时清淤，对石刻周边的环境进行定时巡查。三是提高公众的保护意识，通过树立保护标识牌和宣传标语、工作人员劝导等方式，规范公众的参观行为，提高其自觉保护文物资源的责任心。

三、三洲岩摩崖石刻的开发利用

三洲岩摩崖石刻是德庆最有代表性的摩崖石刻，也是研究德庆地方史的重要文献资料。所以对三洲岩摩崖石刻的开发利用，应该在可持续发展的基础上进行规划。

1. 品石鉴史，恢复原有景观

三洲岩摩崖石刻是写在石头上的史料，石刻内容丰富，其中不乏刻画三洲岩风景的描述。如明万历壬子梁弘化题诗：“流霞环岛屿，积翠耸山陬。”① 明正统四年李应泌题诗：“几度凌风游绝顶，松涛千顷散箫韶。”② 明嘉靖魏良贵题诗：“海壖东去蓬莱近，我欲逢君泛斗槎。”③《德庆州志》中也有关于三洲岩的记载：“最幽胜。”从这些文字中可以看出，当时的三洲岩是一个寻幽探胜的好地方。也正因有如此美景，所以吸引着无数的文人墨客流连忘返，题字留名。

明戊寅伍希儒题诗：“元公与坡老，余韵今流传。”④ 明嘉靖十五年冯恩题诗：“周子高栖窥太极，坡翁远到悟奇缘。”⑤ 诗中的“元公”和“坡老”，“周子”和“坡翁”，指的是周敦颐和苏东坡。据《德庆州志》记载，“岩旧有濂溪书院，今为观音庙”⑥。苏东坡的题刻或许已经损坏，现存石刻中没有发现，可这三洲岩周边的景观和濂溪书院，可以通过进一步

---

① 欧清煜、林瑞球：《三洲岩诗文全录》，北京：中国文联出版社，2000 年，第 117 页。
② 欧清煜、林瑞球：《三洲岩诗文全录》，北京：中国文联出版社，2000 年，第 38 页。
③ 欧清煜、林瑞球：《三洲岩诗文全录》，北京：中国文联出版社，2000 年，第 110 页。
④ 欧清煜、林瑞球：《三洲岩诗文全录》，北京：中国文联出版社，2000 年，第 78 页。
⑤ 欧清煜、林瑞球：《三洲岩诗文全录》，北京：中国文联出版社，2000 年，第 90 页。
⑥ 欧清煜、林瑞球：《三洲岩诗文全录》，北京：中国文联出版社，2000 年，第 203 页。

考证，让其恢复，将过去的古迹胜景重现，也进一步提升三洲岩的可观赏性。

2. 结合文创，深化文化内涵

三洲岩摩崖石刻是德庆的文化瑰宝之一，其书法艺术精湛，内容丰富翔实，历史艺术价值很高。但是由于石刻的不可移动性和宣传传播的力度不足，三洲岩摩崖石刻未被更多的人知晓。前文提到的石刻保护数据信息系统，这时就可以利用起来了。将存档的拓片和照片资料，通过整理编辑，出版成书，呈现于社会。同时结合文创产品的研发，推出一系列与之相关的文创产品，进一步提升三洲岩摩崖石刻的显示度、知名度和美誉度。

同时，可以在三洲岩保护范围外建设展览馆，将与三洲岩摩崖石刻有关的拓片、照片，以及取石时留下的石刻残片等进行分类展示。通过这些历史资料来让观众更直观、更系统地认识三洲岩摩崖石刻的艺术价值，有效地向公众展示其深厚的文化底蕴。

3. 寓教于乐，传承历史艺术

文化需要培育，历史需要传承。游客在参观的过程中，可以结合三洲岩摩崖石刻本身的艺术特点，通过形式多样的游戏或者活动，从中获得相关的知识和体验。例如，让游客通过分析石刻上的内容，去印证当时的一些历史事件；让游客通过观摩石刻字体而进行临摹；让游客在现场尝试自己动手做拓片；让游客用文字或者图画描绘出自己心中的三洲岩等；让游客在游玩当中能够自觉去领略和认同历史文化，关注和保护艺术精华，从而更深刻地去了解石刻，记住石刻，保护石刻，这才是传承的初衷。

科学保护，合理利用好三洲岩摩崖石刻，是德庆文化旅游可持续发展的一项重要任务。过去，三洲岩以其独特的自然景观和丰富的文化内涵而大放异彩；今天，我们将会把石刻文化加以传承和发扬，使三洲岩成为人们寻幽探胜，追寻古文化遗迹的新起点。

后　记

位于西江中游北岸的德庆三洲岩，题刻丰富，目前保留有上至宋皇祐四年至清道光二年的题刻90余幅。有诗、记、题字等，书法则有楷、行、草、隶等多种呈现。2018年秋，德庆县人民政府举办了三洲岩摩崖石刻文化研讨会，意在通过专家学者们的研究、探讨，挖掘其文化价值，提升科学保护利用共识。

研讨会收到20多篇文章，凝聚了专家学者的智慧结晶，其中有不少真知灼见，对三洲岩摩崖石刻研究、保护、开发利用等有较高的参考价值。为巩固研究成果，发挥学术研究对实践的指导作用，德庆县委、县政府决定整理收录其中优秀文章，正式出版三洲岩摩崖石刻研究文集。

文集在征稿、整理、编辑、校对、出版等过程中，得到德庆县文化广电旅游体育局、县文联、县博物馆、德庆县历史文化研究会以及社会热心人士的大力帮助，终于完成，在此表示感谢！

本书难免有不足之处，恳请读者批评指正。

编　者

2022年3月